Thomas Kern

Soziale Bewegungen

Hagener Studientexte zur Soziologie

Herausgeber:
Heinz Abels, Werner Fuchs-Heinritz
Wieland Jäger, Uwe Schimank

Die Reihe „Hagener Studientexte zur Soziologie" will eine größere Öffentlichkeit für Themen, Theorien und Perspektiven der Soziologie interessieren. Die Reihe ist dem Anspruch und der langen Erfahrung der Soziologie an der FernUniversität Hagen verpflichtet. Der Anspruch ist, sowohl in soziologische Fragestellungen einzuführen als auch differenzierte Diskussionen zusammenzufassen. In jedem Fall soll dabei die Breite des Spektrums der soziologischen Diskussion in Deutschland und darüber hinaus repräsentiert werden. Die meisten Studientexte sind über viele Jahre in der Lehre erprobt. Alle Studientexte sind so konzipiert, dass sie mit einer verständlichen Sprache und mit einer unaufdringlichen, aber lenkenden Didaktik zum eigenen Studium anregen und für eine wissenschaftliche Weiterbildung auch außerhalb einer Hochschule motivieren.

Thomas Kern

Soziale Bewegungen

Ursachen, Wirkungen, Mechanismen

Bibliografische Information Der Deutschen Nationalbibliothek
Die Deutsche Nationalbibliothek verzeichnet diese Publikation in der
Deutschen Nationalbibliografie; detaillierte bibliografische Daten sind im Internet über
<http://dnb.d-nb.de> abrufbar.

1. Auflage 2008

Alle Rechte vorbehalten
© VS Verlag für Sozialwissenschaften | GWV Fachverlage GmbH, Wiesbaden 2008

Lektorat: Frank Engelhardt

Der VS Verlag für Sozialwissenschaften ist ein Unternehmen von Springer Science+Business Media.
www.vs-verlag.de

Das Werk einschließlich aller seiner Teile ist urheberrechtlich geschützt. Jede
Verwertung außerhalb der engen Grenzen des Urheberrechtsgesetzes ist
ohne Zustimmung des Verlags unzulässig und strafbar. Das gilt insbesondere
für Vervielfältigungen, Übersetzungen, Mikroverfilmungen und die Einspeicherung und Verarbeitung in elektronischen Systemen.

Die Wiedergabe von Gebrauchsnamen, Handelsnamen, Warenbezeichnungen usw. in diesem
Werk berechtigt auch ohne besondere Kennzeichnung nicht zu der Annahme, dass solche
Namen im Sinne der Warenzeichen- und Markenschutz-Gesetzgebung als frei zu betrachten
wären und daher von jedermann benutzt werden dürften.

Umschlaggestaltung: KünkelLopka Medienentwicklung, Heidelberg
Druck und buchbinderische Verarbeitung: Krips b.v., Meppel
Gedruckt auf säurefreiem und chlorfrei gebleichtem Papier
Printed in the Netherlands

ISBN 978-3-531-15426-8

Inhalt

1 Einführung   **9**

    1.1 Entwicklung der Bewegungsforschung 9
    1.2 Soziale Bewegungen im Modernisierungsprozess 12
    1.3 Fragestellungen und Überblick 16

2 Die Schattenseiten der Moderne   **21**

    2.1 Antriebskräfte der Modernisierung 22
    2.2 Folgeprobleme 26
       2.2.1 Anonymität 29
       2.2.2 Gewalt 33
       2.2.3 Armut 38
       2.2.4 Ignoranz 41

3 Die Gesellschaft als Projekt   **45**

    3.1 Möglichkeiten und Grenzen individuellen Handelns 46
    3.2 Modernisierung und Protest 48
    3.3 „Neue" soziale Bewegungen 52
       3.3.1 Von sozioökonomischen zu kulturellen Konflikten 53
       3.3.2 Identität in Opposition 58
       3.3.3 Kritische Anmerkungen 60

4 Soziale Bewegungen in der Gegenwart   **65**

    4.1 Die neue Frauenbewegung 66
       4.1.1 Sozialstruktureller Wandel 67
       4.1.2 Entwicklung der neuen Frauenbewegung 68
       4.1.3 Ausprägungen feministischen Bewusstseins 72
    4.2 Die neue christliche Rechte 74
       4.2.1 Die „Rückkehr" des Religiösen in der Moderne 74
       4.2.2 Gott und Politik in den USA 76

		4.2.3	Evangelikale und Charismatiker 79
	4.3	Protest gegen die Staatsgewalt 84
		4.3.1	Prodemokratische Bewegungen 84
		4.3.2	Die Friedensbewegung 88
	4.4	Globalisierungskritische Bewegungen 95
		4.4.1	Entnationalisierung als Ende des Wohlfahrtsstaates? 95
		4.4.2	Populismus und Rechtsextremismus 98
		4.4.3	Von Links gegen den Neoliberalismus 100
	4.5	Die Ökologiebewegung 103
		4.5.1	Entstehungsbedingungen 104
		4.5.2	Historische Entwicklung 105
		4.5.3	Typen „grünen" Handelns 108

5 Mechanismen der Mobilisierung 111

	5.1	Koalitionsbildung 112
		5.1.1 Akteurkonstellationen 114
		5.1.2 Organisationsgrad 118
		5.1.3 Kollektive Identität 119
	5.2	Zusammenlegung von Ressourcen 122
		5.2.1 Ressourcen 124
		5.2.2 Bewegungsorganisation 128
		5.2.3 Protestkampagnen und Protestwellen 134
	5.3	Framing 141
		5.3.1 Kernaufgaben des „Framing" 142
		5.3.2 Framing-Strategien 146
		5.3.3 Master Frames 149
	5.4	Gelegenheitsstrukturen 152
		5.4.1 Das klassische Konzept 153
		5.4.2 Die Öffentlichkeit als Handlungsfeld 155
		5.4.3 Regulative und kommunikative Institutionen 158
		5.4.4 Kulturelle Deutungsstrukturen 165
		5.4.5 Akteurkonstellationen 170

6 Die Wirkung sozialer Bewegungen 175

6.1	Problemwahrnehmung in der modernen Gesellschaft 176
6.2	Die Beobachtungsform sozialer Bewegungen 179
6.3	Lernen durch Protest? 183

| 7 | Nach den „neuen" sozialen Bewegungen? | 189 |

7.1	Betroffenheit, Anspruch und Identität in der Moderne	191
7.2	Konflikte im Zeitalter des Nationalstaats	192
7.3	Konflikte in der globalisierten Moderne	194
7.4	Das Subjekt als Retter?	197

Literaturverzeichnis   **201**

1 Einführung

Soziale Protestbewegungen sind eine treibende Kraft des sozialen Wandels. Tag für Tag drängen weltweit Tausende von Menschen auf die Straße, um Forderungen aller Art Nachdruck zu verleihen. Nicht immer verlaufen diese Kundgebungen friedlich und nur selten finden sie einen breiten Rückhalt in der Bevölkerung. In einigen Fällen flackern sie nur für einen kurzen Moment auf, um schon gleich wieder im Sande zu verlaufen. In anderen Fällen ziehen sie sich über viele Jahre hin, oft mit ungewissem Ausgang. Vor diesem Hintergrund stellen sich zahlreiche Fragen: Wie entstehen soziale Protestbewegungen? Von welchen Bedingungen hängt ihr Erfolg ab? Was sind die Mechanismen ihrer Mobilisierung?

Obwohl unser Wissen über Protestbewegungen noch immer bruchstückhaft ist, sind auf diesem Forschungsgebiet mittlerweile beachtliche Fortschritte erzielt worden. Dies ist nicht zuletzt deshalb überraschend, weil die Bewegungs- und Protestforschung, die sich mit den Ursachen, Erscheinungsformen und Konsequenzen sozialer Bewegungen beschäftigt, noch eine relativ junge akademische Disziplin darstellt. Ihre Ursprünge reichen zwar bis zur Aufklärung zurück, zu einer systematischen Wissenschaft hat sie sich jedoch erst seit den 1960er-Jahren entwickelt.

Das Ziel dieser Studie besteht darin, dem Leser einen Überblick über den aktuellen Stand der Diskussion innerhalb dieser Disziplin zu vermitteln. Die zentrale Frage lautet: Welche Rolle spielen soziale Bewegungen im Modernisierungsprozess? Welche Chancen haben die Individuen, ihren Interessen und Bedürfnisse in einer zunehmenden komplexen Gesellschaft zur Anerkennung zu verhelfen?

1.1 Entwicklung der Bewegungsforschung

Die Ursprünge der sozialen Bewegungsforschung speisen sich aus hauptsächlich zwei bedeutsamen Quellen (Hellmann 1998: 10-17): Den ersten Strang bildet die von Karl Marx und Friedrich Engels entwickelte soziale Evolutionstheorie, derzufolge die gesellschaftliche Entwicklung durch Klassenkämpfe vorangetrieben wird (Hofmann 1971). Die in den Produktionsverhältnissen angelegten strukturellen Spannungen kulminieren im Laufe der Geschichte demnach in der Entstehung einer revolutionären Bewegung, die einen radikalen Umbruch herbeiführt, durch den die ganze Gesellschaft auf ein höheres Entwicklungsniveau gehoben wird. Obgleich heute kaum noch jemand dieser Argumentation vollständig folgen dürfte, lag ihr bahnbrechender Beitrag in der Verbindung von Protestbewegungen und Sozialstruktur: Die Ursachen für Proteste sind demnach in den Strukturen der Gesellschaft zu suchen. Die bei der Entstehung sozialer Bewegungen mitwirkenden Prozesse und Mechanismen blieben allerdings im Dunkeln.

Der zweite Strang der Bewegungsforschung geht auf die von Gustave Le Bon (1950) begründete Massenpsychologie zurück. Die Aufmerksamkeit richtet sich dabei vor allem auf die Ängste und Affekte, die das Verhalten des Individuums innerhalb einer sozialen Masse beeinflussen. Sobald Menschen in einer Masse aufgehen, ist ihr Handeln demnach nicht mehr „rational" zu erklären. Suggestionen, Ansteckungsphänomene und hypnotische Effekte führen dazu, dass die Einzelnen ihre Selbstkontrolle verlieren und sich einem Strom des Massenverhaltens ergeben, dem sie sich nicht entziehen können. Dieses Denken prägte nach dem Zweiten Weltkrieg die „Theorie der Massengesellschaft" (Kornhauser 1959). Dabei wurde angenommen, dass im Laufe der Modernisierung und der zunehmenden Erosion sozialer Bindungen, das Individuum Zuflucht in der Masse sucht. Diese Entwicklung wurde als Ursache für totalitäre Bewegungen wie den Faschismus in Deutschland und Italien angesehen. Vor diesem Hintergrund galten soziale Protestbewegungen über lange Zeit als „dysfunktional" und „irrational".

Die Massenpsychologie hat die Bewegungsforschung in den USA in hohem Maße geprägt. In den 1960er-Jahren entwickelte sich dort im Rahmen des Strukturfunktionalismus die so genannte „Theorie kollektiven Verhaltens", derzufolge Protestbewegungen entstehen, wenn die gesellschaftlichen Institutionen – etwa als Folge einer ökonomischen oder politischen Krise – nicht ausreichend funktionieren (Smelser 1962; Huntington 1973; Buechler 2004). Dieser Ansatz wurde im Rahmen sozialpsychologischer Studien aufgenommen und durch eine „Theorie relativer Deprivation" (Gurr 1973; Davies 1973) ergänzt, derzufolge Menschen zum Mittel des Protests greifen, wenn die Diskrepanz zwischen Anspruch und Wirklichkeit zu groß wird. Das charakteristische Merkmal der Theorie kollektiven Verhaltens lag demzufolge auf der Betonung psychologischer Prozesse und einer eher distanzierten Haltung der Forscher zu ihrem Gegenstand.

In den 1970er-Jahren wurde in den USA die Kritik an dieser Theorie jedoch immer lauter, bis es schließlich zu einem Paradigmenwechsel kam, in dessen Gefolge sich die so genannte „Ressourcenmobilisierungstheorie" (Zald und McCarthy 1987d) durchsetzte. Zum einen wurde die „Irrationalität" sozialer Bewegungen in Frage gestellt. Wie zahlreiche empirische Studien belegten, entsprachen weder die Motive noch die Strategien von Protestaktivisten diesem Bild. In vielen Fällen ließ sich zeigen, dass die Akteure ihre Mittel im Hinblick auf bestimmte Ziele zumeist wohlkalkuliert einsetzten. Auch die Theorie relativer Deprivation wurde attackiert, weil Erwartungsenttäuschung und Diskrepanzen zwischen Anspruch und Wirklichkeit weit verbreitet waren, daraus aber nicht immer Protestbewegungen entstanden. In der Folge verschob sich das Erkenntnisinteresse von den Ursachen für die Entstehung sozialer Bewegungen auf die Mechanismen der Protestmobilisierung. Die Aufmerksamkeit richtete sich dabei vor allem auf die Untersuchung einzelner Bewegungen und Bewegungsorganisationen.

Der Fortschritt der Ressourcenmobilisierungstheorie gegenüber älteren Forschungsansätzen bestand darin, dass Protestakteure erstmals als rational handelnde Individuen und Kollektive wahrgenommen wurden. Bis Mitte der 1980er-Jahre hatte diese Theorie eine hegemoniale Stellung. Danach wurde sie durch weitere Ansätze schrittweise ergänzt: Im Anschluss an die Arbeiten von Erving Goffmann konzentrierten sich so genannte „Framing-Theorien" auf die Entstehung und den Wandel kollektiver Deutungsmuster innerhalb sozialer Bewegungen. „Theorien politischer Gelegenheitsstrukturen" beschäftigten sich mit den Einflüssen der politischen Rahmenbedingungen auf Protestbewegungen. Die Perspektive verschob sich dabei langsam weg von einzelnen Bewegungsorganisationen und Bewegungen hin zur Analyse von Protestereignissen und Protestwellen (Rucht u.a. 1999). In diesem Zusammenhang etablierte sich Anfang der 2000er-Jahre ein neuer programmatischer Schwerpunkt: Unter dem Stichwort „Streitpolitik" (*contentious politics*) konzentriert sich die Aufmerksamkeit nunmehr verstärkt auf die dynamischen Mechanismen und Prozesse, die den Verlauf und die Wirkung von Protestwellen beeinflussen (McAdam u.a. 2001; Koopmans 2004a).

Obwohl in vergangenen Jahrzehnten wesentliche Impulse zur Erforschung von Protestbewegungen von den USA ausgingen, ist die europäische Forschung nicht untätig geblieben. Das Gegenteil ist der Fall: Stärker beeinflusst vom marxistischen Denken richtete sich die Aufmerksamkeit vor allem auf die historische Deutung der so genannten „neuen sozialen Bewegungen". Das Aufkommen der Ökologie-, Friedens- und neuen Frauenbewegung Anfang der 1970er-Jahre wurde größtenteils als Ausdruck eines tiefer liegenden gesellschaftlichen Strukturwandels interpretiert. Im Unterschied zur US-amerikanischen Bewegungsforschung standen somit weiterhin die Ursachen für die Entstehung sozialer Bewegungen im Mittelpunkt. Die Betonung lag dabei hauptsächlich auf strukturellen Spannungen in der Gesellschaft und sozialen Klassenkonflikten.

1.2 Soziale Bewegungen im Modernisierungsprozess

Die vorliegende Studie knüpft größtenteils an diese europäische Forschungstradition an. Im Mittelpunkt steht die Frage, wie soziale Protestbewegungen und sozialer Wandel (Modernisierung) miteinander zusammenhängen. Was sind ihre gesellschaftlichen Ursachen, Erscheinungsformen und Wirkungen? Als theoretischer Ausgangspunkt dient ein „doppelter" Modernisierungsbegriff, der erstens auf der institutionellen Ebene als genereller Trend zur strukturellen Differenzierung – das heißt der institutionellen Verselbständigung von funktionalen Teilsystemen – und zweitens auf der kulturellen Ebene durch eine zunehmende Entgrenzung und Pluralisierung von Sinnhorizonten charakterisiert ist (Kaufmann 1989). Die vermutlich wichtigste Konsequenz der Modernisierung liegt in einer dramatischen Steigerung der gesellschaftlichen Leistungsfähigkeit: Durch den hohen Grad an Spezialisierung in den Teilsystemen Ökonomie, Politik, Wissen, Gesundheit, Recht etc. verfügen moderne Gesellschaften über überlegene Kapazitäten zur Lösung unterschiedlichster Probleme. Dem Individuum eröffnen sich dadurch einerseits einzigartige Lebenschancen: In den letzten hundert Jahren hat sich allein in Deutschland die durchschnittliche Lebenserwartung mehr als verdoppelt, das allgemeine Bildungsniveau ist um ein Vielfaches gestiegen, den Bürgern stehen breite politische Partizipationsmöglichkeiten offen, die Konsum- und Unterhaltungsangebote sind beinahe unbegrenzt etc.

Auf der anderen Seite entstehen durch die Modernisierung jedoch neuartige Spannungen und Probleme, für die neue Lösungen gefunden werden müssen (Neidhardt und Rucht 1993: 312-314; Eisenstadt 1979). Im Einzelnen geht es um das Aufbrechen von neuen Konkurrenzen, Verteilungskonflikten, die Entstehung von neuen und Zerstörung von alten kollektiven Identitäten, die Externalisierung von Kosten des gesellschaftlichen Fortschritts zum Nachteil Dritter (vor allem der Umwelt) etc. Obgleich in den wohlhabenden Industriestaaten mit der Demokratie ein leistungsfähiger Mechanismus zur Bewältigung von Konflikten und Problemen zur Verfügung steht, haben sich soziale Protestbewegungen in den meisten Ländern als eine soziale Kraft etabliert, die außerhalb (und zunehmend auch innerhalb) der legitimierten politischen Institutionen auf ungelöste Probleme hinweisen.

Protestbewegungen sind dabei kein reines Produkt der Moderne. Ihre Geschichte reicht bis zu den Sklavenaufständen der Antike zurück. Dennoch hat sich ihre Ausdrucksform im Zeitalter der Moderne grundlegendend verändert. Vormoderne Bewegungen kreisten hauptsächlich um die Wiederherstellung überlieferter Traditionen und althergebrachter Ordnungen. Es ging darum, die vom „rechten" Weg abgekommene Gesellschaft auf den „Pfad der Tugend" wieder zurückzuführen:

"Die Revolte der Untertanen wie deren Repression durch die Obrigkeit berief sich auf hergebrachte göttliche oder natürliche Rechte, auf jeden Fall: alte Rechte. Nicht die traditionale Ordnung, sondern die Abweichung davon war Gegenstand der Kritik (...)" (Rucht 2001: 2).

Dieses Verhältnis zur Gesellschaft wandelte sich im Übergang zur Moderne jedoch grundlegend: Unter dem Einfluss der Aufklärung wurden die Regeln des sozialen Zusammenlebens nicht mehr als schicksalhafte Bestimmung angesehen, in die das Individuum sich einzufügen hat, sondern als eine von Menschen gemachte Ordnung. Damit verschob sich auch der Blick auf die soziale Welt: Nicht der Mensch hat den Bedürfnissen der Gesellschaft zu dienen, sondern umgekehrt die Gesellschaft den Bedürfnissen der Menschen. Erst unter diesen Bedingungen konnte die soziale Ordnung als ein auf die Zukunft gerichtetes „Projekt" (Rucht 1999) angesehen werden und Protestbewegungen sich als Protagonisten des Wandels etablieren. Vor diesem Hintergrund lassen sich *moderne soziale Bewegungen als mobilisierte Netzwerke von Gruppen und Organisationen definieren, die über eine gewisse Dauer hinweg versuchen, „sozialen Wandel durch Protest herbeizuführen, zu verhindern oder rückgängig zu machen"* (Neidhardt und Rucht 1993: 307).

Die Aufklärung war somit der Auftakt zur Entstehung moderner sozialer Bewegungen. Die in diesem Sinne frühesten Träger von gesellschaftlichem Protest waren die bürgerlich-emanzipatorischen Bewegungen, die gegen die Herrschaftsordnung des Absolutismus rebellierten und damit die Abkehr von religiös legitimierten Autoritäten einleiteten (Touraine 1992b). Wie die großen bürgerlichen Revolutionen in Europa und den USA zeigen, wurde dieser Wechsel oft blutig erzwungen. Die zweite große Welle von Protesten setzte im Zeitalter der Industrialisierung ein und führte in Europa und Nordamerika zur Entstehung der Arbeiterbewegung. Auch hier kam es zu blutigen Kämpfen und Revolutionen, die in der Einführung sozialistischer Gesellschaftsordnungen etwa in Russland und China ihren Höhepunkt erreichten. In jenen Ländern, in denen sich die radikalen Kräfte nicht durchsetzten, leistete die Arbeiterbewegung – direkt oder indirekt – einen wesentlichen Beitrag zur Demokratisierung, Emanzipation der Frauen und Einführung sozialer Sicherungssysteme. Nach dem Zweiten Weltkrieg wurden die westlichen Industriestaaten schließlich von einer dritte Protestwelle überrollt, die unter dem Stichwort „neue soziale Bewegungen" auf sich aufmerksam machten. Dabei handelte es sich teilweise um neue Aufbrüche innerhalb der Frauen- und Friedensbewegung. Vor allem die Ökologiebewegung trat als eine neue gesellschaftliche Kraft in Erscheinung, die auf die langfristigen Schäden und Konsequenzen des sozialen Fortschritts hinwies.

Neben diesen drei Hauptwellen sozialer Protestbewegungen bildeten sich zahlreiche kleinere und größere Bewegungen, die sich dem Glauben, der Kunst, der Körperkultur, der Gesundheit, dem Tierschutz oder der Naturliebe widmeten. Einige von ihnen verschwanden wieder in der Versenkung, andere entfalteten sich erst nach vielen Jahren. Eine wichtige Strömung, die sich bisher weder in das Schema der primären sozialen Bewegungen, noch in das der sekundären und unbedeutenderen Bewegungen einfügt, ist der Faschismus. In der ersten Hälfte des 20. Jahrhunderts entfaltete diese Bewegung in Europa einen enormen politischen und gesellschaftlichen Einfluss, verlor nach dem Zweiten Weltkrieg aber stark an Bedeutung. Zusammen mit dem religiösen Fundamentalismus gewinnen ethnische und nationalistische Bewegungen seit Anfang der 1990er-Jahre jedoch wieder zunehmend an Einfluss. Dieses Problem wird im Rahmen des vorliegenden Buches immer wieder eine Rolle spielen.

Wie dieser kurze Überblick zeigt, gibt es berechtigten Grund zur Annahme, dass zwischen Modernisierung und Protest ein enger Zusammenhang besteht. Nicht nur die Gesellschaft verändert sich unter dem Einfluss von Protestbewegungen, auch umgekehrt passen sich die Protestbewegungen immer wieder neu an veränderte soziale Rahmenbedingungen an. Dabei lassen sich gegenwärtig vier wesentliche Trends beobachten: Erstens hat, wie etwa Rucht (2001) hervorhebt, in den meisten westlichen Gesellschaften die „Eingriffstiefe" sozialer Protestbewegungen im Laufe der Zeit immer stärker abgenommen. Das heißt, Anspruch und Wirkung sozialer Proteste sind bescheidener geworden. Die bürgerlich-emanzipatorischen Bewegungen, die den Abschied vom religiösen Zeitalter einleiteten, hatten demzufolge die größte Eingriffstiefe und erreichten die radikalsten Veränderungen. Ebenso bedeutsam, wenngleich in den Möglichkeiten bereits stärker eingeschränkt, war die Arbeiterbewegung. Der vorerst jedoch letzte große Versuch einer utopischen Neugestaltung der Moderne wurde von den Studentenbewegungen gegen Ende der 1960er-Jahre unternommen. Unter diesen Bedingungen haben die meisten progressiven Bewegungen allmählich ihren radikalen Charakter verloren und sich in Reformbewegungen verwandelt, die zumeist nur auf einzelne Missstände (*single issues*) in der Gesellschaft hinweisen:

„Große themenübergreifende soziale Bewegungen, zumal in Gestalt von Klassenbewegungen, finden nicht nur keinen sozialen Nährboden mehr, sondern sind auch in dem Maße obsolet geworden, wie relativ vernünftig ausgestaltete, weil im Prinzip ergebnisoffene und auf demokratischen Prinzipien beruhende Institutionen und Verfahren etabliert worden sind" (Rucht 2001: 5).

Obwohl dieser Beschreibung im Grundsatz zuzustimmen ist, scheint sie nur für die progressiven Protestbewegungen zu gelten. Daneben haben sich in den letzten Jahrzehnten religiöse, ethnische und fundamentalistische Bewegungen zu einer einflussreichen sozialen Kraft entwickelt, die sich elementar gegen die Basisprinzipien der modernen Gesellschaft richten. Wie zahlreiche Studien belegen, handelt es sich hier aber nicht nur um die Variante eines Traditionalismus, der wieder zu vormodernen Verhältnissen zurück will (Riesebrodt 2000; Kern 1997; Ebertz 1992). Es handelt sich vielmehr um einen genuin modernen und „reflexiven" Traditionalismus (Riesebrodt 1990), der sich bewusst als Alternative zur modernen Gesellschaft inszeniert. Teile dieser Bewegung sind mittlerweile auch in die Zentren der hochentwickelten Wohlstandsgesellschaften eingedrungen.

Ein zweiter Trend, der häufig mit dem Begriff „Bewegungsgesellschaft" (Neidhardt und Rucht 1993) in Verbindung gebracht wird, besteht darin, dass die Themen und Anlässe für soziale Proteste mit zunehmender Modernisierung immer zahlreicher werden. Das heißt, als Instrument zur Artikulation und Durchsetzung von Ansprüchen an die Gesellschaft stoßen Proteste immer mehr auf Akzeptanz. Ergebnisse aus der Umfrageforschung zeigen, dass der Anteil derjenigen, die sich noch nie an Protesten beteiligt haben, immer kleiner wird (Rucht 2001: 10). Protest ist damit nicht mehr nur das Instrument der Marginalisierten und Ausgegrenzten, sondern wird zunehmend auch von etablierten Gruppen wie Parteien, Interessen- und Berufsverbänden genutzt, um ihren Forderungen Nachdruck zu verleihen. An langfristigen Studien lässt sich zeigen, dass in allen westlichen Gesellschaften die Zahl der Proteste seit Kriegsende kontinuierlich gestiegen ist (McAdam 1998: 230-234). Diese Entwicklung ist von einer zunehmenden Professionalisierung und formalen Durchorganisierung des sozialen Bewegungssektors begleitet. Wie einschlägige Untersuchungen bestätigen, besteht zwischen dem zahlenmäßigen Wachstum von Bewegungsorganisationen und der Zunahme von Protestaktivitäten eine enge Verbindung (Minkoff 1997).

Ein dritter bedeutsamer Trend, obgleich es sich für viele um eine Trivialität handeln mag, ist die weltweite Ausbreitung der sozialen Bewegungsform. Beschränkten sich die ersten modernen sozialen Bewegungen noch auf Europa und Nordamerika, so haben sie sich mittlerweile weltweit – abgesehen von einigen totalitären Staaten wie Nordkorea oder Myanmar (Burma) – als dauerhafter Bestandteil des politischen und gesellschaftlichen Lebens etabliert. Die Palette reicht von Mexiko und Argentinien über Südafrika und Indien bis nach Südkorea und Japan. Selbst in autoritären Staaten wie China kommt es mittlerweile regelmäßig zu Protesten. Die so genannte „dritte Welle der Demokratisierung" (Huntington 1991) wäre ohne die aktive Mitwirkung von Protestbewegungen in den meisten Ländern nie zustande gekommen (vgl. Kap. 4.3.1).

Ein vierter Trend ist schließlich die Entstehung und das enorme Wachstum so genannter „transnational advocacy networks" (McAdam 1998: 237-239;

Smith 2001) im Kontext der Globalisierung. Dabei handelt es sich um individuelle und kollektive Akteure, die sich international für bestimmte Reformen oder Regeln einsetzen. Diese Netzwerke zeichnen sich dadurch aus, dass ihre Mitglieder nicht nur Informationen und Dienstleistungen austauschen, sondern auch gemeinsame Werte teilen. Typische Felder ihres Engagements sind Menschenrechte, Gesundheit, Frauenrechte, Umweltschutz, Tierschutz etc. Obwohl NGOs und Bewegungsorganisationen nicht das Gleiche sind, ist der Übergang zwischen beiden Seiten fließend. In vielen Fällen pflegen NGOs eine enge Beziehung zu einschlägigen Bewegungsorganisationen, unterstützen sie als Bündnispartner, engagieren sich in Protestkampagnen und üben einen großen Einfluss auf den Verlauf von Protestwellen aus. Gerade bei grenzüberschreitenden Protesten erweist sich ihre transnationale Verflechtung als vorteilhaft.

1.3 Fragestellungen und Überblick

Wie der vorangehende Überblick gezeigt hat, treten Protestbewegungen gleichermaßen „als Produkte und als Produzenten sozialen Wandels" (Raschke 1988: 11) in Erscheinung: Einerseits führt die gesellschaftliche Entwicklung immer wieder zu Konflikten und zur Entstehung neuer Formen sozialer Bewegungen, andererseits haben soziale Bewegungen in der Vergangenheit oft einen großen Einfluss auf den Verlauf der gesellschaftlichen Entwicklung ausgeübt. Die vorliegende Studie will beiden Seiten dieses Zusammenhangs Rechnung tragen. Im Unterschied zu anderen einführenden Publikationen besteht das Ziel jedoch nicht darin, dem Leser einen kanonischen Überblick über die einzelnen theoretischen Ansätze der Bewegungsforschung zu vermitteln (siehe dazu: Hellmann und Koopmans 1998; Klandermans 1997; Snow u.a. 2004). Vielmehr geht es darum, die verschiedenen Ansätze im Hinblick auf das zentrale Erkenntnisinteresse – die Rolle sozialer Bewegungen im Modernisierungsprozess – zu integrieren. Die Argumentation erfolgt dabei in sechs Schritten:

In *Kapitel 2* werden die modernisierungstheoretischen Grundlagen der Studie dargelegt. Für die soziologische Tradition besteht das gemeinsame Charakteristikum moderner Gesellschaften in der zunehmenden Ausdifferenzierung funktionaler Teilsysteme wie Politik, Wirtschaft, Wissenschaft, Recht, Religion etc. Im ersten Teil des Kapitels stehen die Antriebskräfte dieser Entwicklung im Mittelpunkt. Dabei handelt es sich erstens um die Rationalisierung von Handlungen im Hinblick auf die spezielle Eigenlogik der Teilsysteme; zweitens um die massive Freisetzung von Marktkräften und drittens um die quantitative und qualitative Ausbreitung formaler Organisationen. Diese Entwicklung führt einerseits zu einer beträchtlichen Steigerung der gesellschaftlichen Leistungsfähigkeit und einer dramatischen Verbesserung individueller Lebenschancen, andererseits wird die Gesellschaft mit neuartigen Integrationsproblemen konfrontiert, die teilweise zu heftigen Spannungen führen.

Davon ausgehend lassen sich in der modernen Gesellschaft hauptsächlich vier Konfliktlinien unterscheiden, entlang derer sich in der Vergangenheit wichtige soziale Bewegungen gebildet haben: Anonymität, Gewalt, Armut und Ignoranz. Anonymitätserfahrungen und Gemeinschaftsverlust treten im Zusammenhang mit der Ausdifferenzierung eines sozialen Teilsystems für Intimbeziehungen ins Bewusstsein: Zum einen wird die Intensität intimer familiärer oder freundschaftlicher Beziehungen enorm gesteigert, zum anderen ist der Alltag des Individuums zunehmend von unpersönlichen Rollenbeziehungen, Anonymität und Bindungsverlust geprägt. Zweitens wächst mit der Ausdifferenzierung des politischen Teilsystems das Gewaltmonopol des Staates und damit die Gefahr, dass Macht in Zwang und Krieg umschlägt. Drittens liegt die Schattenseite eines hocheffizienten Wirtschaftssystems in der Produktion von unbeschreiblicher Armut. Viertens ist das Wachstum des Wissens begleitet von Ignoranz gegenüber den zunehmend unüberschaubaren Risiken der modernen Gesellschaft.

Angesichts dieser Modernisierungsfolgen beschäftigt sich *Kapitel 3* mit den Möglichkeiten der Gegensteuerung. Im ersten Teil werden dazu unterschiedliche Einflusspotenziale der Individuen beleuchtet. Dabei zeigt sich, dass Protestbewegungen ein besonders aussichtsreiches Instrument zur Beeinflussung gesellschaftlicher Entwicklungen sind. Der zweite Teil des Kapitels konzentriert sich auf die Bedeutung, die sozialen Bewegungen in den Modernisierungstheorien zeitgenössischer Soziologen wie Touraine, Beck, Habermas und Luhmann beigemessen wird. Im dritten Teil folgt ein Überblick über die Theorie neuer sozialer Bewegungen, der bisher bedeutendsten modernisierungstheoretischen Interpretation sozialer Bewegungen.

In *Kapitel 4* werden einzelne zeitgenössische Bewegungen vorgestellt, die in unterschiedlicher Weise auf die wichtigsten Folgeprobleme der Modernisierung (Anonymität, Gewalt, Armut und Ignoranz) reagieren: die neue Frauenbewegung, die neue christliche Rechte in den USA, Demokratiebewegungen, die Friedensbewegung, globalisierungskritische Bewegungen und die Ökologiebewegung. Bei der Frauenbewegung und der neuen christlichen Rechten handelt es sich um zwei entgegengesetzte Bewegungen, die mit einander ausschließenden Konzepten auf die „Transformation der Intimität" (Giddens 1993) reagieren. Die Frauenbewegung steht für den Kampf gegen das Patriarchat, die christliche Rechte propagiert dagegen die Bewahrung traditioneller Geschlechterrollen. Vor allem in der Abtreibungsfrage kommt es zwischen beiden Seiten immer wieder zu heftigen öffentlichen Auseinandersetzungen. Die Friedens- und Demokratiebewegungen setzen demgegenüber an Problemen an, die mit dem modernen

Gewaltmonopol des Staates verbunden sind: Einerseits der Begrenzung staatlicher Gewalt gegen die eigenen Bürger, andererseits dem Kampf gegen die zerstörerischen Folgen von Kriegen. Globalisierungskritische Bewegungen thematisieren vor allem die Steigerung sozialer Armutsrisiken im Modernisierungsprozess. Während linksliberale Strömungen auf internationale Kooperation setzen, verteidigen populistische und rechtsextreme Strömungen den nationalen Wohlfahrtsstaat, indem sie Zuwanderung einschränken und Minderheiten diskriminieren wollen. Die Ökologiebewegung reagiert schließlich auf die wachsenden Kosten des technisch-wissenschaftlichen Fortschritts.

Während die Kapitel 3 und 4 sich aus modernisierungstheoretischer Perspektive mit den Entstehungsursachen sozialer Protestbewegungen beschäftigen, konzentriert sich *Kapitel 5* auf die Mechanismen der Protestmobilisierung. Ausgangspunkt ist die Theorie der Koalition: Protestbewegungen lassen sich als Zusammenschluss von Individuen und Organisationen konzeptualisieren, die gemeinsam bestimmte Ziele erreichen wollen. Indem die Beteiligten ihre Einflusspotenziale zusammenlegen, erreichen sie eine größere Durchsetzungsfähigkeit. Der erste Teil des Kapitels beschäftigt sich mit den unterschiedlichen Erscheinungsformen sozialer Koalitionen je nach Akteurkonstellation, Organisationsgrad und kollektiven Gemeinsamkeiten. Im zweiten Teil konzentriert sich die Aufmerksamkeit auf die Ressourcen sozialer Bewegungen und Mechanismen der Ressourcenbündelung. Im Mittelpunkt stehen dabei zum einen Bewegungsorganisationen und zum anderen Protestkampagnen. Im dritten Teil des Kapitels geht es um die Frage, wie Protestbewegungen einen gemeinsamen Deutungsrahmen herstellen. In der Bewegungsforschung werden diese Prozesse mit dem so genannten Framing-Konzept analysiert. Davon ausgehend werden zuerst die Kernaufgaben des Framing diskutiert, danach folgt ein Überblick über verschiedene Framing-Strategien und das Konzept des „Master Frames". Im vierten Teil des Kapitels werden die sozialen Rahmenbedingungen (Gelegenheitsstrukturen) für das Zustandekommen von Protestbewegungen beleuchtet. Im ersten Schritt wird die Theorie der politischen Gelegenheitsstrukturen kritisch diskutiert. Im zweiten Schritt wird das Konzept der Öffentlichkeit als Handlungsfeld sozialer Bewegungen eingeführt. Im dritten Schritt wird die politische, rechtliche und kommunikative Infrastruktur der Öffentlichkeit beschrieben. Im vierten Schritt steht die kulturelle Anschlussfähigkeit von Protestbewegungen im Mittelpunkt. Im fünften Schritt folgt schließlich ein Überblick über die Konfliktdynamiken, die aus den Wechselwirkungen zwischen Bewegungen und anderen gesellschaftlichen Akteuren resultieren.

In *Kapitel 6* verschiebt sich erneut der Fokus der Studie. Wurden soziale Bewegungen in den vorangehenden Darstellungen vor allem als „Produkt" der Moderne konzeptualisiert, verschiebt sich das Interesse nun auf ihre Rolle als

„Produzenten". Im Mittelpunkt steht dabei die Bewältigung der Modernisierungsfolgen. Soweit zahlreiche Probleme von den sozialen Teilsystemen zumeist selbst gelöst werden, beschäftigt sich das Kapitel mit der Frage, inwiefern sich der Beitrag sozialer Bewegungen von dem der Teilsysteme unterscheidet. Im ersten Teil geht es um die Form, in der die Teilsysteme gesellschaftliche Probleme beobachten und bearbeiten. Im zweiten Teil richtet sich die Aufmerksamkeit auf die Art, wie soziale Bewegungen Probleme wahrnehmen. Ihre besondere Stärke besteht demnach darin, dass sie die Betroffenheit der Individuen gegenüber den sozialen Teilsystemen thematisieren. Im dritten Teil geht es darum, unter welchen Bedingungen Protestbewegungen einen konstruktiven Beitrag zu Lernprozessen im Umgang mit zunehmend steigender Komplexität leisten können.

In *Kapitel 7* steht schließlich die modernisierungstheoretische Interpretation von neuen Formen sozialer Bewegungen im Mittelpunkt, die sich im Kontext der Globalisierung immer weiter ausbreiten. Mit der Erosion des Nationalstaates treten immer häufiger fundamentalistische, ethnische und nationalistische Protestbewegungen auf, durch die gesellschaftliche Lernprozesse tendenziell blockiert werden. Das moderne Individuum ist somit (idealtypisch) von zwei Seiten bedroht: Auf der einen Seite stehen die Teilsysteme, die den Einzelnen der Logik des Marktes und der grenzenlosen Individualisierung unterwerfen, auf der anderen Seite steht die totale Unterwerfung unter das Kollektiv. Vor diesem Hintergrund stellt sich die Frage, inwiefern soziale Bewegungen zwischen beiden Extremen dem Individuum die Möglichkeit auf ein selbst bestimmtes Leben eröffnen. Obgleich das diesbezügliche Potenzial sozialer Bewegungen in der Vergangenheit oft überschätzt wurde, spielen sie als Sprachrohr für die Politisierung individualisierter Betroffenheit eine wichtige Rolle. In diesem Zusammenhang sind von Ihnen auch in Zukunft wichtige Impulse zur Lösung gesellschaftlicher Probleme zu erwarten.

2 Die Schattenseiten der Moderne

Der gemeinsame Kern moderner Gesellschaften besteht nicht in den substanziellen Ausprägungen ihrer wirtschaftlichen, politischen oder sozialen Ordnung, sondern in einer Reihe von charakteristischen Prozessen, vor allem struktureller Differenzierung und erhöhter Mobilisierung (Eisenstadt 1968: 257), die in allen Gesellschaften zu ähnlichen Problemen führen, nicht immer jedoch zu den gleichen Lösungen. Eisenstadt (1971: 4-5) zufolge bezieht sich der Begriff der strukturellen Differenzierung erstens darauf, dass Menschen mit unterschiedlichen Charakteristika unterschiedliche Aufgaben wahrnehmen bzw. Rollen ausfüllen und dabei zweitens auf vielfältige Art und Weise miteinander verbunden sind. In diesem Sinne finden sich Konturen der strukturellen Differenzierung und Arbeitsteilung, etwa zwischen den Geschlechtern oder Altersgruppen, selbst in den einfachsten Gesellschaften. Von den archaischen Stammesgesellschaften bis zur modernen Informationsgesellschaft lässt sich allerdings eine Tendenz zu immer komplexeren Formen der Spezialisierung und Arbeitsteilung erkennen, wobei sich drei primäre Differenzierungsmuster unterscheiden lassen (Luhmann 1998a): (a) segmentäre Differenzierung auf der Basis gleichartiger und gleichrangiger Teilsysteme wie Familien, Clans oder Stämmen; (b) hierarchische Differenzierung auf der Basis von ungleichartigen und ungleichrangigen Teilsystemen wie Ständen, Schichten, Kasten etc.; (c) funktionale Differenzierung[1] auf der Basis von ungleichartigen, aber gleichrangigen Teilsystemen wie Politik, Wirtschaft, Wissenschaft oder Religion.

Die soziologische Modernisierungstheorie geht somit davon aus, dass die gesellschaftlichen Strukturen sich im Verlauf der menschlichen Entwicklungsgeschichte immer stärker nach funktionalen Gesichtspunkten organisieren. Wurden

---

1 Der Begriff der funktionalen Differenzierung wird hier nicht im funktionalistischen, sondern im akteurtheoretischen Sinne benutzt. Crouch und Farell (2002: 6) begründen die Verwendung des Funktionsbegriffs wie folgt: „Here we adopt a functional account of institutions, but not a functionalist one. We posit that institutions exist in order to fulfill certain purposes, and that actors will seek to adapt institutions in response to changes in their environment, but we make no claim that institutional adaptation is driven by systemic factors, or that institutional change tends towards social efficiency. A fundamental problem with functionalism is of course its neglect of power relations".

in vormodernen Gesellschaften noch zahlreiche Aufgaben von einem Teilsystem – zum Beispiel Clans oder Ständen – abgedeckt, so entstehen in der modernen Gesellschaft zunehmend institutionelle Komplexe, die jeweils auf eine bestimmte Funktion spezialisiert sind: Die Wissenschaft organisiert beispielsweise den Erkenntnisfortschritt, die Wirtschaft die Bereitstellung von Gütern und Dienstleistungen und die Politik das Zustandekommen von kollektiv verbindlichen Entscheidungen.

> „Kein Teilsystem kann in dieser Hinsicht durch ein anderes ersetzt werden. Aber diese allseitige Unersetzbarkeit begründet auch eine grundsätzliche Gleichrangigkeit der Teilsysteme. Keines steht – wie der Adel und die Kirchenfürsten im Mittelalter – an der Spitze der Gesellschaft" (Schimank und Volkmann 1999: 6-7).

In der Konsequenz beruht die Reproduktion moderner Gesellschaften primär auf der Leistungsfähigkeit der funktionalen Teilsysteme. Segmentär und hierarchisch differenzierte Einheiten sind in diesem Zusammenhang nicht unbedeutend geworden, sie werden in ihren Einsatzmöglichkeiten jedoch zunehmend durch die funktionalen Teilsysteme reguliert (Luhmann 1998a: 612).[2]

Die Untersuchung von sozialen Differenzierungsprozessen gehört traditionell zu den zentralen Interessengebieten der Soziologie. Klassiker wie Spencer, Marx, Comte, Durkheim, Weber, Simmel, Parsons und Luhmann haben dazu wichtige Beiträge geleistet. Obwohl das umfangreiche Werk der Klassiker den Hintergrund für die vorliegende Untersuchung bildet, beabsichtigen die folgenden Abschnitte keine Exegese der verschiedenen Ansätze, weil dies den Rahmen dieser Studie sprengen würde. Vielmehr geht es darum, in einer systematischen Übersicht einige zentrale Aspekte der Differenzierungstheorie herauszuarbeiten, die für die Entstehung und Wirkung von sozialen Protestbewegungen von Bedeutung sind. Die ausschlaggebenden Fragen lauten: Was sind die Triebkräfte hinter der Modernisierung? Was sind ihre Folgeprobleme?

2.1 Antriebskräfte der Modernisierung

Obgleich es nicht möglich ist, den Beginn der Moderne genau zu datieren, wird im Allgemeinen die Renaissance als ihr historischer Ausgangspunkt angesehen. In dieser Periode setzte mit der schleichenden Erosion des religiösen Kosmos auf der kulturellen Ebene ein Prozess der zunehmenden *weltanschaulichen Pluralisierung und Entgrenzung von Sinnhorizonten* ein (Kaufmann 1986: 301; Luck-

---

2   Vgl. dazu kritisch: Schwinn (1998, 1995).

mann 1991; Berger u.a. 1975). Die religiös fundierte Selbstverständlichkeit der sozialen Ordnung wurde immer häufiger in Frage gestellt. Einzelne Handlungsfelder entzogen sich langsam dem Zugriff der Religion und formten eigenständige Sinnhorizonte aus, die sich nicht mehr am religiösen Heilsstreben als einzig legitimem Endzweck menschlichen Handelns orientierten, sondern andere Wertmaßstäbe zugrunde legten (Schwinn 2001: 259-311). Grundlage ihrer Expansion waren Spezialisierungs- und Rationalisierungsprozesse auf der Symbol- und Bedeutungsebene. Webers (1986) berühmtes Beispiel ist die Entstehung des modernen Kapitalismus aus dem Geist der protestantischen Ethik im Sinne einer Verselbständigung des wirtschaftlichen Gewinnstrebens. In ähnlicher Weise führte die zunehmende Verselbständigung des Machtstrebens zur Entstehung des modernen Staates, das Streben nach Gerechtigkeit zum modernen Recht, das Erkenntnisstreben zur modernen Wissenschaft etc. Die Religion musste dagegen, zumindest mit Blick auf ihre Stellung in der Sozialstruktur, einen dramatischen Bedeutungsverlust hinnehmen und war nur noch für das Heilsstreben der Individuen verantwortlich.

Mit der „Freisetzung der Wollensdimension gesellschaftlichen Handelns aus der religiös bestimmten Eindimensionalität" (Schimank 1996: 59), eröffnete sich – bei gleichzeitiger Entsakralisierung von Mensch, Natur und Gesellschaft – ein enormes Potenzial für die rationale Durchdringung und Beherrschung der Welt. Die vom religiösen Kosmos abgelösten Eigenwerte der verschiedenen funktionalen Teilsysteme dienten dabei als Leitfaden für das Handeln. Je mehr sich die Akteure an ihnen ausrichteten, desto stärker verfestigten sich die Sinngrenzen der funktionalen Teilsysteme. Im Ergebnis präsentiert sich die moderne Gesellschaft als ein plurales Nebeneinander von funktionalen Teilsystemen, die für ihren exklusiven Zuständigkeitsbereich die gleiche „Heiligkeit" beanspruchen wie vormals die Religion. Weber (1985: 506) spricht in diesem Zusammenhang von einem modernen „Polytheismus". Die ungezügelte Freisetzung von zweckrationalem Handeln innerhalb pluraler Werthorizonte gehört somit zu den charakteristischen Merkmalen der Moderne. Es spricht jedoch vieles dafür, dass die Kraft dieses kulturellen Wandels für einen selbsttragenden Transformationsprozess nicht ausgereicht hätte, wenn sie nicht durch Veränderungen auf der institutionellen Ebene, vor allem die Entfesselung der Marktkräfte und Expansion formaler Organisationen (Kieser 1987, 1989) aufgenommen und weiter getragen worden wäre.

Entfesselung der Marktkräfte: Märkte existieren zwar schon seit prähistorischen Zeiten, ihre Sprengkraft war in der Menschheitsgeschichte über weite Strecken jedoch stark eingeschränkt. Die räumliche Ausdehnung des Handels war zumeist gering, der Wettbewerb stark reglementiert und die Zahl der gehandelten Güter und Dienstleistungen niedrig (Swedberg 1994; Kieser 1989). Das charakteristische Merkmal von Märkten ist der Wettbewerb um Tauschgelegenheiten. Weber zufolge ist die marktvermittelte Tauschhandlung der Inbegriff des „rational choice" und steht damit in unmittelbarem Gegensatz zu allen anderen Formen menschlicher Vergemeinschaftung (Weber 1964: 490). Die Marktrationalität kann sich folglich nur durchsetzen, je mehr sie sich „von den Bindungen der Familie, der Freundschaft, der Moral, der Religion oder Herrschaft" (Willke 1998: 36) loslöst. Als Folge wird die Entwicklung des Marktes von äußeren Einflüssen immer unabhängiger. Dabei beschränkt sich die Freisetzung der Marktrationalität nicht allein auf die Ökonomie; nach und nach dringt sie auch in die Bereiche Politik, Religion, Kunst, Bildung, Massenmedien, Intimbeziehungen etc. ein und spielt bei der Expansion dieser Teilsysteme eine maßgebliche Rolle. Die Entfesselung der Märkte ist somit eine wesentliche Triebkraft beim Übergang von der „Gemeinschaft" zur „Gesellschaft" (Weber 1984: 69-72; Tönnies 1935).

Die fortschreitende Expansion der Marktkräfte stellt die zeitliche und soziale Integrationsfähigkeit der Gesellschaft jedoch zunehmend auf die Probe: Erstens erweist sich der zunehmende Wettbewerb als ein kraftvoller *Innovationsmotor* (Wiesenthal 2000: 53), der die Gesellschaft fortwährend mit Veränderungen konfrontiert: Wandelbarkeit wird zu einem fundamentalen Attribut moderner Gesellschaften (Kaufmann 1986: 285-293). Zweitens begünstigt er die Beschleunigung und räumliche Ausdehnung von Austauschbeziehungen. Durch neue Transportmittel und Kommunikationsmedien können in kurzer Zeit Transaktionen über große Distanzen hinweg abgewickelt werden. Giddens (1996: 28-33) spricht in diesem Zusammenhang von einer zunehmenden Trennung von Raum und Zeit. Drittens etabliert sich der Markt als eine wesentliche Antriebskraft hinter der fortschreitenden Individualisierung. Je mehr die Marktrationalität um sich greift, desto mehr treten gemeinschaftliche Bindungen zwischen Anbietern und Konsumenten gegenüber dem reinen sachlichen Interesse am Tauschobjekt in den Hintergrund (Weber 1964: 490). Die Zugehörigkeit zu Familie, Dorfgemeinschaft und Schicht wird immer stärker von individuellen Abhängigkeiten, Chancen und Zwängen überlagert, die von den Märkten ausgehen.

Expansion von formalen Organisationen: Im Unterschied zu den Märkten sind formale Organisationen im Wesentlichen ein Produkt der Moderne (Coleman 1986). Ihre Dominanz – etwa als Verwaltungen, Schulen, Unternehmen, Universitäten, Parteien, Kirchen etc. – ist in fast allen Lebensbereichen so groß, dass die moderne Gesellschaft häufig als „Organisationsgesellschaft" (Zald und McCarthy 1987d) beschrieben wird. Organisationen sind hierarchisch strukturiert, das heißt, die Entscheidungsbefugnisse liegen in den übergeordneten Leitungsinstanzen, und sie sind zeitlich dauerhaft, das heißt, es handelt sich nicht nur um eine punktuelle oder spontane Kooperation zwischen individuellen Akteuren. Aus beiden Eigenschaften resultiert ihre enorme Durchsetzungsfähigkeit (Schimank 2002b: 32-35). In eine formale Organisation einzutreten bedeutet zum einen, innerhalb der sozialen Hierarchie eine Position zu übernehmen, und zum anderen, ein vordefiniertes Tätigkeitsfeld auszufüllen (Luhmann 1975). Die überlegene Effizienz formaler Organisationen gegenüber traditionellen Formen der Arbeitsteilung beruht auf hauptsächlich zwei Kriterien: Erstens einem hohen Grad an funktionaler Spezialisierung, zweckhafter Integration und paralleler Prozessierung einer großen Zahl von Tätigkeiten, zweitens – zumindest in „Arbeitsorganisationen" (Schimank 2002b) – der prinzipiellen Trennung von individueller Motivation und organisatorischem Zweck. Das heißt, vom Mitglied wird nicht unbedingt erwartet, dass es sich mit den Organisationszwecken identifiziert (Kieser 1989: 547). Sein Engagement wird durch sekundäre Anreize, wie zum Beispiel Geld, gewährleistet. Aus beidem folgt, dass es primär auf die Leistung ankommt. Der Einzelne tritt in der Organisation in erster Linie als Funktionsträger in Erscheinung. Seine Person und sein Privatleben außerhalb ist für die Mitgliedschaft oft kaum von Belang.

Durch formale Organisationen verändert sich die moderne Gesellschaft aber nicht nur im Hinblick auf ihre Leistungsfähigkeit. Organisationen bilden in den meisten Fällen die maßgeblichen Akteure in den gesellschaftlichen Teilsystemen. Dies gilt nicht nur für das politische und militärische Teilsystem, sondern auch für Wirtschaft, Bildung, Wissenschaft, Recht, Sport, Massenmedien, Religion, Kunst und Gesundheit. Ihr Einfluss übersteigt dabei die Möglichkeiten der Individuen bei weitem. Ähnlich wie die Marktkräfte übt auch das formal organisierte Handeln einen starken Veränderungsdruck auf die Gesellschaft aus (Schimank 2000a: 249-251; Coleman 1986): Erstens entfaltet Organisationshandeln aufgrund der enormen Ressourcen, die ihm zur Verfügung stehen, im Vergleich zu individuellem Handeln eine stärkere sachliche und zeitliche Wirkung. Zweitens ist die Handlungsverantwortung in Organisationen – nicht zuletzt aufgrund ihrer oft undurchsichtigen Struktur – schwerer zurechenbar. Drittens sind Organisationen gegenüber moralischen Appellen oftmals taub; normalerweise reagieren sie nur auf positive und negative Sanktionen. Viertens sind auch mit Sanktionen einer gezielten Beeinflussung von Organisationen aufgrund ihres komplexen Innenlebens oft enge Grenzen gesetzt. In der Konsequenz nimmt mit der Ausbreitung von Organisationen die Komplexität der Gesellschaft dramatisch zu und es entsteht der Eindruck, dass sich die sozialen Strukturen gegenüber den handelnden Individuen immer mehr verselbständigen.

Mit der Pluralisierung von Sinnhorizonten, Entfesselung der Marktkräfte und Expansion formaler Organisationen sind die wichtigsten Antriebskräfte der Modernisierung umschrieben. Die Entwicklungsdynamik der funktionalen Teilsysteme ist durch die Kultivierung, Vereinseitigung und Verabsolutierung des religiösen, künstlerischen, politischen, ökonomischen etc. Strebens bestimmt. Diese sinnhaften Codes geben aber nur die Richtung gesellschaftlicher Rationalisierungsprozesse vor; die institutionelle Binnenstruktur der Teilsysteme ist durch wechselnde Kombinationen von Markt- und Organisationselementen geprägt (Mayntz 1997). Das heißt, bei den funktionalen Teilsystemen handelt es sich nicht um statische Strukturen, sondern um dynamische Prozesse, die vielfältige Ausprägungen annehmen können und die Gesellschaft mit unterschiedlichen Problemen konfrontieren.

2.2 Folgeprobleme

Mit der Umstellung der primären Differenzierungsform erzielt die moderne Gesellschaft enorme Komplexitätsgewinne, die daraus resultieren, dass jedes Teilsystem nur auf eine Funktion spezialisiert ist. Der Vorteil von funktionaler Differenzierung besteht darin, dass mehr und verschiedenartige Operationen durchgeführt werden können, und zwar sowohl gleichzeitig als auch nacheinander, womit die Leistungsfähigkeit der Gesellschaft beträchtlich steigt. Die moderne Wirtschaft kann somit ein Vielfaches an Gütern produzieren und verteilen, die Demokratie mehr Themen politisieren, das Gesundheitssystem effizienter Krankheiten bekämpfen, die Wissenschaft anspruchsvollere Forschungsprogramme realisieren etc. als jede frühere Gesellschaftsform. Dem durchschnittlichen Gesellschaftsmitglied eröffnen sich dadurch bisher unerreichte Lebenschancen.

Dahrendorf (1994, 1979) zufolge bezieht sich der Begriff *Lebenschance* auf die Möglichkeiten, die eine Gesellschaft ihren Mitgliedern einräumt. Diese Handlungsspielräume sind einerseits durch Optionen, andererseits durch Ligaturen konditioniert. Optionen umfassen spezifische Kombinationen aus Anrechten und Angeboten, Ligaturen beziehen sich hingegen auf soziale Zugehörigkeiten und kulturelle Bindungen. Davon ausgehend besteht die wesentliche Errungenschaft der Moderne vor allem in der Steigerung von Optionen (Gross 1994; Schulze 1993). Dies allerdings hat seinen Preis. Wie Dahrendorf betont, müssen traditionelle Ligaturen gelockert und aufgelöst werden. Das heißt, erst durch die Zerstörung traditioneller sozialer Zugehörigkeiten, interpersonaler Bindungen und kollektiver Identitäten werden für den Einzelnen die Freiräume geschaffen, um die ganze Bandbreite der modernen Wahlmöglichkeiten nutzen zu können. Die entscheidende Frage lautet daher: Wie kann eine Überproduktion von Optionen bei gleichzeitiger Gefährdung des gesellschaftlichen Zusammenhalts verhindert werden?

In diesem Zusammenhang lenkt die Differenzierungstheorie den Blick vor allem auf die Beziehung zwischen den Teilsystemen: Sofern ein Teilsystem die Produktion von Optionen auf Kosten der anderen Teilsysteme maximiert, gefährdet es letztlich seine eigene Existenzgrundlage. Beispielsweise die Wirtschaft ist zwingend auf ein funktionierendes Rechtssystem angewiesen. Wird die Handlungsfähigkeit des Staates durch den Entzug von Steuermitteln jedoch zu stark eingeschränkt, fehlen irgendwann die erforderlichen Mittel für die Finanzierung etwa von Sicherheit, Forschung und Bildung. Dies könnte wiederum auf Dauer die Funktionsfähigkeit der Wirtschaft gefährden. Infolgedessen müssen die Teilsysteme sich selbst beschränken, ihre Optionsvielfalt reduzieren und auf die Möglichkeiten der anderen Teilsysteme Rücksicht nehmen, wenn sie sich nicht selbst gefährden sollen (Schimank und Lange 2003: 174; Willke 1996b: 237).

In vormodernen Gesellschaften wurde die Koordination der verschiedenen Teilsysteme (Familien, Clans, Schichten) – und damit die Beschränkung der Optionen – in hohem Maße durch Ligaturen gewährleistet. Diese Form der Systemintegration entspricht aber nicht mehr den Erfordernissen moderner Gesellschaften. Hier werden komplexe Abstimmungsprozesse und interne Rücksichtnahmen vielmehr über symbolische „Kommunikationsmedien" (Luhmann 1998a: 316-405) gesteuert. Dabei handelt es sich zunächst um „Spezialsprachen" für die Koordination von Prozessen innerhalb der Teilsysteme: Macht in der Politik, Geld in der Wirtschaft, Wissen in der Wissenschaft, Liebe im Bereich der Intimbeziehungen etc. Auf sie konzentriert sich die besondere Handlungsrationalität („binäre Codes") der Teilsysteme (vgl. Kap. 6.1). Sie dienen dabei als Anreize, die eingesetzt werden, um ein bestimmtes gewünschtes Verhalten herbeizuführen: Die Wirkung von Macht beruht auf der glaubwürdigen Androhung von Gewalt, Geld stellt die Befriedigung von Bedürfnissen in Aussicht, Wissen gewinnt Überzeugungskraft durch rationale Erkenntnismethoden und Liebe verlangt Beweise. In der Folge werden Handlungsoptionen eingeschränkt und soziales Verhalten stabilisiert.

Die symbolischen Kommunikationsmedien konstituieren somit den harten Kern sinnhafter Spezialisierung in der modernen Gesellschaft (vgl. Kap. 2.1). Im ersten Schritt bildet sich eine Spezialsprache um die herum sich in weiteren Schritten langsam Rollen und Institutionen ansiedeln, bis voll ausgebildete Funktionssysteme entstehen. Angesichts ihrer großen Bedeutung für die Ausdifferenzierung funktionaler Teilsysteme stellt sich jedoch die Frage, warum gerade die symbolischen Kommunikationsmedien zur Integration der modernen Gesellschaft beitragen sollen. Die Antwort darauf liegt in ihrer *wechselseitigen Konvertierbarkeit*. Diese Idee wurde zuerst von Parsons (1966) formuliert und später vor allem von Willke (1998) und Münch (1980) weitergeführt. Die Politik schafft demnach beispielsweise durch die Festlegung rechtlicher Rahmenbedingungen die Voraussetzungen etwa für gültige Verträge als Grundlage wirtschaftlichen Handelns. Umgekehrt kann die Wirtschaft durch Geldtransfers an die Wissenschaft bestimmte Forschungsprogramme gezielt fördern. Wissenschaftliche Erkenntnisse wiederum bringen technischen Fortschritt und ermöglichen dadurch ökonomisches Wachstum.

Hier eröffnen sich Möglichkeiten zur Bildung einer Infrastruktur für die Koordination von Vermittlungs- und Abstimmungsprozessen zwischen den Teilsystemen, was jedoch oft nicht ausreichend genutzt wird. Ein Grund dafür liegt in der ambivalenten Doppelrolle der symbolischen Kommunikationsmedien als gleichzeitigem Mechanismus für Differenzierung (Spezialisierung) *und* Integration (Konvertierung). Während die funktionalen Teilsysteme einer Logik der Steigerung folgend immer weiter expandieren, hinkt die Integration zumeist hinterher. Willke stellt daher der Metapher des „Wilden Denkens", mit der Levi-Strauss einfache Gesellschaften charakterisierte, die Metapher des „Wilden Handelns" moderner Gesellschaften gegenüber:

> „Während die beginnende Arbeitsteilung das wilde Denken domestizierte und dem Sachzwang und der Rationalität begrenzter Teilbereiche unterwarf, fehlen bislang Mechanismen, die das inzwischen lebensbedrohende wilde Handeln wirksam steuern könnten" (Willke 1996b: 239).

Die Expansion der Teilsysteme konfrontiert die Gesellschaft somit immer wieder mit neuen Problemen, für die oft erst nach langwierigen Konflikten Lösungen gefunden werden. Wie im Verlauf dieser Studie deutlich wird, spielen Protestbewegungen in diesem Zusammenhang eine wichtige Rolle. Die zentralen Konflikte entzünden sich dabei oft an der „diabolischen" (Luhmann 1989) Wirkung der symbolischen Kommunikationsmedien, die darin besteht, dass sie trotz ihrer enormen Koordinationswirkung gleichzeitig starke Differenzen erzeugen. Luhmann verdeutlicht dies am Beispiel des Geldes: Wenn die Verteilung knapper Güter allein durch Geld reguliert wird, bleiben all jene außen vor, die nicht über ausreichende Mittel verfügen: „Das, was verbindet, und das, was trennt, wird aneinander bewusst" (Luhmann 1989: 258). Die Ausdifferenzierung der Wirtschaft ist somit fortwährend von Verteilungsproblemen begleitet.

Ausgehend von diesen Überlegungen lassen sich in der modernen Gesellschaft gegenwärtig vor allem vier Konfliktlinien unterscheiden, die mit der Ausdifferenzierung unterschiedlicher Kommunikationsmedien verbunden sind: Anonymität, Gewalt, Armut und Ignoranz.[3] Anonymitätserfahrungen und Gemeinschaftsverlust treten ins Bewusstsein als Kehrseite des symbolischen Kommunikationsmediums Liebe (bzw. Freundschaft), das zwar enorme Möglichkeiten für die Gestaltung von Intimbeziehungen eröffnet, außerhalb dieser Sphäre verkehren die Individuen miteinander jedoch zunehmend in unpersönlichen Rollenbeziehungen (vgl. Kap. 2.2.1). Die diabolische Wirkung der Macht offenbart sich, wenn sie in Zwang und Gewalt umschlägt (vgl. Kap. 2.2.2). Die Armut als Schattenseite des Geldes wurde bereits angesprochen (vgl. Kap. 2.2.3). Das Wachstum des Wissens ist begleitet von Ignoranz gegenüber den zunehmend unüberschaubaren Risiken der modernen Gesellschaft (vgl. Kap. 2.2.4).

2.2.1 Anonymität

Die Klassiker der Soziologie charakterisierten den Übergang zur Moderne mehrheitlich als „Zerfall" der traditionalen Gemeinschaft. Mit der zunehmenden Rationalisierung, Durchorganisierung und „Vermarktlichung" (Prisching 2002) von sozialen Beziehungen treten bisherige Bindungen an Klasse, Familie, Nachbarschaft oder Berufsgruppe immer stärker in den Hintergrund, während dem Einzelnen zugleich immer mehr Freiheit bei der persönlichen Lebensgestaltung eingeräumt wird. Die meisten Theoretiker standen dieser Entwicklung skeptisch gegenüber: Während beispielsweise Weber der Ansicht war, dass der moderne Mensch vom Übergewicht eines anonymen Herrschaftsapparates – er sprach von einem „eisernen Käfig" – erdrückt wird, sah Durkheim umgekehrt in der Freiheit eine Überforderung für den Einzelnen und befürchtete die Ausbreitung von sozialer Anomie. Durch die gesamte Geschichte der Soziologie hindurch sind diese beiden Versionen der Individualisierungsthese in der einen oder anderen Weise immer wieder neu formuliert worden: Während einige in der „instrumentellen Vernunft" (Habermas 1981a, 1981b) der Systeme die größte Bedrohung für das Individuum sehen, kritisieren andere die wachsende Orientierungslosigkeit, Verunsicherung und Sinnentleerung in der Privatsphäre (Berger 1994). Im ersten Fall wird mehr Freiheit für das Individuum gefordert, im zweiten Fall eine Rückbesinnung auf Gemeinschaftswerte.

---

3   Neben Liebe, Macht, Geld und Wissen existieren zahlreiche weitere symbolische Kommunikationsmedien (Luhmann 1998a). In Kapitel 5.2.1 sind darüber hinaus noch weitere Beispiele aufgeführt. Im Unterschied zu diesen „Einflusspotenzialen" liegt die besondere Bedeutung von Liebe, Macht, Geld und Wissen für Protestbewegungen in ihrer starken Koppelung an grundlegende körperliche Prozesse (Sexualität, Gewalt, Bedürfnisse, Wahrnehmungen). Für Probleme in diesen Bereichen ist das Individuum deshalb besonders sensibel.

Die einfache Gegenüberstellung von persönlicher Gemeinschaft auf der einen und anonymer Gesellschaft auf der anderen Seite ist jedoch vielfach kritisiert worden. Obwohl mit der Expansion der Teilsysteme die Erfahrung unpersönlicher Beziehungen stark zugenommen hat – man interagiert beinahe täglich in einer Vielzahl von sozialen Kontexten mit einfach identifizierbaren Rollenträgern wie Polizistinnen, Taxifahrern oder Verkäuferinnen, ohne sie auch nur annähernd zu kennen – hat der Einzelne heute ebenso die Möglichkeit „persönliche Beziehungen zu intensivieren und viel von dem, was er als sein Eigenstes begreift, anderen mitzuteilen und in anderen bestätigt zu finden" (Luhmann 1998b: 13). Angesichts der weiten Verbreitung persönlicher Beziehungen handelt es sich hier um ein massenhaftes Phänomen der Moderne. Der Unterschied zur vormodernen Gesellschaft liegt somit nicht nur in der Steigerung von Interaktionsmöglichkeiten in unpersönlichen Beziehungen, sondern auch in der Freiheit zur Gestaltung von intensiveren persönlichen Beziehungen. Beides hängt insoweit miteinander zusammen, als mit der Steigerung der gesellschaftlichen Leistungsfähigkeit die individuellen Beziehungen von reproduktiven Zwängen zunehmend entlastet werden.

Die pauschale Gegenüberstellung von Gemeinschaft (Bindung) und Gesellschaft (Bindungslosigkeit) erweist sich somit als nicht haltbar. Dennoch hat sich der Bereich der persönlichen Beziehungen grundlegend verändert, mit weitreichenden Folgen für die individuelle Identität. Unter vormodernen Bedingungen war die Identität der Einzelnen durch ihre Stellung im Schnittfeld von lokaler Gemeinschaft, Verwandtschaft und Freundschaft geprägt (Giddens 1996: 147). Je mehr sich jedoch die Reproduktion der Gesellschaft in die expandierenden Teilsysteme verlagert, desto stärker verlieren Gemeinschaft und Verwandtschaft an Bedeutung. Dies eröffnet dem Individuum auf der einen Seite enorme autonome Entfaltungsspielräume, auf der anderen Seite verlagert sich die Identitätsbildung immer stärker in den Bereich der Privatsphäre, die ein Gegengewicht zur wachsenden Komplexität und Anonymität der Gesellschaft bildet. In diesem Zusammenhang gewinnt vor allem die Freundschaft stark an Bedeutung.

In allen traditionellen Gesellschaften spielte die Freundschaft eine wichtige Rolle. Gerade in sozialen Verbänden, die auf Verwandtschaft beruhen und eine strikte Trennung zwischen Mitgliedern und Nichtmitgliedern praktizieren, bildete sie die Grundlage für Bündnisse gegen feindselige Gruppen von außerhalb. Die Freundschaft beruhte auf Werten wie Ehre und Redlichkeit. Beides sicherte die Stabilität der Vertrauensbeziehung, selbst wenn die Freundschaft auf die Probe gestellt wurde. In der Regel wurde sie in den Dienst riskanter Unternehmungen gestellt, die das Potenzial von Gemeinschaft oder Verwandtschaftsnetzwerk überstiegen: Die Aufnahme wirtschaftlicher Beziehungen, Kriege, Rachefeldzüge etc. Im Übergang zur Moderne erlebt die Freundschaft jedoch einen grundlegenden Wandel. Angesichts wachsender Anonymität ist das Gegenteil des Freundes „nicht mehr der Feind und nicht einmal der Fremde, sondern es ist der Bekannte, der Kollege oder jemand den ich nicht kenne" (Giddens 1996: 149). An die Stelle der Ehre tritt die Loyalität, die allein auf persönlicher Zuneigung beruht, und an die Stelle der Redlichkeit tritt die Authentizität.

Persönliche Beziehungen nehmen immer mehr die Form eines Projekts an, „das von den Beteiligten bearbeitet werden muss, und verlangt, dass sich der eine dem anderen öffnet" (Giddens 1996: 152). Ihr Kennzeichen besteht darin, dass Persönliches nicht der Kommunikation entzogen werden darf. Während früher das personale Vertrauen in der lokalen Gemeinschaft und Verwandtschaft durch normative Codes gesteuert war, muss es heute in einem Prozess der wechselseitigen Selbstoffenbarung erst erarbeitet werden. Vertrauensbildung und individuelle Selbsterkundung gehen dabei Hand in Hand. Die Bedeutung der Intimbeziehung besteht somit darin, dass sie die „kommunikative Behandlung von Individualität" (Luhmann 1998b: 15) ermöglicht, pflegt und fördert. Prototyp dieser Bindungsform ist die „reine Beziehung":

> „[Der Begriff der reinen Beziehung; T.K.] bezieht sich auf eine Situation, in der man eine soziale Beziehung um ihrer selbst willen eingeht, er bezieht sich also auf das, was aus einer dauerhaften Bindung mit der anderen Person abgeleitet werden kann; eine Beziehung die nur so lange fortgesetzt wird, solange es für beide Parteien klar ist, dass alle Beteiligten sich in ihr wohlfühlen" (Giddens 1993: 69).

Der Brennpunkt dieser „Neustrukturierung der Intimität" (Giddens 1993: 69) im Übergang zur Moderne liegt vor allem in den Bereichen Liebe, Sexualität und Familie. Im vormodernen Europa wurden Ehen nicht aufgrund gegenseitiger sexueller Anziehung geschlossen. In den meisten Fällen stand das ökonomische Interesse im Vordergrund. Für die überwiegende Bevölkerungsmehrheit war die Ehe primär eine Institution der gemeinsamen Arbeitsteilung und Überlebenssicherung. Die Sexualität diente dabei vorrangig der Reproduktion; Gefühle spielten nur eine untergeordnete Rolle. In aller Regel hatten nur Männer die Gelegenheit, außerhalb der Ehe ihre sexuellen Wünsche zu verwirklichen. Mit dem Übergang zur Moderne haben sich Sexualität, Fortpflanzung und Familie jedoch zunehmend voneinander entkoppelt: Sexualität ist ohne Fortpflanzung, und Fortpflanzung ohne sexuelle Aktivität möglich. Die Entwicklung von modernen Verhütungsmitteln und Reproduktionstechnologien spielte dabei eine maßgebliche Rolle. Dies hat in den vergangenen vierzig Jahren zu einer sexuellen Revolution und einer Pluralisierung sexueller Lebensstile geführt, durch die einerseits die Frauen mehr Autonomie gegenüber den Männern gewannen, andererseits männlicher und weiblicher Homosexualität mehr Akzeptanz zuteil wurde.

Obgleich die Entwicklung hin zur „reinen Beziehung" den Individuen große Spielräume zur Selbstverwirklichung eröffnet, hat sie ihre Schattenseiten. An erster Stelle stehen die oft beklagten Einsamkeitserfahrungen. In der reinen Liebesbeziehung gibt es einen Widerspruch im Hinblick auf die Frage der Verbindlichkeit (Giddens 1993: 150-154). Dies gilt abgeschwächt auch für Freundschaften. Der Prozess der wechselseitigen Selbstoffenbarung ist auf Dauerhaftigkeit angelegt; der Unterschied zur traditionellen Ehe besteht gerade darin, dass jeder Beteiligte die Verbindung jederzeit wieder beenden kann. Dies ist eine ständige Quelle für gegenseitige Verletzungen und Enttäuschungen. Dementsprechend groß ist die Angst vor Trennungen. An zweiter Stelle steht das prinzipiell offene Machtverhältnis innerhalb der reinen Beziehung, vor allem zwischen den Geschlechtern. Während das Miteinander von Mann und Frau früher weitgehend durch gesellschaftlich sanktionierte Geschlechterrollen bestimmt war, sind die Beteiligten heute fortwährend mit Aushandlungsprozessen und Konfliktmanagement beschäftigt (Beck 1986: 161-204). Diese Entwicklung beschleunigt sich mit der wachsenden Autonomie der Frauen und stellt vor allem die gesellschaftliche Vormachtstellung der Männer in Frage. Vor diesem Hintergrund werden Geschlechterverhältnisse und sexuelle Identitäten zum Brennpunkt sozialer Spannungen. Der Umgang mit Homosexualität, die Gleichberechtigung der Frau oder die Zukunft der Familie stehen weltweit auf der Tagesordnung. In den Massenmedien wird gegenwärtig weltweit eine erregte Debatte über die Zukunft der Familie geführt:

> „In China there is much talk of protecting the family. In many Western countries the debate is even more shrill. The family is a site for the struggles between tradition and modernity, but also a metaphor for them. There is perhaps more nostalgia surrounding the lost haven of the family than for any other institution with its roots in the past. Politicians and activists routinely diagnose the breakdown of family life and call for a return to the traditional family" (Giddens 2000: 53).

Der Wandel der Intimität wirkt sich dabei keinesfalls nur auf die individuelle Lebensplanung aus – etwa durch die wachsende Zahl von Single-Haushalten, Erhöhung des Heiratsalters, steigende Scheidungs- und sinkende Geburtenraten – sondern hat weitreichende Konsequenzen für die sozialen Sicherungssysteme, Arbeitsmärkte, Bildungssysteme und, in letzter Zeit wieder zunehmend häufig thematisiert, die ökonomische und militärische Stärke eines Landes. In den vergangenen Jahren ist das Bewusstsein gewachsen, dass zukünftige Entwicklungen in den funktionalen Teilsystemen wesentlich davon abhängig sind, in welche Richtung Familie und Sexualität sich entwickeln. Vor diesem Hintergrund gewinnt die Konkurrenz unterschiedlicher Modelle familiärer und partnerschaftlicher Lebensführung an Bedeutung: Die Konfliktlinie verläuft dabei hauptsächlich zwischen den Vertretern traditioneller Familienwerte und den Anhängern alternativer Partnerschaftsformen. Beide Lager sind zum Ausgangspunkt für einflussreiche Protestbewegungen geworden, die miteinander um die kulturelle und soziale Vorherrschaft ringen. Dabei ist zum jetzigen Zeitpunkt noch völlig offen, welche institutionellen Lösungen sich in den unterschiedlichen Kulturkreisen langfristig durchsetzen werden.

2.2.2 Gewalt

Das vermutlich älteste Instrument für die Steuerung menschlichen Verhaltens ist der physische Zwang (Willke 1998: 142-179). Überlegene physische Gewalt kann jeden Widerstand brechen und selbst den erbittertsten Gegner zur Folgsamkeit zwingen (oder ihn vernichten). Die Herstellung einer dauerhaften sozialen Ordnung kann sich aber nicht allein auf physische Gewalt stützen, da ihrer Reichweite enge Grenzen gesetzt sind. Wer sich allein auf physische Gewalt verlässt, darf nicht die geringste Schwäche zeigen, sonst gerät er schnell ins Hintertreffen und muss einem Stärkeren weichen. Genau an diesem Punkt setzt die moderne Staatstheorie an (Willke 1998: 159-161, 1996a): Damit die Gesellschaft nicht in der Gewalt aller gegen alle versinkt, müssen die Bürger ihr Recht auf Gewaltausübung auf eine souveräne Instanz übertragen, die im Gegenzug die Sicherheit aller garantiert. Die paradigmatische Form einer solchen Machtordnung ist die hierarchische Organisation: Durch die (aus welchen Gründen auch immer) ungleiche Verteilung von Einfluss- und Durchsetzungspotenzialen in der Gesellschaft entstehen privilegierte Gruppen, die ihre Interessen effizienter organisieren und der Mehrheit ihren Willen aufzwingen können:

> „Am Anfang muss dieses System überdies noch recht häufig durch direkte Gewaltanwendung abgesichert werden. Wie wir wissen, lassen sich solche Maßnahmen mit der Zeit umsetzen in bloße Drohungen. Aber auch Drohungen brauchen schließlich kaum noch ausgesprochen werden, sie verstehen sich von selbst" (Popitz 1968: 30-31).

Vor diesem Hintergrund haben sich für das Problem der Ordnungsbildung in vormodernen Gesellschaften historisch und kulturspezifisch verschiedene Lösungen herausgebildet. Das gemeinsame Merkmal dieser Ordnungen bestand im *diffusen Charakter* der Macht im Sinne einer Chance, „innerhalb einer sozialen Beziehung den eigenen Willen auch gegen Widerstreben durchzusetzen, gleichviel worauf diese Chance beruht" (Weber 1984: 89). Der Gehorsam und die Folgebereitschaft der Bevölkerung resultierte somit aus der mehr oder weniger starken Konzentration von kulturellen, sozialen und ökonomischen Einflusspotenzialen an der Spitze der gesellschaftlichen Hierarchie.

Diese Ordnung erfährt im Übergang zur Moderne jedoch einen grundlegenden Wandel. Mit der Umstellung auf funktionale Differenzierung kommt es zu einer Trennung zwischen teilsystemisch spezialisierten und lebensweltlich diffusen Kommunikationszusammenhängen. Das heißt, wissenschaftliches Wissen und Alltagswissen, Kunst und Alltagsästhetik, rationales Recht und moralisches Empfinden etc. treten zunehmend auseinander (Willke 1996a: 223). Auf diese Weise werden einerseits beträchtliche Rationalisierungspotenziale freigesetzt, die zur Steigerung der gesellschaftlichen Leistungsfähigkeit führen, andererseits verschieben sich die sozialen Kräfteverhältnisse, weil die funktionalen Teilsysteme die traditionelle Ranghierarchie in den Hintergrund drängen. Mit der Umstellung auf funktionale Differenzierung werden die Herrschaftsstrukturen einer Neuorganisation unterzogen, die in der strikten Abgrenzung zwischen politischer Macht auf der einen und diffuser sozialer Macht auf der anderen Seite kulminiert (Willke 1996a: 222-225): Der Schlüssel dazu liegt in der zunehmenden Monopolisierung der legitimen physischen Gewalt in der Hand des Staates. Norbert Elias (1976) hat diesen Vorgang in seiner Studie über den Zivilisationsprozess detailliert beschrieben.

Mit der Herausbildung von immer größeren Staaten, die über ein legitimes Gewaltmonopol verfügen, kommt es zu einer fortschreitenden Befriedung des sozialen Verkehrs. Davon ausgehend wurde lange Zeit angenommen, dass im Verlauf der Modernisierung die Gewalt über kurz oder lang aus dem gesellschaftlichen Leben verschwindet. Das soziologische Interesse an Gewalt und Krieg war dementsprechend gering (Joas 2000). Dies hat sich mittlerweile grundlegend verändert. Spätestens nach dem Ende der Ost-West-Konfrontation ist das ambivalente Verhältnis zwischen Gewalt und Moderne deutlich hervorgetreten. Die Gewalt verschwindet nicht einfach, sie wird vielmehr immens gesteigert: „Effektivere Tötungs- und Vernichtungstechniken, ein effizienterer Organisationsrahmen und größere soziale Distanz haben dazu beigetragen, massenhaftes Töten in Dimensionen zu besorgen, die vorher kaum vorstellbar gewesen wären" (Imbusch 2005: 36-37). Die Kontrolle über dieses Potenzial, und zwar nach innen wie nach außen, ist somit von maßgeblicher Bedeutung.

Je weiter die Monopolisierung physischer Zwangsmittel voranschreitet, desto größer werden die Durchsetzungspotenziale des Staates. Obschon diese Machtkonzentration in vielen Fällen eine wesentliche Voraussetzung für die Durchsetzung sozialer Differenzierungsprozesse darstellt (Rüschemeyer 1986: 7), kann sie sich mit der Zeit als hinderlich erweisen, wenn es zu übermäßigen Eingriffen in die Autonomie der Teilsysteme kommt. Im Extremfall droht die Gefahr einer totalitären Herrschaftsform, „die einen uneingeschränkten Führungsanspruch über die von ihr Beherrschten erhebt: über ihre politische Existenz, ihre Alltagswelt und über das Bewusstsein jedes Einzelnen" (Merkel 1999: 45). Soweit funktionale Differenzierung ein Mindestmaß an Freizügigkeit in der Erwartungsbildung und Kommunikation voraussetzt, haben sich seit Beginn der Moderne in allen Gesellschaften Kräfte gebildet, die auf die Einschränkung staatlicher Handlungsautonomie hinwirken.

Begrenzung der Gewalt nach innen: Als eine mögliche Lösung für die Bedrohung durch den starken Staat hat sich in der Geschichte die Institution der verfassungsmäßig geschützten Grundrechte durchgesetzt. Diese „verhindern die Ausrichtung aller Kommunikation an den besonderen Handlungszwecken der Staatsbürokratie und ermöglichen gerade dadurch die Rationalisierung dieser Zwecke im Sinne einer funktional spezifischen Leistung, die immer andere Leistungen, andere Systeme der Interessenverfolgung, andere Quellen der Macht und des Sozialprestiges in der Sozialordnung voraussetzen muss" (Luhmann 1974: 23). Mit anderen Worten, die Gesellschaft kann für Differenzierungen nur offen gehalten werden, wenn der Bürger durch den Staat nicht zu einem Verhalten genötigt wird, das dauerhaft im Widerspruch zu den Erfordernissen einer differenzierten Sozialordnung steht.

Diese Funktion wird an erster Stelle durch den Schutz der Menschenwürde ausgefüllt: In der modernen Gesellschaft muss der Einzelne teilweise sehr unterschiedliche Rollen als Wähler, Gläubiger, Konsument etc. in den Teilsystemen ausfüllen, ohne dass er dabei seine Identität verlieren darf. Dies stellt höhere Anforderungen an seine Fähigkeit zur individuellen Selbstdarstellung: „Ohne Erfolg in der Selbstdarstellung, ohne Würde, kann er seine Persönlichkeit nicht benutzen" (Luhmann 1974: 69). In modernen Verfassungen wird deshalb jedem Menschen eine ihm zurechenbare Handlungssphäre garantiert, „die er braucht, um sich selbst als Persönlichkeit, als selbstbewusste individuelle Einheit darstellen zu können" (Luhmann 1974: 79). Als wichtige Ressourcen der individuellen Selbstdarstellung müssen die Unversehrtheit des Körpers, die Unverletzlichkeit der Wohnung, der Schutz der Privatsphäre etc. daher in besonderer Weise gesichert werden.

An zweiter Stelle folgt die Garantie der Kommunikationsfreiheit, also der freien Auswahl von Kommunikationsthemen und Interaktionspartnern. Solange der Staat die Entfaltung der teilsystemischen Eigenlogik beschränkt, sind Rationalisierungsprozessen enge Grenzen gesetzt und soziale Spannungen vorprogrammiert. Die Gewährung von Kommunikationsfreiheiten hat folglich den Zweck, ein soziales Terrain zu schaffen, auf dem widersprüchliche Normen, Rollen und Institutionen gebildet und getestet werden können. Sie finden ihren Ausdruck in der Glaubens- und Meinungsfreiheit einerseits sowie der Vereinigungs- und Versammlungsfreiheit andererseits.

Als einzige Staatsform, die diesen beiden Erfordernissen in ausreichendem Maße Rechnung tragen kann, hat sich bislang die Demokratie etabliert. Damit ist das Problem der Gewalt aber nicht endgültig gelöst. Wie aktuelle Diskussionen in der Demokratisierungsforschung zeigen (Merkel u.a. 2003), werden die Grundrechte auch in demokratischen Staaten immer wieder eingeschränkt oder zumindest in Frage gestellt. Der Rechtsstaat steht immer wieder vor neuen Herausforderungen und Gefahren, die teilweise tiefgreifende Einschränkungen der Grundrechte zu rechtfertigen scheinen. Ein aktuelles Beispiel ist die Diskussion über die gebotenen Maßnahmen zur Terrorabwehr inklusive der offenen Infragestellung des Folterverbots. An dieser Stelle bilden sich immer wieder neue Konflikte um die Frage, wie das weiterhin wachsende Gewaltpotenzial des Staates in seine Schranken verwiesen werden kann, ohne die Sicherheit der „offenen" Gesellschaft zu gefährden.

Begrenzung der Gewalt nach außen: Die Steigerung der Gewalt ist aber nicht nur für die eigenen Bürger von Belang. Mit dem Übergang zur Moderne entstehen zwar relativ befriedete Territorien, aber zugleich steigert sich die Fähigkeit zur Gewaltanwendung nach außen. Der Staat monopolisiert und zentralisiert die fiskalischen und waffentechnischen Mittel zur Kriegführung so weit, dass zum Ende nur noch er in der Lage ist, über längere Zeit einen Krieg zu führen. Im Übergang zur Moderne wurde die Kriegführung für feudale Kriegsunternehmer schlicht zu teuer. Die militärtechnische Entwicklung tat dabei ihr Übriges. Vor allem die schwere Artillerie verschaffte den Territorialfürsten einen Vorteil gegenüber den Feudalkriegern. Münkler spricht daher von einer „Verstaatlichung" des Kriegs: „Gewaltakte, die vom Staat nicht lizenziert worden waren, galten hinfort als kriminell und wurden als solche verfolgt und geahndet" (Münkler 2000: 52).

In der frühen Phase der Modernisierung wurden die wesentlichen Merkmale der modernen Kriegführung festgelegt, deren Erbe bis heute spürbar ist (Mann 2000: 35): (1) Geopolitik und Kriegführung wurden als alleiniges Privileg staatlicher Eliten und ihrer Interessen angesehen. (2) Je weiter die Entwicklung des Nationalstaates voranschritt und je stärker er wurde, desto mehr ließ die ehemals transnationale Orientierung der Eliten nach. Das heißt, gerade auch die Oberschichten wurden zunehmend vom Denken in nationalstaatlichen Kategorien erfasst. (3) Der Krieg entwickelte sich zu einem rationalen Bestandteil der Politik: „Er brachte Landgewinne, erschloss neue Märkte und stärkte die eigene Machtposition, ohne hohe Kosten – im Sinne von gesellschaftlichen Ressourcen – zu verursachen" (Mann 2000: 35).[4]

---

4   In diesem Satz bezieht sich Michael Mann nur auf die Elite. Andere Bevölkerungsgruppen hatten durch die Kriegführung natürlich erhebliche Kosten.

Über einen langen Zeitraum änderte sich an dieser Konstellation wenig. Im Zuge der waffentechnischen Entwicklung und der sozialorganisatorischen Konsolidierung der Nationalstaaten nahm die Zerstörungskraft der Kriege zunächst immer weiter zu. Ihren ersten Höhepunkt fand diese Entwicklung im Ersten Weltkrieg. Nach dem Ende des Zweiten Weltkrieges geriet der scheinbar lineare Wachstumstrend jedoch an seine Grenzen. Angesichts der enormen atomaren, biologischen und chemischen Vernichtungspotenziale in den Arsenalen der Supermächte wurde die Vermeidung direkter Konfrontationen plötzlich zu einem Gebot der politischen Vernunft. Der Krieg konnte nicht mehr als profitables Unternehmen angesehen werden. Die Kosten waren einfach zu hoch. Wenn nötig, wurden Konfrontationen in Form von „Stellvertreterkriegen" zumeist in der so genannten Dritten Welt ausgetragen.

In diesem Zusammenhang setzte bereits früh eine Entwicklung ein, die sich nach dem Ende der Ost-West-Konfrontation verstärkte und in eine neue Phase des Krieges hineinführte. Die verstaatlichte Form des Krieges hatte traditionell einen „symmetrischen" Charakter. Das heißt, im Falle einer Auseinandersetzung kommt es zu einer tendenziell symmetrischen Verteilung der Kosten zwischen den Beteiligten, „so dass der Anreiz von Kostenersparnis durch Kriegsvermeidung für beide Seiten gleich groß ist" (Münkler 2002: 129). Dies scheint heute jedoch immer seltener der Fall zu sein. Bei den neuen Kriegen handelt es sich wieder zunehmend um „billige" Kriege, die mit „leichten" Waffen geführt werden und für deren Vorbereitung und Durchführung nur relativ geringe Investitionen erforderlich sind. Dadurch kommt es wieder teilweise zu einer Reprivatisierung des Kriegs.

Mit den „Warlords" und Söldnerfirmen treten wieder verstärkt private Unternehmer auf den Plan, die den Krieg als scheinbar lukratives Geschäft betreiben. Münkler bezeichnet diesen Typus der gewaltsamen Konfrontation als „asymmetrische" Kriegführung. Ihre psychischen, sozialen und wirtschaftlichen Konsequenzen sind oft verheerend. Welche Folgen diese Entwicklung für das Gewaltmonopol des Staates haben wird, ist bisher noch nicht abzusehen. Daneben haben jüngste Beispiele jedoch gezeigt, dass klassische Kriege natürlich auch weiterhin existieren und die Bedrohung durch ABC-Waffen seit einigen Jahren sogar wieder zuzunehmen scheint. Der Krieg ist somit auch nach dem Ende der Ost-West-Konfrontation eine bedrückende Realität. Vieles spricht dafür, dass die Bedrohung durch den Krieg eher zu- als abgenommen hat.

2.2.3 Armut

Unter vormodernen Bedingungen waren die Lebenschancen der Individuen untrennbar mit ihrer Position im Geflecht von sozialem Stand, lokaler Gemeinschaft und Verwandtschaft verbunden. Je mehr sich aber die soziale Reproduktion der Gesellschaft in die funktionalen Teilsysteme verlagert, desto mehr sind individuelle Einkommens- und Konsummöglichkeiten von der Teilhabe an deren Leistungen abhängig. Die kulturelle Legitimation der funktionalen Differenzierung beruht deshalb wesentlich auf dem *Inklusionspostulat*, das heißt dem Versprechen, dass im Prinzip kein Gesellschaftsmitglied vom Zugang zu den Leistungen der Teilsysteme ausgeschlossen werden darf .[5] Allen soll ein Recht auf Bildung, politische Mitbestimmung, Wohlstand, Arbeit etc. eingeräumt werden. Damit sind dauerhafte Ungleichheiten zwar nicht ausgeschlossen, „doch zum Fahrstuhl nach oben darf niemandem der Zutritt verweigert werden, auch wenn nicht alle bis ganz nach oben mitfahren können" (Schimank und Volkmann 1999: 42).

Trotz dieser wohlmeinenden Forderung ist die Inklusion der Individuen stets an Konditionen gebunden, die den Zugang zu den Teilsystemen beträchtlich einschränken können: Wem wie viel Geld zur Verfügung steht, entscheidet sich im Wirtschaftssystem, was als Kunstwerk gilt im Kunstsystem, welche Aussichten ein Rechtsanspruch hat im Rechtssystem etc. Daraus ergibt sich, dass die Teilsysteme faktisch die postulierte Vollinklusion der Individuen nicht gewährleisten können. Dies mag für die Individuen in vielen Fällen – etwa im Hinblick auf das Kunst-, Wissenschafts- oder Sportsystem – nicht problematisch sein. Sofern es aber um die Sicherung grundlegender Bedürfnisse geht, die einen unmittelbaren Einfluss auf die persönlichen Lebenschancen haben, ist die Teilhabe an bestimmten Teilsystemen wie Recht, Gesundheit, Wirtschaft, Bildung und Politik von existenzieller Bedeutung (Schimank 1998: 68). Wird der Zugang zu einem dieser Systeme verwehrt, hat dies für den Einzelnen oft dramatische Konsequenzen, weil mit der faktischen Ausschließung auch die Partizipation in anderen Teilsystemen eingeschränkt wird: Ohne Ausbildung keine Arbeit, ohne Arbeit schlechtere Konsumchancen, damit kein Zugang zu den Medien, schlechtere Heiratschancen, schlechtere Gesundheitsversorgung, keine Beteiligung an der Politik, keine Klagechancen etc. (Luhmann 1999: 148).

Im Unterschied zu vormodernen Gesellschaften sind die Lebenschancen der Einzelnen somit immer weniger von Merkmalen wie dem Geschlecht oder der Standeszugehörigkeit abhängig, sondern von Entscheidungen, die in den Teilsys-

---

5   Der Begriff „Inklusion" bezieht sich auf die Form der sozialen Berücksichtigung von Personen (Luhmann 1995).

temen getroffen werden: „Die Systeme nutzen kleinste Unterschiede (der Arbeitsfähigkeit, der Kreditwürdigkeit, des Standortvorteils, der Begabung, der Disziplinierheit etc.), um sie im Sinne einer Abweichungsverstärkung auszubauen, so dass selbst eine fast erreichte Nivellierung wieder in soziale Differenzierungen umgeformt wird" (Luhmann 1998a: 774). Das heißt, die soziale Schichtung der modernen Gesellschaft beruht immer weniger auf einem übergreifenden Strukturprinzip (Religion, Geburt etc.), sondern leitet sich als mehr oder weniger unbeabsichtigte Nebenfolge aus dem unabhängigen Operieren der Teilsysteme ab. In Anlehnung an Merton (1995) kann von einem „Matthäuseffekt" gesprochen werden: „Wer hat, dem wird gegeben" – in positiver wie in negativer Hinsicht. Dabei besteht die Gefahr, dass sich die Gegensätze zwischen jenen, die über umfangreiche Teilhabemöglichkeiten verfügen, und jenen, die marginalisiert und an den Rand abgedrängt werden, immer weiter verschärfen (Giddens 2001).

Die wachsende Abhängigkeit von undurchschaubaren Organisationsentscheidungen und nicht vorhersehbaren Marktentwicklungen wirkt sich somit entscheidend auf die individuellen Lebenschancen aus. Dabei können geringe Schwankungen im Leistungsvermögen eines einzelnen Teilsystems zu schweren sozialen Krisen führen, die ungefiltert in persönliche Katastrophen umschlagen: „Wenn für nur 10 Prozent des akademisch ausgebildeten Nachwuchses in der Wirtschaft keine niveauentsprechenden Berufschancen gegeben sind, deprimiert dies eine ganze Generation, lenkt Ausbildungsströme, verändert die Personalzuteilungen und die Finanzmittel und dies in jeweils anderen Systemen, das heißt: *ohne gesicherte Proportionalität im Verhältnis zur Auslöseursache*" (Luhmann 1998a: 762). Was früher in lokalen Gemeinschaften und Verwandtschaftsnetzwerken abgefedert und aufgefangen wurde, trifft den Einzelnen heute mit voller Härte. Dabei nehmen die Probleme immer häufiger globale Ausmaße an und sind individuell kaum noch zu bewältigen: Arbeitslosigkeit, Wohnungsnot, fehlende Ausbildungsplätze, fallende Börsenkurse, Verkehrsprobleme, Bildungsmisere, fehlende Kindergartenplätze, Umweltzerstörung etc. Jede Änderung auf der Ebene der funktionalen Teilsysteme kann zu einer privaten Katastrophe werden (Beck 1986: 205-219). Daraus folgt, dass die durch funktionale Differenzierung erzielten Leistungs- und Komplexitätsgewinne mit zunehmender Instabilität und Unberechenbarkeit bezahlt werden müssen – was auf beträchtliche *Exklusionsrisiken* hinausläuft.

In der Ungleichheitsforschung stößt das Konzept der Exklusion – als Gegenbegriff zur Inklusion – seit einiger Zeit zunehmend auf Beachtung (Luhmann 1998a: 618-634). Dabei geht es um eine Form der gesteigerten Armut, die nicht allein auf ökonomischer Deprivation beruht, sondern auf der systematischen Ausgrenzung von Personen aus mehreren Funktionssystemen (Stichweh 2002).

Für die Beschreibung dieser neuen Qualität von Armut, hat sich in der angelsächsischen Soziologie der Begriff „underclass" (Murray 1990; Murray und Phillipp 2001; Wilson 1998, 1991) etabliert. Er bezieht sich auf die zumeist afrikanisch-amerikanische Bevölkerung in den Innenstädten der großen US-Metropolen, die ohne adäquaten Zugang zu Arbeit, Gesundheitsversorgung und Bildung in einem teilweise rechtsfreien Raum ihr Dasein fristet. Dies geht soweit, dass 13 Prozent der afrikanischen Amerikaner aufgrund ihrer Delinquenz sogar vom Wahlrecht ausgeschlossen sind, während in der gesamten US-Bevölkerung nur 2,3 Prozent von dieser Regelung betroffen sind (*Financial Times*, 27.10.2004). Soziale Isolation und Einflusslosigkeit im umfassenden Sinne gilt somit als das charakteristische Merkmal der Betroffenen:

> „Social isolation on the one hand, not only implies that contact between groups of different class and/or social backgrounds is either lacking or has become increasingly intermittent, but that the nature of this contact enhances the effects of living in a highly concentrated poverty area. These concentration effects include the constraints and opportunities in neighborhoods in which the population is overwhelmingly socially disadvantaged – constraints and opportunities that include the kinds of ecological niches the residents of these neighborhoods occupy in terms of access to jobs and job networks, availability of marriageable partners, involvement and quality schools and exposure to conventional role models" (Wilson 1988: 16).

Dabei nimmt das Phänomen der sozialen Exklusion und Verarmung zunehmend auch eine globale Dimension an (Stichweh 2000). Die Existenz einer Weltwirtschaft, Weltpolitik, Weltkunst oder Weltwissenschaft wird heute von keinem mehr in Frage gestellt (Gerhards und Rössel 1999). In dem dichten Geflecht transnationaler Beziehungen bilden sich jedoch lokale Exklusionsbereiche, die von der globalen Entwicklung weitgehend abgekoppelt wie „schwarze Löcher" (Stichweh 2002: 11) durch das soziale Universum treiben. Je näher man ihnen kommt, desto größer ist die Gefahr, hineingezogen zu werden. Die Grenzen dieser Armutsregionen sind dabei nicht zwangsläufig identisch mit den offiziellen Staatsgrenzen. Der afrikanische Kontinent ist von diesem Phänomen vermutlich am stärksten betroffen, aber auch Schwellenländer wie China, Indien oder Brasilien.

In den meisten Fällen wird auf dieses wachsende Problem mit der Einrichtung von sozialen Sicherungssystemen, Sozialarbeit und Entwicklungshilfe reagiert. Angesichts der globalen Ausmaße von Exklusionsrisiken sind diese Maßnahmen bislang aber nicht ausreichend. Im Gegenteil, in einigen Regionen der Welt scheint die funktionale Differenzierung immer mehr durch die primäre Unterscheidung zwischen Inklusion und Exklusion ersetzt zu werden. Dies bedeutet etwa im Hinblick auf das Rechtssystem nicht nur, „dass Ausgeschlossene auch vom Recht ausgeschlossen sind, sondern (...) dass andere, und insbesondere Politik, Bürokratie und Polizei, vom Militär ganz zu schweigen, nach eigenem Ermessen entscheiden, ob sie sich ans Recht halten wollen oder nicht" (Luhmann 1998a: 632). Die Einschränkung und Verweigerung von Teilhaberechten in Gesundheit, Wirtschaft, Bildung, Politik und Recht bildet somit eine zentrale Konfliktlinie in der modernen Gesellschaft.

2.2.4 Ignoranz

Im öffentlichen Bewusstsein hat sich in den vergangenen Jahrzehnten immer mehr die Einsicht durchgesetzt, dass die Expansion der Funktionssysteme nicht nur Wohlstandswachstum bringt, sondern auch ein enormes Potenzial an gesellschaftlicher Selbstgefährdung und Selbstzerstörung in sich birgt. Die Liste der Probleme scheint endlos: Zunehmendes Verkehrsaufkommen führt zu gesundheitlichen, ökologischen und volkswirtschaftlichen Schäden; mit wachsender Verkehrsdichte können sich ansteckende Krankheiten weltweit unkontrollierbar ausbreiten („SARS"); durch den Ausstoß von Abgasen erwärmt sich die Atmosphäre mit unabsehbaren Folgen für das Klima; durch Dünge- und Insektenvernichtungsmittel in der Landwirtschaft erhöht sich weltweit die Schadstoffbelastung in Wasser, Boden, Luft, Pflanzen, Tieren und Menschen; medizinische Fortschritte zwingen der Gesellschaft neue ethische Standards auf; von den langfristigen Konsequenzen der Atomenergie, wuchernder Urbanisierung, zunehmender Wasserknappheit, demographischer Veränderungen, neuer Militärtechnologien etc. ist gar nicht zu sprechen.

Ulrich Beck (1986) hat in diesem Zusammenhang den Begriff der „Risikogesellschaft" geprägt, wonach der Verlauf der Modernisierung immer stärker durch die Folgeprobleme des technischen und ökonomischen Wachstums bestimmt ist. Der Grund dafür liegt in der revolutionären Entwicklung der Wissenschaft, die im Wesentlichen durch drei Faktoren vorangetrieben wurde (Willke 1998: 227-230): erstens der Erfindung des Buchdrucks, der zu einer tiefgreifenden Veränderung in der Verteilung und Nutzung von Wissen führte, zweitens der Entstehung der Universitäten als zentrale Institution für die organisierte „Sammlung, Vermittlung und Mehrung des Wissens" (Willke 1998: 227), drittens der Durchsetzung des Experiments als anerkannter Methode für die Suche nach wissenschaftlichen Gesetzmäßigkeiten. Diese Prozesse kulminierten in der Ausdifferenzierung eines autonomen Wissenschaftssystems, dessen Überlegenheit in der Erkenntnisproduktion heute kaum noch in Frage gestellt wird. Die Wissenschaft bildet das Herzstück einer Infrastruktur, welche die Gesellschaft mit immer neuem Wissen versorgt, ungeachtet der Frage ob es nützlich ist oder nicht.

Diese Entwicklung hat jedoch ihre Schattenseiten. Willke hat zutreffend auf den paradoxen Umstand hingewiesen, dass mit der exponentiellen Vermehrung des Wissens auch das Nichtwissen (Ignoranz) zunimmt. Dieses Nichtwissen kann katastrophale Folgen haben:

> „Ganz analog zur Armut in industrialisierten Gesellschaften ist diese Ignoranz in technologisierten Gesellschaften systemisch produziert; und zwar in dem Maße, wie wissensbasierte Technologien die Operationsweise von Organisationen und differenzierten Teilsystemen prägen. Mit dem Grad der Intelligenz von Systemen wächst zwingend auch der Grad möglicher Ignoranz" (Willke 1996a: 263).

Das heißt, gerade der Erfolg der modernen Wissenschaft wirft teilweise unlösbare Probleme auf. Das Ignoranzproblem moderner Gesellschaften bezieht sich dabei vor allem auf die nicht absehbaren Nebenfolgen neuen Wissens und neuer Technologien. Das gilt nicht nur für atomare, biologische oder chemische Technologiesysteme, sondern auch auf die wissensbasierte Infrastruktur sozialer Organisationen, die täglich neue Bedrohungen für das Leben von Menschen erzeugen: Transportsysteme, Krankenhäuser, Atomkraftwerke, Fabriken, Einkaufszentren, Sportstadien etc. Dieser Zustand ist umso prekärer, je größer die Gefahren sind, die von einer Überschreitung der Fehlertoleranzen ausgehen.

Als Konsequenz häufen sich teilweise enorme Folgekosten zu Lasten der Umwelt – und damit der Lebensqualität der Individuen – an. Die soziologische Aufmerksamkeit richtet sich dabei nicht nur auf das wachsende Gefahrenpotenzial neuer Technologien, sondern darauf, dass mögliche Schädigungen auf kausalen Interpretationen beruhen, die für soziale Definitionsprozesse in besonderem Maße offen sind (Douglas 1990). Risiken[6] sind somit weniger eine „objektive" Eigenschaft von neuen Technologien oder Umwelteingriffen, sondern das Ergebnis von Kommunikationsprozessen über mögliche Ereignisse in der Zukunft. Das heißt die Entscheidung, ob ein Risiko vorliegt oder nicht ist dadurch bestimmt, welche Interessengruppen sich mit ihrer Definition im öffentlichen Diskurs durchsetzen. Die Lösung ökologischer Probleme ist folglich davon abhängig, wie die Gesellschaft ökologische Gefahren wahrnimmt und welche Konsequenzen daraus gezogen werden (Luhmann 1986: 68). Dabei zeigt sich, dass die Teilsysteme in einer primär funktional differenzierten Gesellschaft auf Umweltrisiken hochselektiv, indirekt und nur nach Maßgabe ihrer spezifischen Eigenrationalität reagieren.

---

6   „Ein Risiko liegt dann vor, wenn in der Gegenwart Unsicherheit über die Zukunft besteht, das man diese noch nicht kennt und kennen kann" (Nassehi 1997: 245).

- Die *Wirtschaft* wird auf die Probleme ihrer Umwelt erst aufmerksam, wenn diese sich auf die Zahlungsfähigkeit auswirken, etwa in Form von steigenden Rohstoffpreisen, Umweltsteuern, Konsumverweigerung etc. Das heißt, solange umweltadäquate Verhaltensweisen höhere Kosten verursachen, werden Wirtschaftsakteure versuchen, diese zu umgehen (vgl. Kap. 6.1).
- Die *Wissenschaft* spielt in der Risikogesellschaft eine Schlüsselrolle, weil sie die Erkenntnisse für den technologischen Fortschritt liefert und damit den Grundstein für die Entstehung von ökologischen Gefahren legt. Da aber nicht die Wissenschaft, sondern andere Teilsysteme über die technische Verwertung von Erkenntnissen entscheiden, steht zur Vermeidung von ökologischen Risiken lediglich die Option offen, technisch Mögliches abzulehnen. An diesem Entscheidungsprozess kann die Wissenschaft durch ihre Expertise auf unterschiedliche Weise mitwirken. Aufgrund der Vielzahl konkurrierender Forschungsprogramme ist sie allerdings außer Stande, eine allgemein verbindliche Risikodefinition durchzusetzen.
- Die *Politik* kann die Akteure in Wirtschaft, Wissenschaft, Bildung etc. durch konzertierte Aktionen und Sanktionen zwar zu einer „umweltadäquaten" Operationsweise anhalten; soweit die Autonomie dieser Teilsysteme aber nicht grundsätzlich in Frage gestellt werden darf, sind ihr dabei enge Grenzen gesetzt (Luhmann 1986: 178-179).

Diese Beispiele zeigen, dass zwar alle Teilsysteme gegenüber Umweltproblemen eine gewisse Sensibilität aufweisen, aber letztendlich keines für ihre Lösung verantwortlich ist (Luhmann 1998a: 803). In der modernen Gesellschaft gibt es somit keine Zentralkompetenz für die Bearbeitung von ökologischen Problemen. Die eigentümliche Operationsweise der Teilsysteme hat vielmehr die fatale Konsequenz, dass ihre Resonanz gleichzeitig zu schwach *und* zu stark ausfällt: Aufgrund ihrer selektiven Problemwahrnehmung reagieren die Teilsysteme einerseits immer nur auf eine kleine Menge aller potenziellen Gefährdungen. Das heißt, eine Vielzahl von möglichen Risiken wird überhaupt nicht zur Kenntnis genommen. Andererseits können sich etwa politische Maßnahmen gegen die (relativ wenigen) wahrgenommenen Umweltgefahren durch unvorhersehbare Resonanzverstärkungen in den Teilsystemen in unkalkulierbarer Weise auf den Arbeitsmarkt, die Einkommensverteilung oder die ökonomische Attraktivität des Standorts auswirken:

„Ein solches Sichaufschaukeln von Resonanz hat (…) wahrscheinlich eher destruktive Folgen. Es muss daher zu den Ansprüchen an politische Rationalität gehören, die Rückwirkungen der Auswirkungen von Politik mit einzukalkulieren" (Luhmann 1986: 226).

Diese Problematik verschärft sich durch den inneren Zusammenhang von ökologischen und sozialen Risiken: Die wachsenden Inklusionsansprüche der Individuen gegenüber den Teilsystemen (vgl. Kap. 2.2.3 und 7.1) tragen entscheidend zu einer Vergrößerung ökologischer Probleme bei. Wie etwa Schimank und Volkmann (1999: 48) betonen, verstärkt der „Anspruchsindividualismus als vorherrschende Identitätsform der Mitglieder moderner Gesellschaften" die desintegrativen Tendenzen im Verhältnis zwischen Gesellschaft und ökologischer Umwelt. Solange Inklusionsprobleme durch teilsystemisches Wachstum bekämpft werden, besteht die Gefahr, dass die entstehenden Kosten auf die Umwelt abgewälzt werden. Umgekehrt hat mehr Umweltschutz oft zur Folge, dass die Menschen ihre Ansprüche an die Leistungen der Teilsysteme einschränken müssen, was bedeutet, dass zusätzliche Lasten auf die ohnehin überforderten Individuen zukommen.

Beck und Gernsheim (1994) versuchen diesen Zielkonflikt – maximale Inklusion bei minimaler Umweltbelastung – positiv umzuformulieren, indem sie darauf hinweisen, dass die ökologischen Folgen der Moderne nur durch kollektives Handeln gebändigt werden können. Dies wiederum würde Perspektiven auf die Eindämmung von Individualisierungsrisiken eröffnen. Obwohl beide Deutungsvarianten nicht notwendig im Widerspruch zueinander stehen, machen sie deutlich, dass der Modernisierungsprozess auf einem schmalen Grat verläuft. Auf Dauer wird die moderne Gesellschaft ihren Bestand nur sichern können, wenn es ihr gelingt, den Erfordernissen der Individuen und des ökologischen Gleichgewichts in gleicher Weise Rechnung zu tragen.

3 Die Gesellschaft als Projekt[7]

Wie im vorangehenden Kapitel 2 deutlich geworden ist, entstehen im Modernisierungsprozess strukturelle Spannungen und Konflikte, die sich trotz der enormen Erweiterung individueller und kollektiver Handlungsspielräume auf die Lebenschancen der Individuen beeinträchtigend auswirken können: Mit der Auflösung traditioneller Ligaturen entstehen erstens neue Ansprüche an persönliche Bindungen. Dies wirkt sich vor allem auf die traditionelle Kleinfamilie aus: Während Frauen und Männer zunehmend aus ihren traditionellen Geschlechterrollen herausgelöst werden, entwickeln sich Partnerschaft und Sexualität zu einem Experimentierfeld für die Erprobung neuer Formen des Zusammenlebens. Dieser Wandel verläuft aber keinesfalls konfliktfrei. Die Entstehung des modernen Staates führt zweitens zu einer in der Geschichte nie zuvor gesehenen Steigerung der Kapazitäten zur Anwendung von Gewalt, und zwar sowohl innerhalb des staatlichen Territoriums als auch gegenüber anderen Staaten. Damit verbunden ist zum einen die Frage nach der (demokratischen) Kontrolle der Gewalt, zum anderen die Frage nach Krieg und Frieden. Drittens wächst die Abhängigkeit der Individuen von Entscheidungen und Prozessen in den sozialen Teilsystemen und damit ihre Anfälligkeit für plötzliche Einschnitte in die individuellen Lebenschancen. Viertens führt die fortschreitende Verwissenschaftlichung der Gesellschaft zu einem bedrohlichen Anwachsen des Nichtwissens mit unkalkulierbaren Folgen für die ökologische Umwelt. Bislang hat die funktional differenzierte Gesellschaft aber noch keinen Modus dafür gefunden, wie auf diese Herausforderungen angemessen reagiert werden kann.

Angesichts dieses Befunds drängt sich die Frage auf, ob und wie auf die unerwünschten Folgen der Moderne reagiert werden kann: Gibt es einen Ausweg aus der Krise der Moderne? Oder: Gleicht die moderne Gesellschaft einem Schiff auf stürmischer See, dessen Steuermann schon lange über Bord gegangen ist? Diese Fragen bilden den Ausgangspunkt dieses Kapitels. In Kapitel 3.1 geht es darum, die Möglichkeiten und Grenzen individuellen Handelns auszuloten. Vieles spricht dafür, dass gerade soziale Bewegungen bei der Lösung von Modernisierungsproblemen eine wichtige Rolle spielen könnten. Davon ausgehend

---

7   Vgl. Rucht (1999).

konzentriert sich Kapitel 3.2 auf die Frage, welche Bedeutung die Modernisierungstheorien zeitgenössischer Soziologen wie Touraine, Beck, Habermas und Luhmann sozialen Bewegungen beimessen. In Kapitel 3.3 wird die Theorie neuer sozialer Bewegungen als bisher wichtigste modernisierungstheoretische Interpretation von Protestbewegungen diskutiert.

3.1 Möglichkeiten und Grenzen individuellen Handelns

In der soziologischen Theorie werden die Handlungsmöglichkeiten der Individuen sehr unterschiedlich eingeschätzt: Auf der einen Seite kommt beispielsweise Niklas Luhmann aufgrund der bedingten Resonanz- und Problemlösungsfähigkeit der Teilsysteme zu einer pessimistischen Einschätzung. Die jeweilige Eigenrationalität der Teilsysteme setzt der Wahrnehmung und Bearbeitung von Problemen nicht nur enge Grenzen, jede Reaktion birgt außerdem das Risiko der Entstehung von weiteren unerwünschten Nebenfolgen. Mit diesem Standpunkt befindet sich Luhmann in der Tradition des Strukturalismus, der in den Individuen nur ein Ausführungsorgan für gesellschaftliche Strukturvorgaben sieht, ohne dass deren Gestaltungswille in irgendeiner Form relevant wäre. Dieser extreme Defätismus wird allerdings nur von wenigen Gesellschaftstheoretikern geteilt. In den meisten Fällen wird den Individuen ein gewisses Maß an Gestaltungsmöglichkeiten eingeräumt. Dabei lassen sich idealtypisch drei verschiedene Positionen unterscheiden (Schimank 2002a: 373-386): Im ersten Fall wird auf die gesellschaftliche Wirkung individueller Verhaltensänderungen gesetzt, im zweiten Fall auf die institutionalisierte Politik und den Staat, im dritten Fall auf Protestbewegungen, in denen sich die Interessen der Individuen widerspiegeln.

Die *erste Position* geht davon aus, dass gesellschaftliche Probleme sich durch einen Bewusstseinswandel auf individueller Ebene zumindest teilweise in den Griff bekommen lassen: Mülltrennung gegen Umweltverschmutzung, Zivilcourage gegen Diskriminierung und Ausländerfeindlichkeit, Bürgersinn gegen Politikverdrossenheit, gesunde Ernährung und sportliche Betätigung gegen die Misere des Gesundheitswesens etc. Das soziale Gemeinwesen kann sich demnach positiv verändern, wenn jeder in seinem persönlichen Umfeld authentisch seine Interessen vertritt. Auf diese Weise wird eine stromlinienförmige „Logik der Aggregation" (Esser 2002) in Gang gesetzt, die dadurch bestimmt ist, dass die Individuen einerseits massenhaft ihre „Exit-Option" (Hirschmann 1974) wahrnehmen und ihre Unterstützung für bestimmte schädliche Entwicklungen verweigern, andererseits durch pro-aktives Engagement positive Trends verstärken.

Obgleich individuelle Verhaltensänderungen bei der Bewältigung von sozialen Problemen eine Rolle spielen können, spricht vieles dafür, dass die Reichweite ihrer Wirkung eng begrenzt ist. Dies liegt zum einen in der Natur der menschlichen Psyche. Wie aus Ergebnissen etwa der umweltpsychologischen Forschung hervorgeht, besteht zwischen Einstellungen und Verhalten nur ein sehr geringer Zusammenhang. Beispielsweise Diekmann und Preisendörfer (1992) konnten in einer Untersuchung nachweisen, dass Menschen ihr Umweltbewusstsein hauptsächlich dann in entsprechendes Verhalten umsetzen, wenn die erforderlichen Verhaltensänderungen nicht zu groß, nicht zu unbequem und nicht zu teuer sind. Das heißt, aus einer umweltbewussten Überzeugung folgt noch lange kein umweltverträgliches Handeln.

Ein noch größeres Hindernis bildet die so genannte „Kollektivgutproblematik" (Olson 1976), derzufolge selbst bei vollkommen identischen Interessen das gemeinsam von den Individuen erzielte Verhaltensergebnis oft nicht der ursprünglichen Intention entspricht. Opportunistisches Verhalten steht der Realisierung des gemeinsamen Interesses im Weg. Je mehr Individuen einen Beitrag zur Lösung gemeinsamer Probleme leisten, desto größer ist für den Einzelnen die Versuchung, sich nicht mehr daran zu beteiligen und die damit verbundenen Kosten zu vermeiden. Als klassischer Ausweg aus diesem Dilemma gilt die Bildung von Institutionen. Entsprechende soziale Regelsysteme können das gewünschte Verhalten mit positiven Handlungsanreizen und Sanktionsdrohungen stabilisieren und opportunistisches „Trittbrettfahren" einschränken (vgl. Kap. 5.1).

Folgerichtig setzt die *zweite Position* darauf, dass die Individuen sich als kollektive Akteure organisieren, um die Folgeprobleme der Moderne zu lösen. Das Hauptaugenmerk richtet sich dabei zumeist auf den demokratischen Staat als dem legitimen Vertreter des Gemeinwesens, an dem alle Bürger beteiligt sind. Aufgrund seines Gewalt- und Steuermonopols verfügt er über ein gesellschaftliches Einfluss- und Gestaltungspotenzial, das sehr viel größer ist „als die bloße Addition massenhaften individuellen Handelns" (Schimank 2002a: 379). Auf dieser Grundlage hat der Staat in der Vergangenheit bei der Bewältigung von unerwünschten Modernisierungsfolgen für die breite Bevölkerung eine bedeutende Rolle gespielt. Kaum einer wird bestreiten, dass durch eine pro-aktive Wohlfahrts-, Bildungs-, Minderheiten- und Umweltpolitik ein entscheidender Beitrag zur Verbesserung individueller Lebenschancen geleistet worden ist.

Der Staat hat jedoch – wie jede Interessenorganisation – eine Tendenz zur „oligarchischen Verselbstständigung" (Schimank 2002b: 313-315), die sich bei der Suche nach angemessenen Problemlösungen als Hindernis erweisen kann. Gerade in repräsentativen Demokratien reduziert sich der demokratische Einfluss der Basis oft auf die Auswechslung oder Bestätigung des Führungspersonals, das während seiner Amtszeit relativ unabhängig vom Wählerwillen agieren kann. Sofern plebiszitäre Elemente in der Verfassung verankert sind, besteht zwar die Möglichkeit einer direkten Einflussnahme auf politische Entscheidungen durch die Bürger, dies ändert aber nichts am generellen Trend zur Verselbständigung. Der Grund dafür liegt einerseits darin, dass der Staat zwingend einer gewissen Unabhängigkeit bedarf, um Probleme sachbezogen lösen zu können (Luhmann 1974; Willke 1996a), andererseits verfolgen die Akteure innerhalb des Staatsapparates neben ihrem öffentlichen Mandat oft persönliche Interessen, die mehr mit der Sicherung von Herrschaftspositionen und Privilegien zu tun haben als mit den Lebenschancen der Bürger. Davon ausgehend kann der Staat sogar selbst zu einem Risiko für die Individuen werden (vgl. Kap. 2.2.2).

Im Hinblick auf die Bearbeitung von Modernisierungsfolgen repräsentieren die beiden vorgestellten Positionen zwei Strategien, wie sie gegensätzlicher kaum sein könnten: Auf der einen Seite wird auf das Individuum gesetzt, das sich gesellschaftlichen Problemen mit Verantwortungsbereitschaft und Vernunft in den Weg stellt, auf der anderen Seite auf den Staat, der über überlegene Einfluss- und Steuerungspotenziale verfügt. Dabei ist deutlich geworden, dass beide Strategien den Herausforderungen nicht gewachsen sind. Im ersten Fall sind die Individuen zu schwach, im zweiten Fall wird das kollektive Handeln unter Umständen selbst zu einer Bedrohung. An dieser Stelle kommt die *dritte Position* ins Spiel, die mit der Fokussierung auf soziale Bewegungen die beiden vorangehenden Positionen „in ihren Stärken miteinander [zu] vermitteln und dadurch beider Schwächen zu überwinden versucht" (Schimank 2002a: 383).

Soziale Bewegungen bündeln einerseits die Ressourcen ihrer Mitglieder und verfügen damit über ein vielfach größeres Einflusspotenzial als die für sich genommenen Individuen, andererseits repräsentieren sie deren Interessen insoweit authentisch, als ihnen jederzeit der Ausstieg aus der Bewegung möglich ist. Dies wirkt jeder Verselbständigungstendenz gegenüber den Mitgliedern entgegen. Dank ihrer Authentizität können Bewegungen gegenüber dem Staat (oder anderen kollektiven Akteuren) als durchsetzungsfähige Repräsentanten individueller Interessen auftreten, während sie umgekehrt den Individuen ein starkes „Wir-Gefühl" vermitteln.

3.2 Modernisierung und Protest

Es ist daher nicht überraschend, dass sozialen Bewegungen bei der Bewältigung von Modernisierungsproblemen oft eine Schlüsselrolle zugeschrieben wird. Die Meinungen über die Grenzen und Möglichkeiten ihres Einflusses gehen dabei allerdings weit auseinander. Fast alle führenden Theoretiker sind sich heute darin einig, dass Protestbewegungen im Modernisierungsprozess eine Schlüsselrolle spielen. Die Einschätzungen hinsichtlich ihrer Gestaltungspotenziale sind jedoch extrem unterschiedlich: Während etwa Touraine soziale Bewegungen als Sachverwalter und Verteidiger der individuellen Freiheit gegenüber der instrumentellen Rationalität der Teilsysteme ansieht, und sie folgerichtig in den Mittelpunkt seiner Modernisierungstheorie stellt, gesteht Luhmann ihnen nur die Rolle eines gesellschaftlichen „Immunsystems" zu, das zwar auf Folgeprobleme der Modernisierung aufmerksam macht, zu ihrer Lösung aber keinen adäquaten Beitrag leistet. Zwischen diesen beiden Polen – skeptischer als Touraine, aber optimistischer als Luhmann – stehen Beck und Habermas. Im Folgenden geht es darum, den Stellenwert sozialer Bewegungen innerhalb dieser unterschiedlichen Theorieansätze aufzuzeigen. Soweit eine ausführliche Diskussion den Umfang dieser Arbeit sprengen würde, beschränkt sich die Darstellung der verschiedenen Konzepte auf eine grobe Skizze.

Touraine (2002a, 2003, 2004) zufolge beruht der Modernisierungsprozess einerseits auf der Rationalisierung und Expansion der Teilsysteme, andererseits auf der Subjektivierung der Individuen und Erweiterung individueller Selbstbestimmungsmöglichkeiten. Über einen langen Zeitraum waren beide Prozesse untrennbar miteinander verbunden: Je mehr die Mächte der Tradition und Religion in die Defensive gerieten, desto größer wurden die Freiräume für die Individuen. Dieses Arrangement bildete die Grundlage für eine verbreitete Fortschrittsgläubigkeit und die allgemeine Akzeptanz der Rationalisierung. Seit dem Ende des Zweiten Weltkrieges haben die Teilsysteme jedoch die Oberhand gewonnen und die Individuen zunehmend neuen Belastungen ausgesetzt. Die zentrale Konfliktlinie entzündet sich somit immer häufiger „an der entfremdenden Wirkung der Unterordnung unter technokratische Entscheidungen" (Eickelpasch und Rademacher 1997: 216).

> „Today, the subject is defined by its capacity and right to oppose political or cultural processes and to defend its freedom. The more we move away from religion and what Comte called the metaphysical era, the more the subject stops being transcendent and transforms itself into a principle of protest against the social and political order" (Touraine 1992b: 65).

Als maßgebliche Träger dieses Protests identifiziert Touraine die neuen sozialen Bewegungen, die sich den Protagonisten der Rationalisierung – den Führungseliten und Organisationen in den Teilsystemen – in den Weg stellen. Dabei verweist er darauf, dass die Frauen-, Ökologie-, Bürgerrechts- und Friedensbewegung in den vergangenen Jahrzehnten einen maßgeblichen Beitrag zur Humanisierung der Gesellschaft geleistet haben. Im Unterschied zu ethnischen oder fundamentalistischen Bewegungen, die sich auf der Grundlage einer Widerstandsidentität formieren, treten die neuen sozialen Bewegungen trotz ihrer teilweise scharfen Modernisierungskritik für die Freiheit des Subjekts ein und gelten damit als Vorreiter einer „alternativen" Moderne, jenseits einer technokratisch bestimmten Modernisierung auf der einen Seite, und Entwürfen einer fundamentalistischen oder rechtsextremistischen Gegenmoderne auf der anderen.

Ähnlich wie Touraine schätzt auch Beck (2002a, 2002b; Beck u.a. 1994; Giddens 1996) die Handlungsmöglichkeiten der Individuen gegenüber den Teilsystemen eher positiv ein. Seiner These zufolge befinden sich die westlichen Gesellschaften gegenwärtig in einem Stadium der reflexiven Modernisierung: „Einfache Modernisierung meint Rationalisierung der Tradition, reflexive Modernisierung meint Rationalisierung der Rationalisierung" (Beck 1992: 40). Das heißt, die moderne Gegenwartsgesellschaft wird immer häufiger mit den Nebenfolgen ihrer Programme und Institutionen konfrontiert – Klimawandel, Rinderwahnsinn, Arbeitslosigkeit, Geburtenrückgang etc. wurden bereits angesprochen (vgl. Kap. 2.2) – und bedarf daher neuer Problemlösungen. Der Konsens auf dem die klassische Industriegesellschaft ruhte, weicht dabei zunehmend auf. Dadurch eröffnen sich in den Teilsystemen Gestaltungsspielräume für grundlegende Veränderungen: „Their existence comes to depend on decision making and legitimation, and they become changeable. Alternative opportunities for action thus are the downfall of systems independent of individuals" (Beck 1997: 53).

Soweit sich die Auseinandersetzung um die Gestaltung und Veränderung von Strukturen außerhalb des politischen Systems abspielt, spricht Beck von „Subpolitik" (Beck 1986: 301-306). Dieser Begriff umfasst die oft weitreichenden – und demokratisch *nicht* legitimierten – Entscheidungen von Unternehmen, Forschungslabors oder bürokratischen Organisationen. Die Individuen können ihren Einfluss gegenüber diesen kollektiven Akteuren nur geltend machen, wenn sie sich ebenfalls organisieren (Beck 2002a: 347-363). Dabei richten sich die Hoffnungen vor allem auf Protestbewegungen und NGOs. Ihre Handlungsmöglichkeiten bestehen zum einen in der Politisierung des Konsums, etwa durch den gezielten Boykott von Leistungen und Gütern wie im Fall Brent Spar, zum anderen in der Mobilisierung von Öffentlichkeit, vor allem durch Proteste. In beiden Fällen ist es möglich, den Druck auf die Teilsysteme so stark zu erhöhen, dass Entscheidungen rückgängig gemacht und Strukturen verändert werden. Obschon Beck sich ihrer eng begrenzten Einflussmöglichkeiten bewusst ist, sieht er in den Protestbewegungen somit eine maßgebliche Gegenmacht zur eigendynamischen Entwicklung der Teilsysteme.

Auch bei Habermas (1973, 1981a, 1981b) spielen Protestbewegungen eine bedeutende Rolle. Im Hinblick auf ihre Einflussmöglichkeiten ist er jedoch weitaus zurückhaltender als Touraine oder Beck. Im Mittelpunkt seiner Gegenwartsdiagnose steht die zunehmende Entkopplung von System und Lebenswelt aufgrund der Verselbständigung teilsystemischer Rationalisierungsprozesse gegenüber den Akteuren. Dieser Prozess ist zwar nicht unbedingt negativ, die Teilsysteme wirken jedoch immer wieder als Auslöser von Krisen, die in der Lebenswelt nicht mehr tragbar, geschweige denn legitimierbar sind: Stichworte sind Umweltzerstörung, Arbeitslosigkeit, Politikverdrossenheit, entfesselte Kapitalmärkte, neue Armut, Krise des Wohlfahrtsstaates etc. Die Imperative der Systeme dringen von außen in die Lebenswelt ein „wie Kolonialherren in eine Stammesgesellschaft" (Habermas 1981b: 522) und erzwingen deren Assimilation. Die Folge sind soziale Konflikte, begleitet von Sinnverlust, Anomie und Psychopathologien.

Bei der Bewältigung dieses Konflikts rückt Habermas die Öffentlichkeit ins Zentrum seiner Überlegungen. An der Nahtstelle von Lebenswelt und System konstituiert sie einen sozialen Raum, in dem die instrumentelle Rationalität der Teilsysteme außer Kraft gesetzt ist und die Regeln der verständigungsorientierten Kommunikation gelten: „Die Öffentlichkeit lässt sich am ehesten als ein Netzwerk für die Kommunikation von Inhalten und Stellungnahmen, also von Meinungen beschreiben; dabei werden die Kommunikationsflüsse so gefiltert und synthetisiert, dass sie sich zu themenspezifisch gebündelten öffentlichen Meinungen verdichten" (Habermas 1992: 436). Obwohl durch die Massenmedien systemische Zwänge auch vor der Öffentlichkeit nicht halt machen, bildet sie – solange kritische Diskussionen möglich sind – eine Plattform, auf der zivilgesellschaftliche Organisationen und Protestbewegungen Probleme thematisieren und Meinungswandel initiieren können (Habermas 1981b: 575-583; Edwards 2004). Auf dieser Grundlage ist es möglich Strukturen immer wieder neu in Frage zu stellen, allerdings mit der Einschränkung, dass nur indirekt Einfluss auf die funktionalen Teilsysteme ausgeübt werden kann (Habermas 1992: 625).

Trotz aller Unterschiede in ihren Gegenwartsdiagnosen, sind sich Touraine, Beck und Habermas darin einig, dass Protestbewegungen bei der Thematisierung von Folgeproblemen der Modernisierung eine zentrale Rolle spielen. Entgegen ihrer generellen Skepsis liegt die Systemtheorie davon überraschenderweise aber gar nicht so weit entfernt: Luhmann charakterisiert Protestbewegungen als einen eigenständigen Typus von Sozialsystem, der sich ähnlich wie die funktionalen Teilsysteme über die *Form des Protests* (Codes), die in der Unterscheidung zwischen Sympathisanten und Gegnern zum Ausdruck kommt, und *Protestthemen* (Programme) selbst organisiert. Ihre Funktion entspricht der eines gesellschaftlichen Immunsystems, das auf die Folgeprobleme funktionaler Differenzierung aufmerksam macht (Luhmann 1984: 584; Hellmann 1996: 59-73). Etwa ohne die Ökologiebewegung wäre außerhalb von Expertenkreisen vermutlich kaum etwas über die ökologischen Konsequenzen der Industrialisierung bekannt geworden. Die Protestkommunikation zielt dabei vorrangig auf zwei Themengruppen:

"Die Eine ist die Sonde der internen Gleichheit, die, wenn in die Gesellschaft eingeführt, Ungleichheiten sichtbar macht. Die Andere ist die Sonde des externen Gleichgewichts, die, wenn eingeführt, die gesamte Gesellschaft als im ökologischen Ungleichgewicht erweist" (Luhmann 1998a: 857).

Angesichts zunehmender Komplexität reagiert die Gesellschaft mit Hilfe von Protestbewegungen „auf ihre eigene Intransparenz, auf die Risiken des Redundanzverzichts, auf die hochgetriebene Entscheidungsabhängigkeit aller Vorgänge bei Fehlen jeder gesamtgesellschaftlichen Autorität für das Bestimmen des Richtigen" (Luhmann 1998a: 865). Das heißt, Protestbewegungen machen Probleme sichtbar, die ansonsten unerkannt und unbearbeitet blieben. Dennoch kann Luhmann den sozialen Bewegungen kaum etwa Positives abgewinnen. Vielmehr betont er, dass die Problemdiagnose von Protestbewegungen in keiner Weise besser oder richtiger ist als die anderer Systeme. Ihre Wirkung besteht allein darin, dass sie die Funktionssysteme und ihre Organisationen irritieren und gewisse Anpassungsprozesse initiieren; auf systeminterne Prozesse der Problembearbeitung haben sie aber keinen Einfluss. Vor diesem Hintergrund sind die Erwartungen der Systemtheorie im Hinblick auf das Gestaltungspotenzial von Protestbewegungen bescheiden.

Es ist somit deutlich geworden, dass die Meinungen über die potenzielle Eingriffstiefe sozialer Bewegungen weit auseinandergehen: Einige schreiben ihnen im Modernisierungsprozess eine Schlüsselrolle zu, andere meinen dagegen, dass von ihnen kaum relevante Einflüsse ausgehen. Die Frage nach dem Gestaltungspotenzial sozialer Bewegungen muss somit vorläufig offen bleiben. Soweit eine stichhaltige Einschätzung genaue Kenntnisse über die Strukturen und Dynamiken sozialer Bewegungen voraussetzt, wird diese Frage in Kapitel 6 und 7 wieder aufgegriffen und weiter diskutiert.

3.3 „Neue" soziale Bewegungen

Soziale Bewegungen galten nicht immer als „Protagonisten" der Moderne. Unter der Hegemonie des strukturfunktionalistischen Paradigmas in der Nachkriegszeit wurde die Entstehung sozialer Bewegungen größtenteils auf zu schnellen sozialen Wandel, ökonomische Krisen und gesellschaftliche Integrationsdefizite zurückgeführt (Smelser 1962; Olson 1973; Useem 1998). Der von Durkheim bis Parsons vertretenen Auffassung zufolge kommt es zu Revolutionen, Unruhen und Protesten, wenn soziale Kontrollmechanismen versagen (Davies 1973; Gurr 1973). Protestbewegungen werden dabei nicht als ein zielbewusstes Kollektiv angesehen, sondern als eine unorganisierte Masse aus enttäuschten, entfremdeten und entwurzelten Modernisierungsverlierern. Ihre fortschrittsfeindlichen, „spontanen" und „irrationalen" Gewaltausbrüche galten als psychologische Reaktion auf soziale Anomie und strukturelle Spannungen (Kornhauser 1959).

Die Unzulänglichkeiten dieses Ansatzes wurden spätestens in den 1960er- und 1970er-Jahren offensichtlich. Die Aktivisten der Studenten-, Frauen-, Bürgerrechts- oder Friedensbewegung entsprachen kaum dem Bild der unterprivilegierten und gewaltbereiten Chaoten. Ihr Engagement war keine Reaktion auf ökonomische Krisen oder einen Zusammenbruch staatlicher Kontrollorgane. Sie versuchten die Öffentlichkeit mit durchdachten Argumenten von ihren Standpunkten zu überzeugen und orientierten ihr Protesthandeln an wohlkalkulierten Strategien. Als Folge kam es innerhalb der Bewegungsforschung zu einem grundlegenden Paradigmenwechsel (Cohen 1985). Soziale Konflikte wie Streiks, Protestwellen und Massendemonstrationen galten fortan nicht mehr als pathologische Erscheinung, sondern als normaler und wichtiger Bestandteil des gesellschaftlichen Lebens. Gegenüber der zuvor betonten Irrationalität kollektiven Verhaltens rückten nun die Rationalität und Gestaltungskraft sozialer Bewegungen in den Vordergrund.

Soziale Bewegungen erschienen damit in einem anderen Licht und avancierten vom Fortschrittshindernis zu Protagonisten der Moderne. Vor allem in Europa wurde die dramatische Zunahme linksliberaler Bewegungen in den 1960er- und 1970er-Jahren – teilweise unter Einfluss des Neo-Marxismus – als Vorzeichen einer kulturellen und politischen Zeitenwende gedeutet. So genannte „neue" soziale Bewegungen wie die Frauen-, Friedens- oder Ökologiebewegung rückten ins Zentrum der soziologischen Modernisierungstheorie. Ausgehend von der Annahme, dass sich die primäre gesellschaftliche Konfliktlinie von der ökonomischen Sphäre immer mehr in den Bereich der Kultur verlagert, sahen viele in ihnen einen humanistischen Gegenpol gegen die zunehmende Entfremdung des Individuums durch die technokratische Rationalität der Teilsysteme (Touraine 1992a; Melucci 1996). Die folgenden Abschnitte geben einen Überblick über den Stand der Diskussion zu diesem Thema innerhalb der Bewegungsforschung.

3.3.1 Von sozioökonomischen zu kulturellen Konflikten

Die Debatte über die neuen sozialen Bewegungen hatte ihren Höhepunkt in den 1980er- und frühen 1990er-Jahren.[8] Obgleich die entsprechenden Theorien meist

---

8   Eine 1985 erschienene Ausgabe der Fachzeitschrift *Social Research* (Bd. 52) widmet sich dem Thema „neue soziale Bewegungen" ausführlich und bietet einen ausgezeichneten Überblick

als relativ homogener Block wahrgenommen werden, liegen ihre historischen und theoretischen Annahmen oft weit auseinander.[9] Ihr größtenteils gemeinsamer Ausgangspunkt ist die Vorstellung, dass sich der Modernisierungsprozess in Europa und Nordamerika in drei Schüben entfaltete, in denen die Gesellschaft mit neuartigen Problemen und Konflikten konfrontiert wurde, die zur Entstehung eines für die jeweilige Epoche charakteristischen Typus von sozialer Bewegung führten, der von den bürgerlichen Emanzipationsbewegungen über die Arbeiterbewegung bis zu den neuen sozialen Bewegungen reichte (Eder 1986; Raschke 1988; Rucht 1994; Touraine 2004) (vgl. Tabelle 1). Im Zentrum steht die Überzeugung, dass soziale Bewegungen eine bedeutende *Antriebskraft für den gesellschaftlichen Fortschritt* darstellen.

Tabelle 1: Gesellschaftliche Entwicklungsphasen und historische soziale Bewegungen[10]

Entwicklungs-phasen	Dominantes Bezugsproblem	Primäre Konfliktlinie	Sekundäre Bewegungen
Übergang zum liberalen Kapitalismus	Zerschlagung einer auf politische Macht begründeten Ordnung	Bürgerbewegung vs. absolutistische Herrscher	Frauen-, Bauern-, Handwerker-, Restaurations-, Nationalbewegungen
Übergang zum organisierten Kapitalismus	Lösung der nationalen, demokratischen und sozialen Frage	Arbeiterbewegung vs. konservatives Bürgertum	Jugend-, Lebensreform-, Frauenbewegung, Faschismus
Übergang zum wohlfahrts-staatlichen Kapitalismus	Partizipation, Sicherung der Lebensgrundlagen und der Lebensqualität	Neue soziale Bewegungen vs. technokratische Eliten	Sozialdemokratie, Neokonservatismus, Neue Rechte

Quelle: Nach Rucht (1994a: 125).

Entsprechend dem in Tabelle 1 dargestellten Modell, wurde die soziale Agenda in der ersten Phase der Modernisierung – der Ausdifferenzierung des politischen

---

über den damaligen Stand der Diskussion. Im Jahr 2004 widmete sich eine Ausgabe der Zeitschrift *Current Sociology* (Bd. 52, Nr. 4) dieser Thematik.
9   Einen umfassenden Überblick bietet Rucht (1994a: 125-138).
10 Es ist fraglich, ob der Faschismus wirklich nur eine „sekundäre" Bewegung war (vgl. Kap. 7). Auf religiöse Bewegungen wird ebenfalls nicht eingegangen. Dennoch bietet die Zusammenstellung von Rucht (1994a: 125) einen guten Überblick über den gesellschaftshistorischen Ansatz der Theorie neuer sozialer Bewegungen.

Teilsystems und Entstehung des modernen Nationalstaates – von den bürgerlichen Emanzipationsbewegungen bestimmt, die als Träger von Aufklärung, Demokratie und Kapitalismus den Absolutismus in Frage stellten. In der zweiten Phase gewinnt durch die Industrialisierung die Wirtschaft an Bedeutung, und das Verhältnis zwischen Kapital und Arbeit rückt ins Zentrum der gesellschaftlichen Auseinandersetzung. Die Arbeiterbewegung wird zum Vorkämpfer für die Lösung der sozialen Frage und die Demokratisierung. In der dritten Phase, nach dem Zweiten Weltkrieg, gewinnt die Entwicklung der sozialen Teilsysteme weiter an Fahrt; das Bildungssystem expandiert, die allgemeine Prosperität wächst und in den westlichen Gesellschaften bildet sich der moderne Wohlfahrtsstaat. In diesem Kontext etablierten sich schließlich die neuen sozialen Bewegungen, die sich von ihren Vorgängern in einer ganzen Reihe von Hinsichten unterscheiden (Johnston u.a. 1994: 6-9):

- Viele Gruppen entzogen sich von Beginn an dem klassischen Rechts-Links-Schema der Politik. Ein Beispiel ist die Entstehung der Grünen, die sich trotz einer gewissen Affinität aufgrund ihrer ökologischen und postmaterialistischen Ausrichtung – etwa in Fragen der Umwelt-, Sicherheits- oder Technologiepolitik – oft im Widerspruch zur sozialdemokratischen Tradition befinden.
- Die Protestthemen der neuen sozialen Bewegungen konzentrieren sich im Gegensatz zu ihren Vorgängern stärker auf Fragen der Selbstverwirklichung und Identitätsbehauptung als auf ökonomische Ausbeutung oder Beteiligung an politischen Entscheidungsprozessen.
- Das Ausleben der individuellen Identität hat gegenüber dem organisierten politischen Handeln meist eine höhere Priorität. Ein anschauliches Beispiel sind die Umzüge der Homosexuellenbewegung zum Christopher Street Day.
- Die Politisierung des Alltagslebens – insbesondere des Konsums (Beck 2002a) und der Sexualität – ist ein wichtiges Kennzeichen der neuen sozialen Bewegungen (Taylor und Whittier 1995). Die gemeinsame Weltanschauung wird zum Leitfaden für eine methodisch planvolle „Systematisierung der Lebensführung" (Weber), von der oft alle Persönlichkeitsbereiche – vom Essen bis zur Beziehungsführung – betroffen sind.
- Die Mehrheit der Aktivisten zeigt in der Wahl ihrer Protestformen eine Präferenz für dramatische Symbolik, Gewaltfreiheit und zivilen Ungehorsam.
- Der Aufschwung der neuen sozialen Bewegungen steht in engem Zusammenhang zur wachsenden Politikverdrossenheit und Krise der Massenparteien in den westlichen Demokratien. Die Teilnahme an Protesten ist in ho-

hem Maße durch die Suche nach alternativen Einfluss- und Gestaltungsmöglichkeiten in der Gesellschaft charakterisiert.
- Die neuen sozialen Bewegungen zeichnen sich durch eine Neigung zu lokalen, autonomen und dezentralen Organisationsformen aus. Damit heben sie sich von der straffen und hierarchischen Führung etwa der klassischen Arbeiterbewegung ab.

Obschon die Ausprägungen im Einzelfall unterschiedlich ausfallen, repräsentieren die aufgelisteten Merkmale in ihrer Gesamtheit viele typische Eigenschaften, mit denen sich die neuen sozialen Bewegungen von ihren historischen Vorgängern unterscheiden. Dies steht nicht im Widerspruch dazu, dass ihre Wurzeln oft weit in die Vergangenheit zurückreichen. So bestehen Kontinuitäten etwa zwischen der alten und neuen Frauenbewegung, der romantischen Natur- und modernen Ökologiebewegung etc. (vgl. Kap. 4). Zahlreiche Gruppen, die auf eine lange Tradition zurückblicken können, haben ihre Strukturen verändert, neue Ziele formuliert und verwenden moderne Mobilisierungstechniken, die für die neuen sozialen Bewegungen typisch sind.

Bei der Theorie neuer sozialer Bewegungen handelt es sich weniger um ein geschlossenes System, als um ein Sammelbecken unterschiedlicher Ansätze, die sich alle mit der Frage beschäftigten, inwiefern es sich bei den Aufbrüchen der 1970er- und 1980er-Jahre tatsächlich um etwas grundlegend neues handelt. Neben Melucci (1985, 1996), Habermas (1981a, 1981b) und Castells (2003) wurde die vermutlich einflussreichste Interpretation der neuen sozialen Bewegungen von Alain Touraine (1981, 1985) vorgelegt. Er definiert soziale Bewegungen als „a collective action aiming at the implementation of central values against the interest and influence of an enemy which is defined in terms of power relations" (Touraine 1991: 389). Folgerichtig setzen sich soziale Bewegungen aus drei Komponenten zusammen: (1) der Identität eines kollektiven Akteurs, (2) der Definition eines Gegners und (3) einem Konfliktgegenstand, der das *gemeinsam* geteilte soziale Universum der beiden beteiligten Parteien absteckt (Touraine 1985: 760-761).

Seiner These zufolge ist jede historische Gesellschaftsform durch *einen* zentralen Konflikt charakterisiert. Beispielsweise in der Industriegesellschaft stand auf der einen Seite die bürgerliche Oberschicht, die die Kontrolle über die Produktionsmittel ausübte, und auf der anderen Seite das Proletariat. Beide teilten zwar das Interesse am wirtschaftlichen und gesellschaftlichen Fortschritt, in der Frage der Nutzung und der Verteilung des Wachstums vertraten sie jedoch gegensätzliche Positionen. In der „postindustriellen" beziehungsweise „programmierten" Gesellschaft (Touraine 1972, 1981) entzünden sich Konflikte aber nicht mehr an Verteilungsfragen, sondern an Fragen der Identität und – wie Habermas es formulierte – der „Grammatik von Lebensformen" (Habermas 1981b: 576). Dabei geht es immer stärker darum, das Subjekt gegen eine vollständige Unterwerfung unter die zweckrationale Logik der Teilsysteme zu verteidigen. Träger dieses Widerstandes sind die neuen sozialen Bewegungen.

Auf der Agenda der neuen sozialen Bewegungen stehen Probleme der Lebensqualität, Gleichberechtigung, individuellen Selbstverwirklichung, politischen Partizipation und Menschenrechte. Der wichtigste Unterschied zu den früheren sozialen Bewegungen besteht Touraine zufolge darin, dass sie sich in ihrem Widerstand gegen gesellschaftliche Unterdrückung nicht mehr auf metasoziale Prinzipen wie das Naturrecht oder den historischen Fortschritt berufen, sondern direkt auf individuelle und kollektive Freiheitsrechte. In ähnlicher Weise sind auch die herrschenden Gruppen nicht mehr durch eine protestantische Ethik o.ä. motiviert, sondern durch ein Streben nach Selbstverwirklichung und Kreativität. Der Übergang zur postindustriellen Gesellschaft markiert somit zugleich das Ende der Utopie. Die einzige verbleibende Utopie ist das sich selbstverwirklichende Subjekt (vgl. Kap. 7.4):

> „Social movements are no longer spurred by the images of an ideal society but by the search of creativity. The utilitarian tradition is the main limit and obstacle to social movements today as religion was in more traditional cultures" (Touraine 1985: 779).

Der normative Kern im Zentrum der Theorie neuer sozialer Bewegungen ist demzufolge die Idee der Selbstbestimmung (Joas 1992: 347). Die soziale Ordnung wird von den Akteuren so behandelt als wäre sie ein Produkt ihres Willens. Soziale Bewegungen lassen sich mithin nicht nur auf die Rolle eines gesellschaftlichen „Immunsystems" reduzieren, das auf die Folgeprobleme der Moderne aufmerksam macht. Indem sie dem Subjekt zur Geburt verhelfen, leisten sie darüber hinaus einen maßgeblichen Beitrag zu deren Lösung und gehören damit zu den Protagonisten der Moderne. Davon ausgehend beschränkt sich Touraines Definition sozialer Bewegungen auf kollektive Akteure, die die Idee des sich selbstverwirklichenden Subjekts als aufklärerischen Impuls in die Gesellschaft einbringen. Ethnische, nationalistische oder fundamentalistische Bewegungen werden von diesem Raster nicht erfasst, da sie gesellschaftliche Lernprozesse blockieren oder sogar rückgängig machen. Dieser Aspekt wird in den Kapiteln 6 und 7 wieder aufgegriffen.

3.3.2 Identität in Opposition[11]

Die maßgebliche Arena der neuen sozialen Bewegungen ist mithin nicht Politik oder Wirtschaft, es ist die Kultur. Mit dem Übergang zum wohlfahrtsstaatlichen Kapitalismus (siehe Tabelle 1) vollzog sich ein tiefgreifender kultureller und sozialer Wandel. Der moderne Mensch lebt heute in einer Welt, deren Grenzen sich grundlegend verschoben haben. In früheren Mangelgesellschaften mussten sich die Individuen mit knappen Ressourcen und eingeschränkten sozialen Aufstiegsmöglichkeiten arrangieren. Die einzige Möglichkeit zur Verbesserung ihrer Lebenssituation bestand in der Einwirkung auf diese Beschränkungen. Die Arbeiterbewegung war vor diesem Hintergrund vornehmlich mit der Lösung materieller Probleme befasst. In der Gegenwart hat sich diese Ausgangslage jedoch grundlegend verändert. Eine materiell weitgehend gesicherte Existenz für die überwiegende Bevölkerungsmehrheit (in den westlichen Staaten) und eine Flut von individuellen Konsum- und Entfaltungsmöglichkeiten führt zu einer Verschiebung des dominierenden Handlungsmodus vom „Einwirken" zum „Wählen" (Schulze 1993: 198-203).

Der Einwirkende richtet sein Denken auf die Situation, in der er sich befindet: „Welche Möglichkeiten habe ich?" und „Wie packe ich es an?". Er versucht aus der gegebenen Situation das Beste zu machen, indem er die ihm zur Verfügung stehenden Mittel optimal nutzt. Die zugrundeliegende Handlungsrationalität kann als *Außenorientierung* bezeichnet werden. Das Denken des Wählenden ist demgegenüber weniger auf äußere Bedingungen und situative Gegebenheiten gerichtet als auf die eigene Person. Er fragt sich: „Was will ich?" und „Gefällt es mir?". Er muss sich weniger mit gegebenen Umständen abfinden, sondern kann zwischen verschiedenen situativen Arrangements wählen und die Umwelt seinen Wünschen entsprechend gestalten. Dazu muss er allerdings wissen, was zu ihm passt. Infolgedessen orientiert sich sein Handeln stärker an einer *innenorientierten* Sichtweise (Schulze 1993: 36-39).

Mit der Veränderung des gesellschaftlichen Kontexts rücken somit Probleme der Identitätsbildung in den Vordergrund. Außenorientierung steht für die Begrenzung des Einzelnen durch seine Lebenssituation. Er richtet seine Aufmerksamkeit primär auf die Gegebenheiten der äußeren Wirklichkeit. Innenorientierung steht demgegenüber für Entgrenzung, also erweiterte Handlungsspielräume und mehr Wahlmöglichkeiten. Die Aufmerksamkeit richtet sich hier primär auf die innere Wirklichkeit (Schulze 1993: 313-315): „The freedom to have, which characterized (…) industrial society has been replaced by the freedom to

---

11 Vgl. Roth (1998: 54).

be" (Melucci 1989: 177-178). Die Entstehung sozialer Bewegungen ist somit immer stärker durch die Identitätsbedürfnisse der Individuen bestimmt. Die Suche nach und Behauptung von Identität wird zu einem Leitmotiv für persönliches Engagement. Obwohl auch in „alten" sozialen Bewegungen Identitäten – etwa von ethnischen Minderheiten, Arbeitern, Frauen oder Katholiken – geprägt und verteidigt wurden, stand die Veränderung der politischen Machtverhältnisse im Vordergrund, vor allem mit Blick auf die soziale, politische und ökonomische Inklusion marginalisierter Bevölkerungsgruppen (vgl. Kap. 2.2). In den neuen sozialen Bewegungen hat sich das Verhältnis zwischen beiden Relevanzen jedoch zugunsten der Identität verschoben. Raschke (1988, 1999) charakterisiert diesen Wandel als Übergang von der Macht- zur Kulturorientierung:

> „Der primäre Zielbereich machtorientierter Bewegungen ist das politische und/oder ökonomische System, deren Veränderung vor allem durch Erringung staatlich-politischer Macht bzw. durch Konzessionen seitens politischer Machthaber verfolgt wird. Insofern ist Macht nicht nur das Medium, das das politische Subsystem steuert, sondern zugleich das Medium, durch das soziale Bewegung wirksam wird. (…) Der Zielschwerpunkt kulturorientierter Bewegungen liegt im soziokulturellen Bereich. An die Stelle des Einwirkens auf Staat und Wirtschaft tritt der Versuch einer Änderung des Individuums und der sozialen Beziehungen, von denen häufig angenommen wird, dass sie auf Staat und Wirtschaft ausstrahlen (Raschke 1988: 110 und 112).

Der für die moderne Gegenwart charakteristische Konflikt liegt demnach im Spannungsfeld zwischen individueller Selbst- und gesellschaftlicher Fremdbestimmung (Touraine 1992a). Auf der einen Seite stehen die Individuen, die nach mehr Autonomie und Kontrolle über ihre Lebensweise streben, auf der anderen Seite eine zunehmend unübersichtliche und eigendynamische Sozialwelt, die einen größer werdenden Anpassungszwang auf das Individuum ausübt (Melucci 1996). Die Grenzen individueller Gestaltungsspielräume offenbaren sich somit genau dort, wo die Privatsphäre aufhört und die Einzelne den unkalkulierbaren Organisations- und Marktdynamiken der Teilsysteme ausgeliefert ist. Sofern Lebenschancen heute mehr denn je am Maßstab persönlicher Selbstbestimmungswünsche bewertet werden, ist Identitätsbehauptung zwar nicht die einzige, aber doch eine zunehmend wichtige Dimension moderner Proteste (Polletta und Jasper 2001; Castells 2003).

Während die alten sozialen Bewegungen sich auf innerhalb von Klassen und Sozialmilieus geteilte Werte, Überzeugungen und Symbole stützen konnten, müssen Protestbewegungen heute ein ungleich höheres Maß an Ressourcen und Energie in die Aufrechterhaltung und Stabilisierung ihrer kollektiven Identität investieren. Die neuen sozialen Bewegungen unterscheiden sich von ihren Vorgängern somit darin, dass es sich um *Wahlgemeinschaften* handelt, deren Strukturen in einem ungewöhnlich hohen Maße von innenorientiertem Denken beeinflusst sind. Zugespitzt formuliert gilt die Maxime: „Partizipation an kollektivem Handeln wird für das Individuum als wertlos betrachtet, sofern es nicht einen direkten Beitrag zur Befriedigung persönlicher Bedürfnisse leistet" (Melucci 1999: 123). Das heißt, der Anreiz zum Engagement geht nicht nur von den politischen Zielen aus, die gemeinsam erreicht werden sollen, sondern dient in gewisser Hinsicht einem Selbstzweck, nämlich dem Ausleben individueller Identitätsentwürfe. Diese bilden den Kristallisationspunkt für die Entstehung von Gemeinschaft (vgl. Kap. 5.1.3).

3.3.3 Kritische Anmerkungen

Obgleich die Theorie neuer sozialer Bewegungen auf breite Akzeptanz gestoßen ist, war sie auch heftig umstritten (Pichardo 1997; Opp 1996; Calhoun 1995). Die Hauptkritik richtete sich vor allem auf die Frage, worin das „Neue" an den neuen sozialen Bewegungen besteht. Zahlreiche der als typisch für die neuen sozialen Bewegungen angesehenen Eigenschaften lassen sich auch bei älteren Bewegungen finden. Diese Kritik hat zwar zur Aufdeckung gravierender Schwachstellen beigetragen, sie geht an der Theorie neuer sozialer Bewegungen jedoch insofern vorbei, als es sich dabei nicht um einen einfachen Satz empirisch überprüfbarer Hypothesen über bestimmte soziale Bewegungen handelt, sondern um eine sozialphilosophische Gegenwartsdiagnose, die den Übergang von der industriellen zur postindustriellen (programmierten) Gesellschaft thematisiert (Alexander 1999: 99-100). Davon ausgehend werden im Folgenden einige immanente Schwächen der Theorie angesprochen: Ethnozentrismus, die einseitige Betonung kultureller Konflikte, die Vernachlässigung von Mobilisierungsprozessen und schließlich der aufklärerische Impetus der Theorie.

Ethnozentrismus: Die Theorie neuer sozialer Bewegungen bezieht sich fast ausschließlich auf Konflikte in Nordamerika und Europa, während weite Teile der Dritten Welt mehr oder weniger stillschweigend ausgeklammert werden. Die Betonung postmaterialistischer Werte ignoriert vollkommen, dass der überwiegende Teil der Weltbevölkerung bis heute mit enormen materiellen Problemen zu kämpfen hat. Der Wohlstand in der so genannten ersten Welt wird zu einem nicht unbeträchtlichen Maße auf Kosten von Arbeiterinnen außerhalb der wohlhabenden OECD-Staaten produziert, wo sich die sozialen Konflikte hauptsächlich um Verteilungsprobleme drehen. Die dortigen Bewegungen üben dabei einen enormen Einfluss auf soziale Bewegungen in der Ersten Welt aus. Zu nennen wäre beispielsweise das Weltsozialforum in Brasilien oder die Zapatistenbewegung in Mexiko. In der Folge haben Gerechtigkeitsfragen mittlerweile auch in der Ökologiebewegung stark an Bedeutung gewonnen (vgl. Kap. 4.1 und 4.5). Es müsste daher mehr Aufmerksamkeit auf die kulturellen, politischen und ökonomischen Austauschbeziehung zwischen sozialen Bewegungen in ökonomisch entwickelten und weniger entwickelten Staaten gerichtet werden.

„Indeed, in contrast to the stereotypical picture of richer protestors helping their poorer contemporaries to organize, teaching them how to protest and otherwise resourcing their struggles, it is widely recognized that some of the more high-profile Third World groups have had a considerable impact upon 'the movement', as a global phenomenon, shaping tactics and strategies as well as issues. Some (Western) protesters have argued that much of what is new about the 'feel' and forms of protest associated with anti-corporatism [das heißt: Globalisierungskritik; T.K.], much of what makes it distinctive as a wave of mobilization, derives directly from this considerable Third World input" (Crossley 2003: 300).

Einseitige Betonung kultureller Konflikte: Verteilungsprobleme aber spielen nicht nur im Verhältnis zwischen reichen und armen Ländern eine wichtige Rolle. Spätestens mit der massiven Mobilisierung von Protesten im Zusammenhang mit den so genannten Hartz-Gesetzen 2004 in Deutschland stehen klassische soziale Verteilungskämpfe wieder auf der Agenda sozialer Bewegungen. Anfang April 2004 gingen schätzungsweise eine halbe Million Menschen gegen den Sozialabbau auf die Straße. An den „Montagsdemonstrationen" im Herbst 2004 beteiligten sich in über 150 Städten zeitweise mehr als 100.000 Bürger. Die Teilnehmer entsprachen dabei kaum dem gängigen „postmaterialistischen" Profil der neuen sozialen Bewegungen: Die Proteste konzentrierten sich vornehmlich auf das von Arbeitslosigkeit überdurchschnittlich betroffene Ostdeutschland. Bei den Teilnehmern handelte es sich zu einem großen Teil entweder um Arbeitslose oder um Familienangehörige von Arbeitslosen (Rucht 2003). Dabei war dies in Europa keinesfalls ein Einzelereignis. Auch in Frankreich demonstrierten allein Mitte März 2006 in über 170 Städten etwa 1,5 Millionen Menschen gegen eine geplante Neuregelung des Kündigungsschutzes für Berufseinsteiger durch die französische Regierung.

Der Beziehung zwischen kultureller Identität und materiellen Interessen muss daher eine weitaus größere Aufmerksamkeit geschenkt werden als es bisher der Fall ist. Einen möglichen Ansatzpunkt zur Lösung dieses Dilemmas bietet die Theorie sozialer Differenzierung. Wie in den vorangegangenen und folgenden Kapiteln gezeigt, sind die einzelnen Teilsysteme in ihrer Entwicklung durch spezifische Konfliktkonstellationen charakterisiert, die immer wieder Anlass zur Mobilisierung von Protesten geben. Dies steht ausdrücklich nicht im Widerspruch dazu, dass sich die traditionellen Großgruppen der Industriegesellschaft aufgelöst haben und soziale Bewegungen daher nicht mehr als „Klassenhandeln" interpretiert werden können. Das Gegenteil ist vielmehr der Fall: Konflikte in den Teilsystemen bilden den strukturellen Rahmen für die Imagination, Behauptung und Verteidigung kultureller Identitäten (Kern 2007a). Als kollektive Akteure stehen soziale Bewegungen den Teilsystemen nicht gegenüber, sondern sind in sie eingebettet.

> „Instead of the gridlock opposing the abstract universalism of liberalism to a form of communitarianism (...), we find in the idea of the Subject the elements which enable us to bring the two orientations together – not by decreasing the tensions between them, but by defining the Subject as an instrument of integration or at least of compatibility between the rationalist thinking of the Enlightenment and a communitarianism which is always in danger of becoming Völkish. The Subject is not a question of going beyond specificities and rising to the Universal, as Apel and Habermas think. It is in everyday life, and first of all in the experience of the body, that the Subject succeeds in combining the world of ends and that of means, that of the economy and that of cultures, unity and diversity" (Touraine 2002a: 394-395).

Vernachlässigung von Mobilisierungsprozessen: Touraine und andere Vordenker der Theorie neuer sozialer Bewegungen konzentrieren sich auf die zentralen Konflikte der Gesellschaft. Die neuen sozialen Bewegungen werden dabei nicht nur als empirisches Phänomen gedeutet, sondern – ähnlich wie Marx das Proletariat – als Ausdruck bestimmter struktureller Verhältnisse. Auf dieser Grundlage bietet die Theorie eine plausible Antwort auf die Frage nach den gesellschaftlichen Ursachen sozialer Bewegungen. Hier liegt vermutlich der wichtigste Beitrag der Theorie neuer sozialer Bewegungen, da sie über sozialpsychologische Theorien relativer Deprivation hinaus soziale Konflikte in den gesellschaftlichen Strukturen verortet. Die zugrundeliegenden Mechanismen kollektiver Mobilisierung bleiben jedoch im Dunkeln. Wichtige Beiträge zur Behebung dieses Defizits sind von anderen Theorien geleistet worden, die sich mit Netzwerken, der Lösung der Kollektivgutproblematik, Framing-Prozessen und politischen Gelegenheitsstrukturen beschäftigen. In Kapitel 5 werden die einschlägigen Ansätze ausführlich dargestellt. Die Theorie neuer sozialer Bewegungen steht dazu nicht in Konkurrenz. Wie in zahlreichen Studien gezeigt worden ist, lässt sich beides miteinander verbinden (Rucht 1994a; Melucci 1996). Die Stärke der Theorie neuer sozialer Bewegungen liegt dabei vor allem in der Gegenwartsdiagnose, für die Erklärung sozialer Protestbewegungen reicht sie aber bei weitem nicht aus.

Aufklärerischer Impetus: Der aufklärerische Anspruch der Theorie neuer sozialer Bewegungen wurde in der Vergangenheit vielfach bemängelt (Luhmann

1998a: 850). Die Kritik richtet sich hauptsächlich gegen die einseitige Betonung „progressiver" Bewegungen.[12] Nationalistischen, ethnischen oder fundamentalistischen Bewegungen wird hingegen der Status einer sozialen Bewegung verweigert. Touraine (2003) bezeichnet diese Formen des Protests als „Kommunitarismus", andere sprechen von „kollektiver Mobilisierung" (Eder 1993: 107; Ohlemacher 1996). Unter empirischen Gesichtspunkten ist diese Engführung bei der Definition sozialer Bewegungen allerdings nicht zu rechtfertigen. Untersuchungen etwa über rechtsextreme Bewegungen haben gezeigt, dass diese sich in ihren Strategien, Taktiken und Strukturen von den „progressiven" Bewegungen kaum unterscheiden (Pfahl-Traughber 2003). Es gibt folglich keinen Grund, sie nicht als soziale Bewegungen zu bezeichnen. Statt einer allzu engen Definition des Bewegungsbegriffs bietet es sich an, Konflikte im Hinblick auf ihre möglichen Beiträge zu gesellschaftlichen Lernprozessen zu untersuchen (Miller 2006; Eder 2000a). Dieser Ansatz wird in Kapitel 6 weiter verfolgt.

---

12 „Social Movements are those directly and intentionally related to modernization from the seventeenth century on. [...] In this regard, new movements are new only because they bear new hope for the collective realization of the predicaments of modernity" (Eder 1993: 107-108).

4 Soziale Bewegungen in der Gegenwart

Die Themenerzeugung der neuen sozialen Bewegungen orientierte sich bisher an hauptsächlich vier Konfliktfeldern (vgl. Kap. 2.2): Erstens dem Verlust von Gemeinschaft und der Entstehung neuer Formen intimen Zusammenlebens, zweitens dem Problem der Gewalt, drittens dem Problem der Armut und viertens dem Problem der Ignoranz. Wie jede Typologie hat auch diese den Zweck, einen Überblick über die empirische Vielfalt zeitgenössischer Bewegungen zu verschaffen. In reiner Form treten die Bewegungen dabei nur selten auf. Oft gibt es zahlreiche Überschneidungen, beispielsweise religiös-fundamentalistische Bewegungen, die gegen die Globalisierung opponieren oder ökologische Bewegungen, die sich für die Armutsfrage geöffnet haben. Eine starre Zuordnung ist infolgedessen weder sinnvoll noch wünschenswert. Davon ausgehend werden im folgenden Kapitel exemplarisch sieben einflussreiche Bewegungen diskutiert, die gegenwärtig in unterschiedlicher Weise auf die Herausforderungen der Modernisierung reagieren: die neue Frauenbewegung, die neue christliche Rechte in den USA, Demokratisierungs- und Friedensbewegungen, linksliberale und rechtsextreme globalisierungskritische Bewegungen und die Ökologiebewegung.[13] Die Darstellung konzentriert sich dabei vor allem auf drei Aspekte: Entstehungsbedingungen, historische Entwicklungen und spezifische Ausprägungen kollektiver Identitäten.

Bei der neuen Frauenbewegung und der neuen christlichen Rechten handelt es sich um zwei entgegengesetzte Bewegungen, die mit einander ausschließenden Konzepten auf die Transformation der Intimität (vgl. Kap. 2.2.1) reagieren. Während die Frauenbewegung für die Überwindung des Patriarchalismus steht, hält die christliche Rechte an traditionellen Geschlechterrollen fest. Beide Seiten geraten im öffentlichen Diskurs immer wieder heftig aneinander. Staatsmachtkritische Bewegungen setzen demgegenüber am enormen Gewaltpotenzial des modernen Staates an (vgl. Kap. 2.2.2). In prodemokratischen Bewegungen konzentriert sich der Kampf auf die Begrenzung staatlicher Gewalt gegenüber den

---

13 Auf eine Darstellung der Arbeiterbewegung wurde zugunsten der globalisierungskritischen Bewegungen verzichtet. Damit wird ihre Bedeutung nicht in Frage gestellt. Vielmehr wird an zahlreichen Stellen deutlich, dass sie in der Vergangenheit auf verschiedene heutige Bewegungen einen großen Einfluss ausgeübt hat und noch immer ausübt.

eigenen Bürgern, in der Friedensbewegung auf die Gewalt nach außen. Im Zuge der so genannten dritten Welle der Demokratisierung spielten prodemokratische Bewegungen weltweit eine zentrale Rolle. Ihre Bedeutung beschränkt sich aber nicht nur auf den demokratischen Systemwechsel, sie spielen auch bei der fortdauernden Verteidigung und Neudefinition der Grundrechte gegenüber dem modernen „Sicherheitsstaat" eine wichtige Rolle. Demgegenüber hat die Friedensbewegung, entgegen den Erwartungen vieler, nach dem Ende des Kalten Krieges nicht an Bedeutung verloren, sondern ist weltweit zu einer einflussreichen Massenbewegung geworden, von der wichtige politische Impulse ausgehen.

Globalisierungskritische Bewegungen setzen an der Steigerung sozialer Armutsrisiken im Modernisierungsprozess an (vgl. Kap. 2.2.3). Während viele Protestbewegungen in der Vergangenheit für die Erweiterung von Lebenschancen gekämpft haben, führt die Globalisierung in allen Wohlstandsgesellschaften zu heftigen Verteilungskonflikten, die in erster Linie um die Abwendung von Armut kreisen. Dabei lassen sich zwei gegensätzliche Typen von Bewegungen unterscheiden: Rechtsextreme Bewegungen setzen auf Ausländerfeindlichkeit und kulturelle Abschottung gegenüber den wachsenden Einflüssen von außen; linksliberale Bewegungen fordern den Ausbau supranationaler Institutionen, um die Erosion des Wohlfahrtsstaates aufzuhalten. Im Unterschied dazu reagiert die Ökologiebewegung vor allem auf Risiken, die mit dem Wachstum von technischem und wissenschaftlichem Wissen verbunden sind (vgl. Kap. 2.2.4). Unter dem Stichwort „Umweltgerechtigkeit" zeigt sich dabei eine zunehmende Sensibilität für Probleme der sozialen Ungleichheit.

4.1 Die neue Frauenbewegung

Vermutlich kaum eine soziale Kraft hat zur gegenwärtigen kulturellen und sozialen „Transformation der Intimität" (vgl. Kap. 2.2.1) so viel beigetragen wie die Frauenbewegung. Der Feminismus – definiert als „Protest gegen männliche Willkürherrschaft" (Cott 1989: 809) – kann mittlerweile auf eine lange und wechselvolle Geschichte zurückblicken. Die Anfänge beispielsweise der deutschen Frauenbewegung reichen bis in das frühe 19. Jahrhundert zurück (Nave-Herz 1997: 7). Die Hauptforderungen der bürgerlichen wie der proletarischen Frauenbewegung bezogen sich vor allem auf die Inklusion (vgl. Kap. 2.2.3) der Frauen in die funktionalen Teilsysteme, das heißt gleiche Partizipationschancen in den Bereichen Bildung, Wirtschaft und Politik. Während der bürgerliche Flügel der Frauenbewegungen dieses Ziel vor allem innerhalb der bestehenden sozialen Ordnung erreichen wollte, kämpfte der proletarische Flügel für die Überwindung des patriarchalischen Kapitalismus. Obschon viele Ziele nicht erreicht wurden, leistete die „alte" Frauenbewegung einen maßgeblichen Beitrag zu Verbesserung der Lebensverhältnisse von Frauen und verfügte in Deutschland über eine gut organisierte Basis.

4.1.1 Sozialstruktureller Wandel

Weitgehend außerhalb dieser traditionellen Infrastruktur kam es Ende der 1960er-Jahre erneut zu einem enormen Mobilisierungsschub, der in nahezu allen westlichen Industrieländern zur Entstehung der *neuen* Frauenbewegung führte, die erst in einer späteren Phase Verbindung mit ihren Vorläufern aufnahm. Bei diesem Aufbruch ging es nicht allein um Inklusion, sondern mehr als zuvor um die selbständige Definition der weiblichen Identität im Verhältnis zum Mann (Castells 1997: 175). Davon ausgehend reflektiert die neue Frauenbewegung in besonderem Maße die Veränderungen im Bereich der zwischenmenschlichen Intimität. Sie bildete darüber hinaus den Ausgangspunkt für die weltweite Ausbreitung der feministischen Idee.

Die sozialstrukturellen Ursachen für die Entstehung der neuen Frauenbewegung liegen in grundlegenden Veränderungen, von denen zunächst vor allem die Frauen betroffen waren (Rucht 1994a: 186-190): Erstens dem Rückgang des so genannten informellen Sektors der Familien und Hausarbeit. Durch die Technisierung des Haushalts und fortschreitende Verringerung der durchschnittlichen Kinderzahl in den Industrieländern drängten immer mehr Frauen auf den formellen Arbeitsmarkt. Dadurch stieg zweitens die Erwerbsquote der Frauen, wenngleich unregelmäßig, immer weiter an. Damit verbunden war die Ausdehnung außerfamiliärer Betreuungsangebote für Kinder, was den Frauen mehr Unabhängigkeit ermöglichte. Drittens erhielten immer mehr Frauen die Möglichkeit, am Bildungswesen zu partizipieren. Dies förderte nicht nur die Karriereambitionen von Frauen, sondern hatte auch eine politisch bewusstseinsbildende Wirkung. Viertens vergrößerte sich die Unabhängigkeit vieler Frauen von den Männern. „Das Bild der Frau als passives Objekt, das des Schutzes bedarf und männlicher Begehrlichkeit oder aber Zurückweisung ausgeliefert ist, geriet ins Wanken" (Rucht 1994a: 188). Ein wichtiger Indikator dafür ist die in den Industrieländern wachsende Zahl von Scheidungen, die von Frauen eingereicht werden. Wie in Kapitel 2.2.1 angemerkt, hat sich die Beziehung zwischen Mann und Frau durch Fortschritte in der Reproduktionsmedizin und auf dem Gebiet der Geburtenkontrolle zunehmend von der Mutterschaft abgelöst. Fünftens stieg der Anteil von Frauen in gesellschaftlichen Führungspositionen – wenngleich auf niedrigem Niveau – langsam an.

4.1.2 Entwicklung der neuen Frauenbewegung

Die Entwicklung der neuen Frauenbewegung in Westeuropa und den USA begann mit der Politisierung der Frauenfrage (Rucht 1994a: 191). In den USA organisierten sich Frauen nach dem Zweiten Weltkrieg zuerst im Rahmen der Bürgerrechtsbewegung. Der berühmte Bus-Boykott 1955 in Montgomery war maßgeblich von afrikanisch-amerikanischen Frauen initiiert und durchgeführt worden. Eine explizit feministische Bewegung wurde allerdings erst in den 1960er-Jahren sichtbar, wobei die Gründung der *National Organization for Women* (NOW) eine maßgebliche Rolle spielte. NOW etablierte sich – trotz zahlreicher interner ideologischer und organisatorischer Auseinandersetzungen – in den folgenden 30 Jahren als größte und einflussreichste Frauenorganisation in den USA. Dabei stand NOW für einen liberalen Feminismus, der die Gleichberechtigung mit legalen Mitteln und durch soziale Reformen erreichen wollte, ohne die Männer direkt als soziale Gruppe zu bekämpfen. Etwa zur gleichen Zeit bildete sich innerhalb der US-Studentenbewegung ein radikaler Feminismus, der die Männer als herrschende Klasse betrachtete und nicht die Reform, sondern die Abschaffung der patriarchalischen Gesellschaftsordnung forderte. Die Trägerinnen dieser Bewegung verstanden sich ausdrücklich als Opposition zum männlich dominierten Mainstream der Studentenbewegung.

In Deutschland etablierte sich die neue Frauenbewegung ebenfalls in der Auseinandersetzung mit der männlichen Vorherrschaft im Sozialistischen Deutschen Studentenbund (SDS). Im Januar 1968 entstand in West-Berlin der „Aktionsrat zur Befreiung der Frau", der eine radikal feministische Position vertrat und das repressive Verhalten der männlichen SDS-Mitglieder scharf kritisierte. Im September 1968 kam es in Frankfurt schließlich zu einem Eklat, als eine Teilnehmerin auf der 23. Tagung des SDS Männer mit Tomaten bewarf. Dieses Ereignis gilt als die Geburtsstunde der neuen Frauenbewegung in Deutschland. SDS-Frauen schrieben dazu später: „Ganz im Gegensatz zu der allgemein herrschenden Vorstellung war dies nicht eine Revolte der Frauen im SDS. (...) Dennoch sollte eben diese ‚peinliche' Tomate gerade für die intellektuellen SDS-Frauen zum Fanal werden" (Nave-Herz 1997: 40). Nach der Tomatenwurfaktion bildeten sich zahlreiche neue Frauengruppen, darunter die so genannten „Weiberräte". Diese waren basisdemokratisch organisiert, nur locker miteinander verbunden und rekrutierten ihre Mitglieder fast ausschließlich aus dem studentischen und intellektuellen Milieu. In diesem Stadium war die Frauenbewegung in Deutschland wie in den USA durch zwei Merkmale Charakterisiert:

> „(a) ein intensives Ringen um ein feministisches Selbstverständnis im Rahmen einer kritischen Analyse der Gesamtgesellschaft, wie es in zahlreichen Treffen, Diskussi-

onszirkeln, Resolutionen und Publikationen zum Ausdruck kam; (b) den erfolgreichen Versuch, eigenständige feministische Gruppierungen aufzubauen, welche die Kristallisationspunkte feministischer Debatten und Aktionen bildeten" (Rucht 1994a: 192).

Nach einer Phase der ideologischen und organisatorischen Konsolidierung, bemühte sich die neue Frauenbewegung um eine größere Breitenwirksamkeit – dabei wurde oft auf spektakuläre Symbolik und öffentliche Provokation gesetzt. In den USA erlebten die Frauengruppen einen starken Zulauf.[14] NOW organisierte eine große Kampagne für die Einführung eines Verfassungszusatzes, der die Gleichberechtigung der Frau in allen Lebensbereichen vorsah.[15] Obwohl der Antrag vom Kongress 1972 angenommen wurde, scheiterte er 1982, weil die für eine Ratifizierung erforderliche Zweidrittelmehrheit der Staaten nicht zustande kam. Dennoch konnte vor Gerichten nach und nach der Anspruch auf gleiche Bildungschancen, Arbeitslöhne etc. für Frauen sowie wichtige Verbesserungen im Ehe- und Scheidungsrecht durchgesetzt werden. Eines der großen Themen war die Abtreibung (Rucht 1994a: 325-403; Banaszak 2003a). 1973 errang die Frauenbewegung einen unerwarteten Sieg, als das oberste Gericht in der Sache *Roe gegen Wade* bestätigte, dass innerhalb einer Frist von 24 Wochen Abtreibungen legal seien. In beiden Kampagnen arbeiteten die verschiedenen Flügel der Frauenbewegung eng zusammen. Der ideologische Graben zwischen dem liberalen und radikalen Feminismus verlor dabei zunehmend an Bedeutung.

1968/69 stieg die Zahl der Frauengruppen auch in Westdeutschland dramatisch an. Ähnlich wie in den USA machten die Aktivistinnen dabei oft mit spektakulären und provokativen Aktionen auf sich aufmerksam. Einer der Höhepunkte in der Auseinandersetzung war 1971 eine bundesweite „Selbstbezichtigungsaktion" nach französischem Vorbild, in der sich 374 Frauen aus Protest gegen Paragraph 218 öffentlich zu einer Abtreibung bekannten. Im Juni dieses Jahres wurden die Erklärungen von der Zeitschrift *Stern* veröffentlicht. In kurzer Zeit wurde der Text von tausenden Frauen unterschrieben; auch Männer unterstützten die Kampagne. 230 Ärzte und Professoren bekannten: „Ich war Komplize einer Abtreibung". Ein erster Durchbruch in der Abtreibungsfrage erfolgte 1974 mit der Einführung einer Fristenregelung, die innerhalb von 12 Wochen straffreie Abtreibungen ermöglichte. Dieses Gesetz wurde jedoch durch das Bundesverfassungsgericht 1975 gekippt. Seit 1976 galt die so genannte „Indikationsregelung",

---

14 Anfang 1971 wurden in nur acht Tagen mehr als 300.000 Probeexemplare des feministischen *Ms. Magazine* verkauft. Die erste reguläre Auflage der Zeitschrift erschien 1972. Das *Ms. Magazine* entwickelte sich zu einem führenden Organ der Frauenbewegungen in den USA.
15 Der Text des Verfassungszusatzes lautete: „Equality of rights under the law shall not be denied or abridged by the United States or by any State on account of sex".

nach der Abtreibungen nur in eng definierten Ausnahmefällen möglich waren.[16] Dennoch wurden in dieser Zeit entscheidende Verbesserungen im Familien- und Scheidungsrecht durchgesetzt.

Trotz unbestreitbarer Erfolge machten die Rückschläge deutlich, dass in vielen Bereichen kurzfristig keine Veränderungen durchsetzbar waren. Der reformerische Enthusiasmus ließ spürbar nach. Der Akzent der Frauenbewegung verschob sich in den 1980er-Jahren zunehmend auf Bewusstseinsbildung. In den USA wie in Deutschland bildeten sich Selbsterfahrungsgruppen, in denen die Teilnehmerinnen unter sich Erfahrungen austauschen und über ihre Entwicklungen, Bedürfnisse und Ängste reflektieren konnten. Unter dem Stichwort „Schwesterlichkeit" stand im Zentrum dieser teilweise spirituellen Sitzungen die Definition einer unabhängigen weiblichen Identität und die Stärkung der gegenseitigen Solidarität. Obgleich diese Entwicklung von manchen als Rückzug in die Innerlichkeit kritisiert wurde, legte die Frauenbewegung damit das Fundament für die Entstehung einer autonomen feministischen Subkultur, in der Frauen – getrennt von den Männern – sich technische Kenntnisse aneigneten, Selbstverteidigungskurse organisierten, über Literatur, Musik und Politik diskutierten, Theater spielten, Feste feierten etc.

Nach und nach entstanden Gesundheitszentren, Frauenhäuser, feministische Berufsverbände, Betreuungseinrichtungen für Immigrantinnen, selbstverwaltete Kleinbetriebe, Frauenverlage, Notruftelefone, große feministische Zeitschriften etc. (Nave-Herz 1997: 44-48). Im Mittelpunkt dieser Bemühungen stand der „Gedanke, unabhängig von den etablierten Institutionen eine autonome feministische Gegenkultur aufzubauen" (Rucht 1994a: 195). Aufgrund zunehmender Enttabuisierung der Homosexualität etablierte sich der lesbische Feminismus in diesem Milieu zunehmend als eigenständige Kraft innerhalb der Frauenbewegung. Einige meinten sogar, dass die lesbische Sexualität die höchste Stufe des Feminismus darstelle, da sie die von Männern definierte sexuelle Attraktivität als Maßstab für Weiblichkeit vollständig zurückweise. Sie verwirkliche die umfassende ökonomische, emotionale und sexuelle Unabhängigkeit der Frau gegenüber dem Mann. Diese radikale Position führte vielerorts jedoch zu Konflikten und teilweise sogar zu Abspaltungen.

Die 1980er- und 1990er-Jahre waren durch einen Trend zur Professionalisierung und Institutionalisierung von Frauenprojekten gekennzeichnet. Die Front gegenüber den etablierten gesellschaftlichen Institutionen zerbröckelte zusehends; immer mehr feministische Organisationen (und umgekehrt) zeigten sich

---

16 Nach der Wiedervereinigung wurde 1996 für die ersten drei Monate nach der Empfängnis erneut eine Fristenregelung eingeführt, die allerdings ein obligatorisches Beratungsgespräch vorsieht.

gegenüber Parteien, Gewerkschaften, Kirchen und traditionellen Frauenverbänden kooperationsbereit. Die US-Frauenbewegung verlegte sich zunehmend auf konventionelle Interessenpolitik, während die „Bewusstseinsbildung" in den Hintergrund trat. Die antifeministische Politik der republikanischen Regierung förderte dabei paradoxerweise die Überwindung ideologischer Gräben und die organisatorische Festigung der Frauenbewegung. In Deutschland profitierten Frauenprojekte zunehmend von staatlicher Unterstützung. Gleichstellungsfragen rückten nicht nur in Kirchen, Gewerkschaften und Parteien an die Spitze der Tagesordnung, sondern auch in Behörden, staatlichen Einrichtungen und Unternehmen. Frauenförderpläne und -quoten eröffneten vielen Frauen den Aufstieg in gesellschaftliche Spitzenpositionen. Unter den Parteien spielten die Grünen dabei eine Vorreiterrolle.

Die neue Frauenbewegung hat sich in wenigen Jahrzehnten weltweit zu einer einflussreichen politischen Kraft entwickelt (Castells 2003: 198-207). Dabei zeichnet sie sich durch eine große Bandbreite an Organisationsformen und Zielen aus. In Nordamerika, Australien und Westeuropa ist der Feminismus nicht nur in der kulturellen Landschaft, sondern auch in den gesellschaftlichen Institutionen mittlerweile fest verankert. Eine Vielzahl von feministischen Gruppen und Organisationen sorgt dafür, dass Frauenfragen auf der politischen Agenda immer wieder neu Beachtung geschenkt wird. In der ehemals sozialistischen Welt zeigt sich demgegenüber ein anderes Bild. Auf der einen Seite waren die meisten sozialistischen Staaten dem Feminismus gegenüber aufgeschlossen; unter der Kontrolle kommunistischer Parteien waren Frauenorganisationen auf beinahe allen gesellschaftlichen Ebenen vertreten. Auf der anderen Seite blieb der Patriarchalismus kulturell oft tief verwurzelt. Nach dem Niedergang des Ostblocks verlor der Feminismus aber seine organisatorische Grundlage und musste einen starken Einflussverlust hinnehmen. Auf mittlere Sicht ist jedoch zu erwarten, dass sich die osteuropäischen Frauenbewegungen organisatorisch konsolidieren und wieder an Einfluss gewinnen werden.

Der Feminismus hat zwar auch in den industrialisierten Ländern Ostasiens Wurzeln geschlagen, doch dominiert noch immer der Patriarchalismus. Dies ist besonders in Japan und Südkorea überraschend, wo Frauen stark am Erwerbsleben beteiligt sind und zumeist über eine hohe Bildung verfügen. Obgleich in beiden Ländern in den vergangenen 20 Jahren die Diskriminierung von Frauen gesetzlich eingeschränkt wurde, beschränkt sich der Feminismus bisher überwiegend auf akademische und intellektuelle Zirkel. Südkoreanische Frauen haben zudem in der Arbeiter- und Demokratiebewegung eine maßgebliche Rolle gespielt. In China entspricht das Bild hingegen weitgehend dem sozialistischen Modell Osteuropas: Auf der einen Seite eine frauenfreundliche Politik, auf der anderen Seite weiterhin ein starker Patriarchalismus.

In den Entwicklungsländern ist die Situation ähnlich wie in Ostasien, wo der Feminismus zumeist nur von einer kleinen Minderheit intellektueller Frauen aus der Oberschicht repräsentiert wird. Dennoch hat in den 1980er-Jahren insoweit ein bedeutender Wandel stattgefunden, als die Zahl der Frauenorganisationen in den städtischen Ballungsräumen stark angewachsen ist. Diese beschäftigen sich mit den Problemen der Urbanisierung und Industrialisierung, von denen Frauen besonders stark betroffen sind. Diese Organisationen sind der feministischen Idee zwar oft nicht direkt verbunden sind, sie bilden jedoch ein wichtiges Potenzial für die Entstehung eines weltweiten feministischen Kollektivbewusstseins.

4.1.3 Ausprägungen feministischen Bewusstseins

Wie die vorangehenden Beispiele zeigten, entwickelt sich die feministische Bewegung weltweit zu einer bedeutenden sozialen und politischen Kraft. Je nach kulturellem, institutionellem und politischem Kontext nimmt sie dabei unterschiedliche Formen an. Davon ausgehend haben sich verschiedene Ausprägungen kollektiver Identität entwickelt, die der Frauenbewegung weltweit unterschiedliche Gesichter verleihen. In Anlehnung an Castells (2003: 208-216) lassen sich dabei sechs idealtypische[17] „Feminismen" voneinander unterscheiden, zwischen denen in der empirischen Wirklichkeit jedoch zahlreiche Überschneidungen und Verbindungen bestehen:

1. Der Kampf für Gleichberechtigung und reproduktive Selbstbestimmung bildet das Fundament der *Frauenrechtsbewegung*. In diesem Sinne hat die Frauenrechtsbewegung ihre Wurzeln in der Menschenrechtsbewegung. Dabei lassen sich zwei Strömungen unterscheiden: Während der liberale Feminismus die gegebene soziale Ordnung reformieren will, sieht der sozialis-

---

17 Nach Weber (1985) orientiert sich die Konstruktion von Idealtypen an folgenden Gesichtspunkten: (1) Der Idealtypus sieht von Zufälligkeiten ab, die durch die historische Situation bedingt sind. Einzelne Elemente von konkreten Handlungen werden zu einem einheitlichen Gedankengebilde gesteigert und widerspruchsfrei angeordnet. (2) Der Idealtypus stellt die wichtigsten Phänomene einer Kulturerscheinung zusammen, selbst wenn sie in dieser Kombination empirisch nicht vorfindbar sind. Damit ist er kein Durchschnitt der Realität. (3) Als reines Gedankengebilde ist er in der empirischen Wirklichkeit nicht vorfindbar. Der konkrete Einzelfall ist eine mehr oder weniger starke Abweichung vom Idealtypus. (4) Die Funktion von Idealtypen ist nicht die Darstellung konkreter empirischer Phänomene, sondern deren Veranschaulichung.

tische Feminismus im patriarchalischen Kapitalismus ein grundlegendes Hindernis, das durch eine neue Gesellschaftsordnung ersetzt werden muss.
2. Dem *kulturellen Feminismus* geht es um den Aufbau einer von den patriarchalischen Institutionen unabhängigen sozialen Infrastruktur speziell für Frauen. Innerhalb dieser kulturellen Freiräume erhalten sie die Gelegenheit zur Entwicklung einer von männlichen Erwartungen unabhängigen Identität. Das Ziel besteht darin, durch feministische Bewusstseinsbildung langfristig die patriarchalische Kultur zu verändern.
3. Der *essentialistische Feminismus* geht noch einen Schritt über den kulturellen Feminismus hinaus, indem er nicht nur die Gleichberechtigung der Frau einfordert, sondern ihre prinzipielle Überlegenheit propagiert. Dies wird zum einen durch biologische Unterschiede begründet, zum anderen wird auf matriarchale Kulturen verwiesen: „By accepting the specificity of their bodies women are not captured in biology, but on the contrary, escape from their definition by men that has ignored their true nature" (Castells 1997: 197).
4. Der *lesbische Feminismus* hat sich in den vergangenen Jahrzehnten in den westlichen Industriegesellschaften am stärksten entwickelt. Die Hauptkritik dieser Strömung richtet sich gegen die enge Verbindung zwischen patriarchaler Ordnung und erzwungener Heterosexualität. Nach dieser Lesart repräsentiert die lesbische Sexualität die radikalste Form weiblicher Unabhängigkeit gegenüber der Männerherrschaft. Die Schwulenbewegung bietet sich dabei als potenzieller Bündnispartner an.
5. Die Frauenbewegung zersplittert seit einigen Jahren in eine Vielzahl von *gruppenspezifischen Frauenidentitäten*, in denen sich der Feminismus mit zumeist ethnischen, territorialen oder religiös-weltanschaulichen Kategorien verbindet: afrikanisch-amerikanischer Feminismus, mexikanisch-amerikanischer Feminismus, türkischer Feminismus, asiatischer Feminismus, islamischer Feminismus, sozialistischer Feminismus etc. Dabei widersetzen sie sich nicht nur der Vereinheitlichung, sondern thematisieren die Unterdrückung der Frau in einem breiteren kulturellen und historischen Kontext.
6. Unter dem Begriff des *praktischen Feminismus* werden jene Gruppen und Organisationen zusammengefasst, die sich – vor allem in den Entwicklungsländern – alltäglich für die Anliegen von Frauen einsetzen, ohne sich immer explizit als feministisch zu verstehen. Durch ihren Kampf für Bildung, eine bessere Gesundheitsversorgung, mehr politische Rechte, bessere Arbeitsbedingungen etc. leisten diese Frauen – von Afghanistan bis Paraguay – einen maßgeblichen Beitrag zur weltweiten Ausbreitung feministischer Ideen.

4.2 Die neue christliche Rechte

Spätestens seit der Amtsübernahme durch Präsident George W. Bush (2001) hat sich im Verhältnis zwischen EU-Europäern und US-Amerikanern eine gewisse Fremdheit bemerkbar gemacht (Krastev 2004). Obwohl diese Entwicklung zu einem großen Teil darauf beruht, dass sich nach dem Ende des Ost-West-Konflikts die militärischen, politischen und ökonomischen Interessen teilweise auseinanderentwickelt haben, zeigen sich viele „Alteuropäer" vom religiösen „Ton" in der politischen Kultur der USA zunehmend irritiert. Die Religion hat in den USA aber schon immer eine wichtige Rolle gespielt (Wuthnow 1991, 1998) und der öffentliche Einfluss konservativer christlicher Gruppierungen ist seit Ende der 1970er-Jahre deutlich gewachsen. Das Hauptanliegen dieser neuen christlichen Rechten ist die religiöse und moralische „Erneuerung" der Gesellschaft. Lobbyorganisationen wie die *Moral Majority* (nur in den 1980er-Jahren) und *Christian Coalition* repräsentieren dabei aber nur den politischen Arm einer umfassenden Bewegung, die mittlerweile in alle gesellschaftlichen Bereiche der USA hineinwirkt und deren Einfluss weit über die Grenzen des Landes hinausreicht (Kern 1997, 2001).

Wie im Folgenden deutlich wird, bildet dieser religiöse Aufbruch in gewisser Hinsicht das Gegenstück zu den neuen sozialen Bewegungen der 1970er- und 1980er-Jahre und richtet sich vor allem gegen die Frauen- und Homosexuellenbewegung. In ihrer jüngsten Studie „Sacred and Secular" gehen Inglehart und Norris (2004) dabei so weit, dass sie Huntingtons These vom „Clash of Civilisations" kritisieren, weil nicht der Wunsch nach Freiheit und Demokratie, sondern die „attitudes toward divorce, abortion, gender equality, and gay rights" (Inglehart und Norris 2003: 67) die entscheidende kulturelle Konfliktlinie der Gegenwart darstellen. Dieser „sexual clash of civilisations" spaltet aber nicht nur die islamische Welt und den Westen, auch innerhalb des westlichen Kulturkreises macht sich – wie im Folgenden deutlich wird – ein zunehmend tiefer Graben bemerkbar.

4.2.1 Die „Rückkehr" des Religiösen in der Moderne

Bis in die 1960er-Jahre herrschte weithin der Glaube, dass die Probleme der Welt mit Hilfe des technologischen und wirtschaftlichen Fortschritts lösbar seien. Die großen Religionen schienen immer mehr an Bedeutung zu verlieren und zum Opfer der Säkularisierung zu werden (Hadden 1987). Sie galten als unzeitgemäßes Hindernis auf dem Weg in eine „moderne" Gesellschaft. In den 1970er-Jahren erlebten religiöse Gruppen, die jenseits von Kapitalismus und Kommunismus Auswege aus der politischen und ökonomischen „Modernisierungskrise" der damaligen Zeit suchten, jedoch unerwartet einen starken Aufwind. Nicht nur in den Entwicklungsländern, sondern auch in den „säkularen" Industriestaaten meldete sich die Religion auf der politischen Bühne plötzlich wieder zurück (Kepel 1991). Dabei verfolgten sie alle, ob Protestanten, Katholiken, Juden oder Moslems, unabhängig voneinander ein gemeinsames Ziel: Die Religion sollte wieder zu einer gesellschaftstragenden Kraft werden. Sie präsentierten sich als kulturelle „Alternative" gegen die von ihnen als zerstörerisch empfundene Modernisierung:

> „Sie alle kritisieren die innere Auflösung der Gesellschaft, ihre *Anomie*, das Fehlen einer übergreifenden Perspektive. Sie wehren sich nicht gegen eine weltliche Moral, da es diese ihrer Meinung nach nicht gibt, sie glauben vielmehr, dass die von einer Vernunft ohne Gott erzeugte Moderne letztlich keine Werte hervorgebracht habe: Indem die Krise der siebziger Jahre die Grenzen der Sozialpolitik des Wohlfahrtsstaates aufgezeigt habe, seien völlig neue Ängste und Leiden freigelegt" (Kepel 1991: 18).

Für dieses Phänomen hat sich mittlerweile der Begriff „Fundamentalismus"[18] durchgesetzt. Die Zahl einschlägiger Studien zu diesem Thema ist mittlerweile zwar enorm gewachsen (Hemminger 1991; Marty und Appleby 1996; Riesebrodt 2001), über die strukturellen Ursachen ist bisher aber nur wenig bekannt. Vieles spricht dafür, dass eine umfassende Erklärung hauptsächlich an den enormen religiösen, kulturellen, historischen und sozialen Unterschieden zwischen den verschiedenen weltweiten Mobilisierungswellen scheitert. Viele geben sich deshalb mit Begründungen zufrieden, die von den Fundamentalisten oft selbst ins Feld geführt werden: Werteverfall, Säkularisierung, Individualisierung, Anomie etc. Diese Erklärungen täuschen allerdings darüber hinweg, dass es sich beim Fundamentalismus selbst um eine moderne religiöse Bewegung handelt (Kallscheuer 1993; Kern 2002a), die zumeist nur Teilaspekte der Moderne ablehnt. Das heißt, in ihrer überwiegenden Mehrheit wollen die Fundamentalisten nicht zurück ins Mittelalter, sondern fordern vielmehr eine „andere" Moderne. Damit

---

18   Die Diskussion um diesen bis heute in hohem Maße umstrittenen Begriff kann hier nicht aufgenommen werden (Kern 1998: 177-184). Die vorliegende Studie orientiert sich weitgehend an der von Ebertz (1992: 13) vorgeschlagenen Definition: „Der Ausdruck religiöser Fundamentalismus kann [...] als Sammelbezeichnung gebraucht werden für die Anhänger solcher religiöser Protestbewegungen, die das Heilige und die überkommenen Hüter des Heiligen durch moderne Strukturen und Prozesse innerhalb und außerhalb des religiösen Feldes relativiert sehen und gegen diese Bedrohung der heiligen Ordnung zu Felde ziehen. Diese heilige Ordnung soll als Letztwert behauptet und ihrem superioren Geltungsanspruch möglichst rein zum Durchbruch verholfen werden".

unterscheiden sie sich aber nicht grundsätzlich von anderen neuen sozialen Bewegungen. Ohne die konkreten Ursachen und Rahmenbedingungen auszublenden, die im Einzelfall zur Entstehung fundamentalistischer Protestbewegungen beitragen, deuten viele Studien daraufhin, dass ihr struktureller Ausgangspunkt – ähnlich wie bei der Frauenbewegung – in der Transformation der Intimität liegt (vgl. Kap. 2.2.1). Riesebrodt und Chong (1999: 60; Riesebrodt 1990) zufolge handelt es sich beim Fundamentalismus kulturübergreifend um eine Reaktion auf die zunehmende Erosion patriarchalischer Gesellschaftsstrukturen. Die Ursachen liegen nach dieser Lesart somit in den gleichen strukturellen Ausgangsbedingungen wie die der Frauenbewegung (vgl. Kap. 4.1.1), allerdings mit umgekehrtem Vorzeichen: Auf der fundamentalistischen Agenda – ob christlich, jüdisch oder islamisch – rangieren traditionelle Vorstellungen von Sexualität, Ehe und Familie ganz oben. Dem Feminismus, der Emanzipation und der Homosexualität werden dagegen klare Absagen erteilt. Als Folge kann der Fundamentalismus teilweise als Gegenprogramm zur Frauenbewegung interpretiert werden. Dieser Zusammenhang wird im Folgenden am Beispiel der neuen religiösen Rechten in den USA verdeutlicht.

4.2.2 Gott und Politik in den USA

Im frühen 19. Jahrhundert gab die „alte" christliche Rechte im kulturellen und politischen Leben der USA maßgeblich den Ton an (Prätorius 2003: 66-83). Infolge großer nichtprotestantischer Einwanderungswellen, Industrialisierung, Urbanisierung und der Ausbreitung der liberalen Theologie ging der Einfluss des konservativen Protestantismus nach dem Ersten Weltkrieg jedoch stark zurück. Abgesehen von einigen Kampagnen gegen den Alkoholkonsum und die Unterrichtung der Evolutionstheorie an den Schulen spielte die Bewegung in der Öffentlichkeit kaum noch eine Rolle. Erste Anzeichen eines Wandels wurden erst bei den Präsidentschaftswahlen in den 1960er-Jahren sichtbar: Nach der Nominierung des katholischen John F. Kennedy entzogen die weißen Protestanten im Süden – der Hochburg der US-Evangelikalen – den Demokraten zunehmend ihre traditionelle Unterstützung und wechselten zu den Republikanern.

Anfang der 1970er-Jahre wurden in konservativen christlichen Kreisen schließlich zunehmend Stimmen laut, die eine kulturelle Offensive gegen den moralischen Verfall der Gesellschaft – versinnbildlicht vor allem durch die Kampagnen der Frauen- und Homosexuellenbewegung – verlangten. Diese Diskussion kulminierte schließlich in der Gründung der *National Christian Action Coalition* (NCAC) 1978. 1979 rief der Fernsehprediger Jerry Falwell die *Moral Majo-*

rity (MM) ins Leben. Beide Organisationen entwickelten sich in den folgenden Jahren zu den einflussreichsten Plattformen der nunmehr „neuen" christlichen Rechten. Ihr Ziel bestand darin, im Bündnis mit den konservativen Kräften in der republikanischen Partei Wählerstimmen zu mobilisieren, um ihre religiösen und moralischen Anliegen politisch durchzusetzen (Brocker 2003). Ganz oben auf ihrer Agenda standen Themen wie Abtreibung, Homosexualität, Schulgebet und Evolutionstheorie.

Zumindest in der öffentlichen Wahrnehmung gab die neue christliche Rechte bereits bei der Wahl von Ronald Reagan 1979 den Ausschlag. Mit George Bush war 1988 zwar erneut ein Republikaner erfolgreich ins Präsidentenamt gewählt worden, die neue christliche Rechte stürzte jedoch in eine tiefe Krise, nachdem es nicht gelungen war, die verschiedenen Flügel der Bewegung hinter einem gemeinsamen Kandidaten zu vereinigen. Spätesten nach der republikanischen Wahlniederlage von 1992 schien die neue christliche Rechte am Ende zu sein. Die Bewegung reagierte jedoch mit einer Reihe von Veränderungen. Eine davon bestand darin, ihren religiös-moralistischen Habitus abzulegen und die Sprache des liberalen Gegners zu übernehmen (Minkenberg 2003: 24; Moen 1994).

In den 1990er-Jahren etablierte sich die von Baptistenprediger Pat Robertson 1989 gegründete *Christian Coalition* (CC) als neuer organisatorischer Kern der christlichen Rechten. Die CC gilt heute mit (nach eigenen Angaben) über zwei Millionen individuellen Mitgliedern und etwa 1.500 lokalen Organisationen als einer der landesweit größten politischen Interessenverbände. Bereits bei den Kongresswahlen von 1994 meldete sich die neue christliche Rechte auf der politischen Bühne zurück, als die Republikaner die Mehrheit für sich eroberten. Seitdem ist die neue christliche Rechte im konservativen Lager der USA wieder eine führende Kraft. Unter ihrem Einfluss ist es den konservativen christlichen Kräften gelungen, die Religion aus der Privatsphäre herauszulösen und als zentralen Bestandteil des öffentlichen Lebens zu etablieren.

Die meisten Studien über die neue christliche Rechte konzentrieren sich auf ihren politischen Einfluss. Dabei wird häufig übersehen, dass politische Lobbyorganisationen wie die NCAC, MM oder CC nur den politischen Arm einer umfassenden religiösen Erneuerungsbewegung verkörpern, die konsequent die kulturelle Durchdringung der Gesellschaft vorantreibt. Für den moralischen „Verfall" werden in der Regel „gottlose" Strömungen wie der Liberalismus, Humanismus, Atheismus, Sozialismus oder Feminismus verantwortlich gemacht. Diese Weltanschauungen gelten den konservativen Christen als Werk „satanischer" Kräfte, die auf die gezielte Zerstörung der christlichen Wertordnung hinarbeiten. Auf diese wahrgenommene „Bedrohung" reagieren die Gläubigen mit offensiven Gegenbewegungen auf allen kulturellen Ebenen: christliche Popmusik versus weltliche (Satans-) Musik, christliche Schulen versus öffentliche Schulen, christlicher „Kreationismus" versus Evolutionstheorie, christliche Politik versus „gottlose" Politik, christliche Unternehmensberatungen und Firmen zur Verbreitung eines christlichen Geistes in der Wirtschaft sowie christliches Fernsehen, christlicher Rundfunk, christliche Zeitungen, christliches Gesundheitswesen, christliche Psychologie etc.

Die Gesellschaftskritik der neuen christlichen Rechten besteht dabei im Wesentlichen darin, dass sie im Kern auf die Wiederherstellung der vom Verfall bedrohten Gemeinschaft hinarbeitet (Ebertz 1992; Riesebrodt 2001). Die Verteidigung der patriarchalischen Familienordnung steht dabei im Zentrum der Bewegung, womit sich die neue christliche Rechte direkt im Widerspruch zur Frauen- und Homosexuellenbewegung positioniert: Je mehr sich die Frau vom Mann emanzipiert und je mehr sich die Sexualität von der Ehe ablöst, desto größer wird der Druck auf die patriarchalische Ordnung der Gesellschaft. Vor diesem Hintergrund überrascht es nicht, dass sich die Vertreter der neuen christlichen Rechten immer wieder scharf gegen liberale Abtreibungsregelungen oder die Einführung der Homosexuellenehe wenden. Der Fernsehprediger Jerry Falwell scheute beispielsweise nicht davor zurück, nach dem Anschlag auf das *World Trade Center* in New York (2001) in einer TV-Sendung Feministinnen und Homosexuelle dafür teilweise verantwortlich zu machen, weil sie angeblich durch ihre „Sünden" göttliche Strafhandlungen gegenüber dem Land provoziert haben:

> „I really believe that the pagans, and the abortionists, and the feminists, and the gays and the lesbians who are actively trying to make that an alternative lifestyle, the ACLU [*American Civil Liberties Union*; T.K.], *People For the American Way*, all of them who have tried to secularize America. I point the finger in their face and say: you helped this happen."[19]

Neben politischen Kampagnen gegen Abtreibung und Homosexualität kämpften vor einigen Jahren die so genannten „Promise Keepers" an vorderster Front für die Erhaltung der patriarchalischen Ordnung.[20] Die spirituellen Wurzeln dieser Bewegung lagen in der charismatischen Bewegung. Die 1990 gegründete Organisation hatte das Ziel, speziell die Rolle der Männer in Familie und Gesellschaft wieder zu stärken.[21] Ausschließlich Männer waren aufgefordert, ihre Lebensfüh-

---

19 Vgl. http://archives.cnn.com/2001/US/09/14/Falwell.apology/index.html, Zugriff am 29.11.2004.
20 Die Zeitschrift *Sociology of Religion* widmete den „Promise Keepers" im Jahr 2000 (Bd. 40) das Heft 9/10.
21 „Promise Keepers' mission is to ignite and unite men to become passionate followers of Jesus Christ through the effective communication of seven promises to God, his fellow men, family,

rung strikt am Glauben zu orientieren, sich regelmäßig in kleinen Gruppen zu treffen und ein- bis zweimal im Jahr an überregionalen Konferenzen teilzunehmen, zu denen jährlich Hunderttausende strömten. Im Zentrum stand dabei die Definition und Behauptung der männlichen Identität auf der Grundlage der Bibel. Homosexualität und jede Form der Familie, die nicht dem traditionellen Bild entsprach, wurde strikt abgelehnt; die heterosexuelle Kernfamilie galt als einzig akzeptable Form des intimen Zusammenlebens. Wie soziologische Untersuchungen zeigten, unterstützten die Werte der Promise Keepers den männlichen Machtanspruch innerhalb der Familie und trugen zur Stabilisierung patriarchalischer Beziehungsmuster zwischen Männern, Frauen und Kindern bei (Silverstein u.a. 2000: 686). Die Bewegung expandierte auch außerhalb der USA und unterhielt Beziehungen zu christlichen Männerorganisationen in etwa 40 Ländern, auch in der katholischen Kirche. Hauptsächlich finanzielle Probleme und innere Widersprüche führten jedoch Ende der 1990er-Jahre zu ihrem Niedergang (Bartkowski 2003). Obgleich die Organisation noch existiert, ist sie aus dem öffentlichen Leben weitgehend verschwunden. In zahlreichen christlichen Kirchen und Organisationen hat sie jedoch einen bleibenden Eindruck hinterlassen.

Eine andere Kampagne, die in den vergangenen Jahren ebenfalls für Furore sorgte, wendete sich hauptsächlich an Teenager und firmierte unter dem Slogan „True Love Waits". Diese Bewegung war Anfang der 1990er-Jahre aus einem christlichen Programm für Sexualerziehung hervorgegangen. Die Initiatoren vertraten dabei die Ansicht, dass Sexualität allein in die Ehe gehört. Im Mittelpunkt stand das Ziel, ungewollte Teenager-Schwangerschaften zu verhindern. Um dies zu erreichen, erhielten Teenager die Möglichkeit, sich durch die Einsendung von Postkarten oder via Internet zu einem keuschen Lebensstil zu verpflichten. Dafür warb die Kampagne beispielsweise mit prominenten Sportlern. Auf diese Weise gelang es in den vergangenen Jahren, mehrere Millionen Jugendliche in den USA (zumindest kurzzeitig) für die Idee der Keuschheit zu begeistern (*Christianity Today*, 18.8.2004).

4.2.3 Evangelikale und Charismatiker

Die neue christliche Rechte der USA wird an ihrer Basis vor allem von zwei großen religiösen Strömungen getragen, die sich in ihrer Spiritualität teilweise überschneiden, teilweise jedoch große Unterschiede aufweisen. An erster Stelle steht der traditionelle *Evangelikalismus*, dessen Wurzeln bis zu den großen ame-

---

church and the world. Promise Keepers' vision is simply put in three words: Men Transformed Worldwide" (vgl. http://www.promisekeepers.org/conf10, Zugriff am 29.11.2004).

rikanischen Erweckungsbewegungen im 18. und 19. Jahrhundert zurückreichen. Wie kaum eine andere Strömung haben die Evangelikalen – quer zu den verschiedenen protestantischen Kirchen – seither das religiöse Leben in den USA geprägt. Gallup-Umfragen[22] zufolge bezeichnen sich regelmäßig zwischen 40 und 45 Prozent der US-Amerikaner als evangelikal. Ihre bis heute ungebrochene Vorherrschaft – traditionell vor allem in den ländlichen Regionen, mittlerweile aber auch in den großen Städten – bildet die Grundlage für den enormen Einfluss, den das Christentum im privaten wie im öffentlichen Leben in den Vereinigten Staaten ausübt: 2003 gaben 85 Prozent der US-Amerikaner an, dass der Glaube in ihrem Leben eine wichtige Rolle spielt, wobei der Anteil der Protestanten besonders hoch ausfällt. 65 Prozent gehören einer Kirche an und 45 Prozent nehmen wöchentlich an einem Gottesdienst teil.

Innerhalb des Evangelikalismus lassen sich hauptsächlich drei Typen von Gläubigen unterscheiden: (1) Fundamentalisten, die zum religiösen Sektierertum neigen,[23] (2) klassische Evangelikale, die den konservativen Mainstream der Bewegung bilden und (3) soziale Evangelikale in der liberalen Tradition der religiösen Bürgerrechtsbewegung. Die wesentlichen Glaubensprinzipien der Evangelikalen lassen sich wie folgt zusammenfassen:

- Die Bibel gilt als göttlich inspiriert und bildet die Grundlage des christlichen Glaubens.
- Der Mensch kann nur durch individuelle Bekehrung religiöse Erlösung finden.
- Religiöse Erziehung alleine reicht nicht aus, um zum wahren Glauben zu finden. Der Einzelne muss sich bewusst für den Glauben entscheiden.
- Gebet und Bibellesen gehören zu den täglichen Pflichten des Gläubigen.
- Durch Seelsorge und Glaubensunterweisung sollen die Lebensführung und die moralischen Forderungen der Bibel miteinander in Einklang gebracht werden.
- Das Christentum ist die einzige wahre Religion.
- Die Gläubigen sind zu missionarischem Engagement verpflichtet.

Ähnlich wie die Pietisten – das deutsche Pendant zum amerikanischen Evangelikalismus – neigen die Evangelikalen zur Bildung von Hauskreisen und frommen Zirkeln, in denen die Gläubigen sich regelmäßig zum Beten und Bibellesen treffen. Die abgeschlossene Gemeinschaft bietet ihren Mitgliedern Schutz, Identität,

---

22 Vgl. http://www.pollingreport.com/religion2.htm, Zugriff am 20.08.2007.
23 Zur Entstehung des protestantischen Fundamentalismus vgl. Riesebrodt (1990, 1988), Kern (1997), Marty und Appleby (1996).

Bestätigung und Zuwendung. Nach dem Verständnis vieler Evangelikaler sollte jeder Gläubige einem Hauskreis oder zumindest einer Gemeinde angehören, da er sonst Gefahr läuft, in den Sog der säkularen Gesellschaft zu geraten. Als alternative Subkultur ist die religiöse Gemeinschaft somit einerseits eine Bastion gegen den modernen Säkularismus, andererseits bildet sie eine Keimzelle für die „moralische Erneuerung" und kulturelle Durchdringung der Gesellschaft mit konservativen Werten. Mittlerweile ist es dem Evangelikalismus gelungen, das angestaubte Image der Kleinstadtreligion abzulegen und in den großen Städten Fuß zu fassen. Eine wichtige Entwicklung ist in diesem Zusammenhang die wachsende Zahl der so genannten „Mega-Churches" (Kern 2002b), in denen sich jeden Sonntag Zehntausende zum Gottesdienst versammeln. Das bekannteste Beispiel ist vermutlich die *Willow Creek Community Church* in Chicago, mit schätzungsweise 17.000 sonntäglichen Gottesdienstbesuchern.

An zweiter Stelle – neben den Evangelikalen – stehen die so genannten „Charismatiker". Ohne ihre moderne Spiritualität (trotz konservativer Moralvorstellungen) wäre der Aufstieg der neuen christlichen Rechten vermutlich kaum möglich gewesen. Worum geht es bei der charismatischen Bewegung? Angesichts ihrer relativ geringen Verbreitung in Europa, ist sie in Deutschland fast nur „Insidern" bekannt (Kern 1998, 1997).[24] In den vergangenen Jahren haben die Charismatiker vor allem durch außergewöhnliche spirituelle Praktiken wie Ruhen im Geist, Sprachengebet, Krankenheilung oder geistliche Kriegführung auf sich aufmerksam gemacht (Kern 2002a). Die charismatische Bewegung ist dabei keine „Sekte" oder „Kirche", sondern ein Sammelbecken für eine Vielzahl von Kirchen, Organisationen und theologischen Bekenntnissen. Obschon die große Mehrheit ihrer weltweiten Anhängerschaft dem Protestantismus angehört, wird der Anteil der Katholiken auf etwa ein Fünftel geschätzt. Trotz zum Teil großer Unterschiede zwischen den einzelnen Gruppen beruht ihre kollektive Identität auf einem gemeinsamen *Frömmigkeitsstil*. Dabei teilen sie mit den Evangelikalen zwar uneingeschränkt die oben genannten Glaubensprinzipien, gehen in zwei wichtigen Fragen jedoch darüber hinaus:[25]

---

24 Die Anhängerzahl der charismatischen Bewegung in Deutschland wird gegenwärtig auf etwa 300.000 veranschlagt (Schmidgall 1997: 9).
25 Vgl. „Was verbindet die Charismatiker?" Eine Stellungnahme des Kreises Charismatischer Leiter in Deutschland. EZW Texte 173 (2003): 25-30.

- Neben der persönlichen Bekehrung wird entschieden die Notwendigkeit einer spirituellen Erfahrung betont, die als „Geisterfüllung"[26] (Geisttaufe) bezeichnet wird.
- Im privaten Glaubensleben wie bei gottesdienstlichen Versammlungen spielen die so genannten „Charismen"[27] – von denen sich der Name der Bewegung ableitet – eine hervorgehobene Rolle. Ebenso werden Heilungsgebete, Exorzismen und „Lobpreis" (enthusiastisches Singen von geistlichen Liedern) praktiziert.

Seit Beginn des 20. Jahrhunderts breitete sich das charismatische Christentum in vier Wellen aus, die sich innerhalb der Bewegung als unterschiedliche kollektive Identitäten verfestigten. Zwischen diesen Strömungen bestehen jedoch zahlreiche Querverbindungen:

1. Die erste Phase der Ausbreitung begann mit der so genannten *traditionellen Pfingstbewegung*, die bei einer religiösen Erweckung in Los Angeles 1906 ihren Anfang nahm (Hollenweger 1969: 22). In einer kleinen evangelikalen Gemeinde waren außeralltägliche religiöse Phänomene aufgetreten, die von den Gläubigen als Ausgießung des Heiligen Geistes interpretiert wurden. Während der Gottesdienste redeten die Gläubigen in unverständlichen „Sprachen" (Glossolalie), gaben Gefühlsausbrüchen nach und fielen unter der „Kraft Gottes" zu Boden. Durch die große Medienaufmerksamkeit verbreitete sich die Nachricht über dieses Ereignis in kurzer Zeit über das ganze Land. Schon bald strömten aus aller Welt Neugierige zu den Veranstaltungen, um das Geschehen mit eigenen Augen zu sehen. Viele machten dabei ähnliche spektakuläre Erfahrungen, die theologisch als „Taufe im Heiligen Geist" interpretiert wurden. Diese bildet bis heute den Mittelpunkt pfingstlerischer Spiritualität. Da die etablierten Kirchen dem Geschehen distanziert gegenüberstanden, blieb der pfingstlerische Impuls innerhalb der USA und Europas zunächst eine Randerscheinung, breitete sich in den Entwicklungsländern aber mit großer Geschwindigkeit aus.

---

26 Die „Taufe im Heiligen Geist" ist das theologische Herzstück der charismatischen Bewegung. Was in den deutschen Volkskirchen rituell als „Konfirmation" oder „Firmung" erhalten geblieben ist, wird von den Charismatikern als ein tiefes spirituelles Erlebnis erfahren, bei dem die Gläubigen bestimmte „Charismen" (vgl. Fußnote 27) empfangen (Kern 1998, 2002a).

27 Als Charismen gelten prophetisches Reden, Lehren, Seelsorge, Leitung, Barmherzigkeit, Erkenntnis, Glaube, Heilung, Wundertaten, Unterscheidung der Geister, Zungenreden (Glossolalie, Sprachengebet), Auslegung des Zungenredens, Evangelisation etc. Die Gläubigen begründen ihre spirituelle Praxis durch neutestamentliche Bibelstellen (vgl. etwa Röm. 12; 1. Kor. 12; 1. Kor. 14 etc.).

2. Die zweite Phase begann Anfang der 1960er-Jahre, als Elemente der pfingstlerischen Spiritualität in die etablierten Kirchen der Vereinigten Staaten einsickerten. Zunächst waren es vor allem Anglikaner und Lutheraner, die von der neuen Welle erfasst wurden. Doch schon bald (etwa ab 1967) breitete sich das „enthusiastische Christentum" (Hollenweger 1969) auch in der katholischen Kirche erfolgreich aus. Diese neue Strömung innerhalb der etablierten Kirchen gilt bis heute als *charismatische Bewegung* im engeren Sinne.
3. Die dritte Phase der Ausbreitung begann Ende der 1970er-Jahre, wieder zuerst in den USA, wo auch der traditionelle Evangelikalismus zunehmend von der charismatischen Bewegung erfasst wurde. Die so genannte „Gemeindewachstumsbewegung", die nach den Mechanismen erfolgreich wachsender Gemeinden sucht, spielte dabei eine Schlüsselrolle. Der gottesdienstliche Einsatz von Charismen (besonders der Krankenheilung) zog als vielversprechende missionarische „Strategie" die Aufmerksamkeit auf sich. Angesichts der beeindruckenden Wachstumserfolge der Charismatiker öffneten sich zunehmend auch traditionelle evangelikale Gemeinden für die neue Spiritualität. Dieser charismatische Aufbruch in der evangelikalen Welt wird zumeist als *dritte Welle* bezeichnet.
4. Die vierte Phase begann in den 1980er- und 1990er-Jahren, als viele charismatische Gruppierungen durch die Gründung von neuen Gemeinden außerhalb der etablierten Kirchen und der traditionellen Pfingstbewegung auf sich aufmerksam machten. Hier entstanden normalerweise keine neuen Kirchenverbände, sondern organisatorisch, finanziell und theologisch autonome Einzelgemeinden, die oft nur durch ein loses Beziehungsnetzwerk kommunikativ miteinander verbunden sind. Sie stehen den theologischen Anschauungen der traditionellen Pfingstler oftmals nahe, schließen sich ihnen zumeist aber nicht an. Die Anhänger dieser Richtung werden als *Neopfingstler* bezeichnet.

Schätzungen des Missionsstatistikers Barrett u.a. (2001) zufolge hat sich die Anhängerzahl der charismatischen Bewegung zwischen 1970 und 2000 weltweit von 72 auf 524 Millionen um das 7-fache erhöht (siehe Abbildung 1). Mit fast 80 Prozent lebt die überwiegende Mehrheit der Charismatiker außerhalb der westlichen Welt: In Asien stieg ihre Zahl zwischen 1970 und 2000 um das 13-fache, in Lateinamerika um das 11-fache und in Afrika um das 7-fache. In Nordamerika – vor allem den USA – liegt ihre Zahl derzeit bei knapp 80 Millionen, was einem Bevölkerungsanteil von 24 Prozent entspricht. In Lateinamerika liegt der Anteil sogar knapp darüber bei 26 Prozent, in Afrika bei 14 Prozent, in Europa und Asien dagegen nur bei 5 Prozent beziehungsweise 3,5 Prozent. Ihr Anteil am weltweiten Christentum hat sich von schätzungsweise 6 Prozent im Jahr 1970 auf 28 Prozent im Jahr 2000 erhöht. Das heißt, die charismatische Bewegung übt mittlerweile einen signifikanten Einfluss auf das Erscheinungsbild des weltweiten Christentums aus.

4.3 Protest gegen die Staatsgewalt

Die bisher beschriebenen Bewegungen fügen sich vermutlich am Besten in das Bild der „kulturorientierten" (Raschke 1988: 112) neuen sozialen Bewegungen ein, da vor allem unterschiedliche Lebensentwürfe thematisiert werden. Im Unterschied dazu beschäftigen sich die folgenden Kapitel mit Protestbewegungen, die zwar eher dem Typus der „machtorientierten" (Raschke 1988: 110) sozialen Bewegungen entsprechen, bis heute jedoch immer wieder neu aufleben. Im Mittelpunkt steht das Problem der Gewalt. Demokratie- und Friedensbewegungen haben ihre Wurzeln im Liberalismus, der sich als kultureller Gegenentwurf zum religiösen Weltbild der feudalgesellschaftlichen Ordnung etablierte (Rucht 1994a: 100-112). In diesem Sinne sind beide Bewegungen auch nicht „rein" machtorientiert, sondern haben ebenfalls eine starke kulturelle Komponente.

Im 19. Jahrhundert spaltete sich der Liberalismus in einen bürgerlich-liberalen und einen sozialdemokratischen Flügel. Ähnlich wie in der Frauenbewegung entwickelten sich bürgerlich-liberale Strömungen, die eher die gebildeten und wohlhabenden Schichten erreichten, und sozialdemokratische beziehungsweise sozialistische Strömungen, die vor allem in der Arbeiterbewegung verwurzelt waren. Beide lagen teilweise in scharfer Konkurrenz zueinander. Wie aktuelle Diskussionen etwa über den Gegensatz zwischen „liberaler" und „sozialer" Demokratie zeigen (Meyer 2005), ist dieser ideologische Konflikt bis heute nicht überwunden. Im Folgenden wird jedoch deutlich, dass beide Lager dennoch über viele Gemeinsamkeiten verfügen. Im ersten Abschnitt steht das Phänomen der prodemokratischen Bewegungen im Mittelpunkt, im zweiten Abschnitt die Friedensbewegung.

4.3.1 Prodemokratische Bewegungen

Im Anschluss an Schumpeters (1975) berühmte Definition orientierte sich die Demokratieforschung für lange Zeit an einem minimalistischen Ansatz. Reguläre, freie und faire Wahlen galten demnach als das zentrale Charakteristikum einer Demokratie (Lipset 1994; Huntington 1997; Diamond 2003): In nichtdemokratischen Gesellschaften kommen Herrscher durch Erbfolge, Ernennung,

Reichtum etc. an die Macht; in Demokratien werden sie für eine zeitlich begrenzte Periode vom Volk gewählt, wobei mehrere Kandidaten frei miteinander konkurrieren und alle Erwachsenen das gleiche Stimmrecht haben. Das Wahlrecht kann seine Wirksamkeit aber erst dann voll entfalten, wenn neben dem Staat eine durch Grundrechte geschützte, relativ unabhängige zivile Sphäre existiert, in der politische Kandidaten und Programme frei miteinander konkurrieren. Nur unter dieser Bedingung können die Bürger mit ihrer Stimmabgabe in das politische System integriert werden, ohne dass ihre „individuelle Selbstdarstellung" oder ihre „Kommunikationsbeziehungen" außerhalb der Wählerrolle dadurch politisiert werden (Luhmann 1974: 156) (vgl. Kap. 2.2.2). Fehlt diese institutionelle Einbettung des politischen Wettbewerbs, so macht das Wahlrecht allein wenig Sinn:

> „It is undecidable which acts of expressing or associating are political or not. The reason is that the rights of expression and association, and others relevant to political democracy are part of the civil rights discussed earlier. Consequently, the social sites in which the rights of expression and association are relevant and legally protected are much broader than the sphere of the political regime" (O'Donnell 2001: 24).

Die Demokratisierung der Politik erfordert somit in gewissem Umfang eine Liberalisierung der Gesellschaft (auf diesem Aspekt wurde in Kapitel 2.2.2 ausführlich eingegangen; in Kapitel 5.4.3 werden diese Überlegungen weitergeführt).[28] Prodemokratische Bewegungen spielen dabei eine zentrale Rolle. Die Hauptaufmerksamkeit der Demokratisierungsforschung richtete sich dabei bisher vor allem auf den so genannten „Transitionsprozess" (Schmitter und O'Donnell 1986). Huntington (1991) zufolge hat sich die Demokratie seit dem amerikanischen Unabhängigkeitskrieg weltweit in drei Wellen ausgebreitet: (a) Die erste Demokratisierungswelle zog sich mit zahlreichen Stagnationen und Rückschlägen über einen Zeitraum von beinahe 100 Jahren hin und dauerte von 1828 bis 1922. Zu diesem Zeitpunkt verfügten 31 Staaten über minimale demokratische Institutionen. Danach setzte jedoch eine Gegenwelle ein, in der zahlreiche demokratische Staaten wieder in das autoritäre Lager wechselten. (b) Die zweite Demokratisierungswelle vollzog sich in einem wesentlich kürzeren Zeitraum. Sie begann nach dem Ende des Zweiten Weltkrieges mit der Demokratisierung Deutschlands, Italiens, Japans und Österreichs. Nach dem Ende des Kolonialzeitalters bildeten sich auch in Asien und Lateinamerika demokratische Regime, die jedoch nach kurzer Zeit oft wieder zusammenfielen. Ab den frühen 1960er-

---

28 Das heißt ausdrücklich nicht, dass mehr Liberalisierung immer auch mehr Demokratie bedeutet (Offe 2003).

Jahren schlug das Pendel jedoch wieder in die autoritäre Gegenrichtung. In zahlreichen Staaten etablierten sich erneut autokratische Regime. (c) Die dritte Demokratisierungswelle begann schließlich Mitte der 1970er-Jahre in Südeuropa und breitete sich von dort über Asien, Lateinamerika, Osteuropa und schließlich auch Afrika aus. In ihrem Verlauf erhöhte sich der Anteil formal demokratischer Staaten mit minimalen demokratischen Institutionen von etwa einem Viertel im Jahr 1974 auf knapp zwei Drittel im Jahr 2005 (Freedomhouse 2006; Diamond 2003). Ihren vorläufigen Höhepunkt erreichte sie Mitte der 1990er-Jahre. Seitdem hat sich die Zahl der demokratischen Staaten bei etwa 120 eingependelt.

Vor allem in der ersten Welle der Demokratisierung gingen die wesentlichen Impulse zum Regimewechsel zumeist vom Wirtschaftsbürgertum aus, das die traditionellen Privilegien der ländlichen Aristokratie in Frage stellte. In seiner klassischen Studie über den Zusammenhang von Diktatur und Demokratie spitzte der Sozialhistoriker Barrington Moore diesen Zusammenhang auf die Formulierung „ohne Bürger keine Demokratie" (Moore 1969: 481) zu. Dazu bedurfte es allerdings zweier Voraussetzungen: Erstens musste die ökonomische Basis des Bürgertums von der traditionellen Aristokratie relativ unabhängig sein. Zweitens durfte es nicht zu einer rechtsgerichteten aristokratisch-bürgerlichen Koalition gegen die Bauern und Arbeiter kommen (Moore 1969: 495). Die sukzessive Ausdehnung von politischen Mitbestimmungsrechten wurde somit nicht als ein Sieg der Unterschichten gedeutet, sondern als Ergebnis von Konflikten und Aushandlungsprozessen innerhalb der Oberschicht, oft im Zusammenhang mit der Entstehung des modernen Nationalstaates (Rokkan 1999; Bendix 1964).

Mit fortschreitender Modernisierung verschob sich der Schwerpunkt jedoch immer stärker auf Massenprotestbewegungen (Kern 2005b; Collier 1999; Hanagan 1998). Wie Rüschmeyer u.a. (1992) gezeigt haben, entwickelte sich vor allem die Arbeiterbewegung zu einer treibenden Kraft der Demokratisierung. Aufgrund ihrer schlechten sozialen und ökonomischen Ausgangssituation hatten die Arbeiter demnach ein großes Interesse am Zugang zu politischen Bürgerrechten. Für die Durchsetzung ihrer Interessen waren sie in der Regel jedoch zu schwach und deshalb auf starke Koalitionspartner angewiesen. Für solche Allianzen kamen normalerweise Gruppen in Frage, die ebenfalls von der Teilhabe an politischen Entscheidungsprozessen ausgeschlossen waren. Typische Koalitionspartner waren Landarbeiter, Bauern, städtische Mittelschichten, Intellektuelle und Künstler, religiöse Gruppen, Medienschaffende und Frauenrechtlerinnen (Kern 2005b: 157-252). Welche Bündnisse im Einzelfall eingegangen wurden, war maßgeblich von den konkreten Rahmenbedingungen abhängig. Im Falle einer stark radikalisierten Arbeiterschaft verringerten sich jedoch die Chancen für ein breites prodemokratisches Bündnis mit moderaten Gruppen.

Im Unterschied zu anderen Protestbewegungen verfügen prodemokratische Massenbewegungen in der Regel nur über eine vergleichsweise wenig dauerhafte kollektive Identität. Dafür gibt es mehrere Gründe.[29] Erstens handelt es sich bei prodemokratischen Bewegungen meist um ein zeitlich begrenztes Zweckbündnis zwischen Gruppierungen mit unterschiedlichsten – teilweise konkurrierenden – Interessen und Identitäten. Zweitens verlieren prodemokratische Bewegungen normalerweise ihre Existenzgrundlage, sobald der Übergang zur Demokratie vollzogen ist. Drittens können sich unter den Bedingungen staatlicher Repression oftmals keine dauerhaften „Bewegungsorganisationen" (vgl. Kap. 5.2.2) bilden, die auf das Ziel der Demokratisierung hinarbeiten. Wenn überhaupt, verfügen sie nur über eingeschränkte Handlungsmöglichkeiten und sind fortwährend von polizeilichen Maßnahmen bis hin zur Auflösung und Verhaftung aller Mitglieder bedroht. Dennoch handelt es sich um mehr als nur eine Protestwelle (vgl. Kap. 5.2.3), da sich oft im Untergrund ein „prodemokratisches" Milieu bildet, das als wenig formalisiertes Netzwerk die Kontinuität der Bewegung sichert, ein Minimum an kollektiver Identität stiftet und prodemokratische Gruppen zusammenführt.

Obgleich mit dem Übergang zur Demokratie der Protestbewegung zumeist ihre Existenzgrundlage entzogen wird, ist das Thema „Demokratisierung" damit in aller Regel nicht erledigt. Die Einsetzung eines Regimes, das die Mindestbedingungen einer Demokratie erfüllt, ist eine Sache, die Garantie der Grundrechte eine andere. Der oben zitierten Studie von Freedomhouse (2006) zufolge erfüllten 2005 zwar 122 von 192 Staaten die minimalen Anforderungen der Demokratie, aber nur 89 – und damit nicht einmal die Hälfte aller Staaten – gelten als freiheitlich. Das heißt, Demokratisierung und Liberalisierung ist nicht das Gleiche. Infolgedessen ist die Ausweitung oder Verteidigung der bürgerlichen Grundrechte gegenüber dem staatlichen Leviathan auch nach der Demokratisierung ein Gegenstand permanenter öffentlicher Konflikte. Dies gilt nicht nur für so genannte „defekte" Demokratien (Merkel u.a. 2003). Auch in den OECD-Staaten ist die Öffentlichkeit immer wieder mit neuen Herausforderungen konfrontiert, die sich beispielsweise aus der Entwicklung neuer Informations- und Kontrolltechnologien oder Bedrohungen der inneren Sicherheit (Terrorismus) ergeben. Die Angemessenheit staatlicher Herrschaftsansprüche ist daher stets neu auszuloten. Davon ausgehend sind Menschrechts-, Flüchtlings- oder Datenschutzorganisationen, die den Staat in seine Grenzen weisen, ein zentraler Bestandteil des öffentlichen Lebens und ein wichtiger Ausgangspunkt für die fortwährende demokratische Erneuerung der Gesellschaft.

---

29 Vgl. dazu am Fallbeispiel Südkoreas: Kern (2005b).

4.3.2 Die Friedensbewegung

Staaten führen Kriege – nicht selten auch gegen den erbitterten Widerstand ihrer eigenen Bürger. Ähnlich wie die Frauen-, Arbeiter- und Demokratiebewegung blickt daher auch die Friedensbewegung auf eine lange und bewegte Geschichte zurück. Der einfachste Grund für die Ablehnung des Krieges liegt in den hohen Kosten und Opfern, die zumeist denjenigen abverlangt werden, die am wenigsten profitieren. Im Anschluss an die europäischen Befreiungskriege gegen Napoleon bildeten sich in mehreren Ländern Bürgervereine, deren Mitglieder für die Wahrung der Menschrechte, Freihandel, Abschaffung der Sklaverei und das Ende der militärischen Gewalt eintraten. Diese Vereinigungen schlossen sich in einigen Staaten bald zu nationalen Gesellschaften zusammen, beispielsweise der *American Peace Society* 1815, der *London Peace Society* in England 1816 und der Friedensgesellschaft in der Schweiz 1830 (Riesenberger 1985: 17-21). Die deutsche Friedensgesellschaft wurde erst 1892 gegründet. Während die angelsächsischen Vereinigungen sich hauptsächlich auf ihre christlichen Wurzeln beriefen, standen die kontinentaleuropäischen stärker in der Tradition der Aufklärung. Ihre Mitglieder stammten meist aus dem mittelständischen Bürgertum. Infolgedessen wuchs die frühe Friedensbewegung in dem Maße, wie sich der Liberalismus als Idee ausbreitete.

In Deutschland spielte die bürgerliche Friedensbewegung gegenüber der Arbeiterbewegung zunächst kaum eine Rolle (Riesenberger 1985: 85). Für die Arbeiterbewegung verlief die maßgebliche Konfliktlinie aber nicht zwischen den Staaten, sondern zwischen den sozialen Klassen. Sie sah in der nationalen Spaltung eine Schwächung der Arbeiterklasse gegenüber dem Kapital, zumal im Kriegsfall die Arbeiter den größten Teil der Lasten zu tragen hatten. Dennoch gab es Gemeinsamkeiten. Ähnlich wie die bürgerliche Friedensbewegung sah auch die Arbeiterbewegung in der Bildung internationaler Institutionen – vor allem der Vereinigung nationaler Arbeiterparteien – ein wirksames Mittel gegen den Krieg. Die II. Sozialistische Internationale vereinbarte für den Fall eines Kriegsausbruchs zwischen den europäischen Hegemonialmächten in Paris 1912 sogar einen Generalstreik. Trotzdem blieb das Verhältnis zur bürgerlichen Friedensbewegung gespannt: „Die deutschen Sozialisten neigten dazu, gleichsam in spiegelbildlicher Übernahme konservativ-nationalistischer Vorurteile, die bürgerlichen Pazifisten als ‚kapitalistische Friedenspfeifenraucher' verächtlich zu machen" (Riesenberger 1985: 86). Doch auch die Sozialdemokratie konnte den Ersten Weltkrieg nicht verhindern.

Nach dem Ersten Weltkrieg breitete sich der linke Pazifismus im intellektuellen Milieu in Deutschland immer stärker aus. Künstler wie Remarque, Kästner und Kollwitz leisteten einen wesentlichen Beitrag zur kritischen Aufarbeitung der Kriegserlebnisse. 1919 gründete eine Gruppe um Karl Vetter, Carl von Ossietzky und Kurt Tucholsky den Friedensbund der Kriegsteilnehmer (FdK), der sich gegen die Traditionen des preußischen Militarismus stemmte. Der FdK rief zur Kriegsdienstverweigerung auf, forderte die Abschaffung der Wehrpflicht, verlangte ein Völkerparlament und trat für die Einführung einer internationalen Schiedsgerichtsbarkeit ein (Riesenberger 1985: 133). Dabei bemühte er sich gleichermaßen um die Integration des bürgerlichen und sozialdemokratischen Flügels der Friedensbewegung. Sein größter Erfolg war die so genannte „Nie-Wieder-Krieg-Bewegung", an deren Massenkundgebungen – mit Unterstützung von SPD und Gewerkschaften – sich im gesamten Deutschen Reich bis zu 500.000 Menschen beteiligten. Mit der Machtergreifung durch die Nationalsozialisten wurde die deutsche Friedensbewegung jedoch wieder im Keim erstickt. Zahlreiche Pazifisten mussten entweder das Land verlassen oder wurden inhaftiert. Dem KZ-Häftling Ossietzky wurde für sein Friedensengagement 1936 rückwirkend der Friedensnobelpreis zugesprochen.

Nach dem Kriegsende erlebte die Friedensbewegung eine tiefgreifende Zäsur. Mit dem Abwurf von Atombomben über Hiroshima und Nagasaki war eine Schwelle überschritten worden. Die Kosten eines Krieges schienen nunmehr so hoch, dass die möglichen Erträge daneben verblassten. Jede direkte Konfrontation zwischen den beiden Supermächten USA und Sowjetunion konnte zur Auslöschung der gesamten menschlichen Zivilisation führen. Obwohl die US-amerikanische Öffentlichkeit von der Wirkung der Atombombe zunächst euphorisiert war, regte sich bereits unmittelbar nach dem Abwurf vor allem in akademischen Kreisen starker Widerstand. Man befürchtete, dass die Atombombe zu einem Klima der Angst und des Misstrauens führen würde (Meyer und Marullo 2003: 645). Als Alternative zur herrschenden Politik verlangten die Kritiker eine Weltregierung und ein internationales Kontrollregime für Atomwaffen. Im Zeichen des aufziehenden Kalten Krieges konnte sich diese Strömung allerdings nicht durchsetzen. Die Angst vor der Sowjetunion überwog die Angst vor einer nuklearen Konfrontation.

In den folgenden Jahren entwickelte sich in den USA dennoch eine starke Friedensbewegung. Die erste große Kampagne in den 1950er-Jahren richtete sich gegen Atombombentests in der Atmosphäre. Von dieser Diskussion gingen später wichtige Impulse zur Entstehung der Ökologiebewegung aus (vgl. Kap. 4.5.1). Auslöser war die atomare Verseuchung eines japanischen Fischkutters in der Nähe des Bikiniatolls. Die US-Regierung lehnte Forderungen nach einem Testverbot jedoch rigoros ab. Dennoch wuchs das Bewusstsein für die Gefahren des atomaren Niederschlags und die Kritik am Rüstungswettlauf beider Supermächte nahm zu. Vor diesem Hintergrund formierte sich in allen westlichen Staaten eine zunehmend einflussreiche Friedensbewegung. 1955 verweigerten beispielsweise Mitglieder der katholischen Arbeiterjugend die Teilnahme an Luftschutzübungen in New York. In Großbritannien wurde die *Campaign for Nuclear Disarmament* (CND) ins Leben gerufen, die im Jahr 1958 zum ersten Mal die legendären Ostermärsche der Friedensbewegung initiierte. In Australien, Kanada und Neuseeland formierten sich ähnliche Organisationen.

Auch in Deutschland entwickelte sich eine engagierte Friedensbewegung. Gegen Ende der 1950er-Jahre formierte sich eine breite gesellschaftliche Koalition christlicher Gruppen, Gewerkschaften, der SPD und FDP gegen die atomare Bewaffnung der Bundeswehr. Einer ihrer prominentesten Fürsprecher war der spätere Bundespräsident Gustav Heinemann, der aus Protest gegen die Wiederbewaffnung der Bundesrepublik 1950 als Innenminister zurückgetreten war und später die CDU verlassen hatte. 1957 forderten 18 Atomwissenschaftler in der so genannten „Göttinger Erklärung" den Verzicht auf eine Atombewaffnung der Bundeswehr. Dieser Initiative schlossen sich wenig später 99 Intellektuelle an, die sich in einem offenen Brief an Bundeskanzler Adenauer wendeten. Mehr als 80 Prozent der Bevölkerung unterstützte deren Forderungen. Die Friedensbewegung strebte eine Volksbefragung an, die vom Bundesverfassungsgericht jedoch verboten wurde. Nach einer vernichtenden Wahlniederlage 1958 zogen sich SPD und DGB jedoch langsam aus der Bewegung zurück. Ohne diese Unterstützung ebbte die öffentliche Diskussion zwar schnell ab, doch begann die Friedensbewegung mit der Entwicklung unabhängiger Strukturen jenseits etablierter Massenorganisationen.

Ein erster Schritt in diese Richtung waren die so genannten „Ostermärsche". 1960 folgten westdeutsche Friedensgruppen dem Vorbild der britischen CND. Sie zogen mit etwa 1.000 Teilnehmern von Hamburg, Bremen, Hannover und Braunschweig zum Raketenübungsplatz Bergen-Hohne. In den folgenden Jahren erhielt diese Bewegung aus der Bevölkerung immer mehr Zuspruch und 1968 erreichte sie mit 300.000 Teilnehmern ihren vorläufigen Höhepunkt. Die Organisatoren stützten sich dabei wesentlich auf pazifistische Ideen der gewaltlosen Regelung von Konflikten. Nach der Vereinbarung eines Testverbots für Atomwaffen in der Atmosphäre durch die beiden Supermächte USA und UdSSR (1963) rückte zunehmend der Vietnamkrieg in den Vordergrund, der vor allem von der Studentenbewegung aufgegriffen wurde (Meyer und Marullo 2003: 650-651; McAdam und Su 2002). Ausgehend von den USA breiteten sich Antikriegsproteste in allen westlichen Großstädten aus. Unterschiedliche Ansichten über die Zulässigkeit von Gewalt als Protestform, führten dabei immer wieder zu Unstimmigkeiten zwischen Pazifisten und Nicht-Pazifisten.

Im Zeichen der Entspannungspolitik wurde es in den 1970er-Jahren um die Friedensbewegungen zunächst wieder ruhiger. Auch in Deutschland kam die Ostermarschbewegung zum Erliegen. Mit dem NATO-Doppelbeschluss[30] von 1979 erlebte sie jedoch wieder einen unverhofften Aufschwung und entwickelte sich zu einer der größten Massenbewegungen in der Geschichte der Bundesrepublik. Im so genannten „Krefelder Appell" 1980 formulierten führende Vertreter unterschiedlicher Gruppierungen einen Minimalkonsens, in dem sie von der Bundesregierung verlangten, erstens ihre Zustimmung zur Stationierung von atomaren Mittelstreckenraketen zurückzuziehen und zweitens den Beginn eines neuen nuklearen Wettrüstens zu verhindern (Grosse Nobis 2001: 47-50). Mehr als zwei Millionen Menschen unterschrieben diesen Aufruf.

In den folgenden Jahren blockierten Friedensaktivisten im ganzen Land die Zufahrten zu Raketenstützpunkten und riefen zur Kriegsdienstverweigerung und zu zivilem Ungehorsam gegenüber dem Staat auf. Bereits 1981 kam es in mehreren Städten zu Massenkundgebungen. Am 10. Oktober beteiligten sich an einer Demonstration in Bonn 300.000 Menschen. An den wiederbelebten Ostermärschen nahmen 1982 etwa 500.000 Menschen teil. Anlässlich eines Besuchs des US-amerikanischen Präsidenten gingen in Bonn 400.000 und in West-Berlin 100.000 Demonstranten auf die Straße. Die Regierung Kohl hielt jedoch unbeirrbar am NATO-Doppelbeschluss fest. Obschon die Friedensbewegung die Nachrüstung nicht mehr abwenden konnte, nahmen im Oktober 1983 noch einmal etwa eine Million Menschen an landesweiten Kundgebungen teil. Einen wesentlichen Anteil an diesen Mobilisierungserfolgen hatte der so genannte Koordinierungsausschuss, der das organisatorische Zentrum der Bewegung bildete. Er umfasste insgesamt 30 Mitgliedsgruppen aus dem christlichen, parteinahen (DKP, SPD, Grüne) und unabhängigen Spektrum. Im Zuge der Abrüstungspolitik in der zweiten Hälfte der 1980er-Jahre ebbte die Bewegung jedoch immer stärker ab und der Koordinierungsausschuss löste sich auf.

Auch in der DDR formierte sich im Umfeld der Evangelischen Kirchen in den 1970er- und 1980er-Jahren eine engagierte Friedensbewegung (Pollack 2000: 77-96). Die Forderungen der Aktivisten zielten auf die Einführung eines sozialen Friedensdienstes als Alternative zum Wehrdienst, Abrüstung und die Abschaffung des Wehrkundeunterrichts in den Schulen. Ab November 1980 veranstaltete die Kirche jährlich die so genannten „Friedensdekaden". Dabei handelte es sich um zumeist kleinere Veranstaltungen zum Friedensthema, die in

---

30 Der Beschluss sah vor, dass der Sowjetunion Verhandlungen über die Reduktion von Mittelstreckenraketen in Europa angeboten werden. Sollten die Verhandlungen bis 1983 zu keinem Ergebnis führen, wurde mit der Stationierung von US-Mittelstreckenraketen gedroht, um das „Gleichgewicht des Schreckens" wiederherzustellen.

kirchlichen Räumen durchgeführt wurden (Pollack 2000: 83). Unter dem Motto „Schwerter zu Pflugscharen" wurden im Rahmen dieser Dekade 1981 Aufnäher mit der Darstellung einer Plastik verteilt, die als Geschenk der UdSSR an die UNO in New York stand und landesweit Verbreitung fanden. Das SED-Regime reagierte darauf mit Verboten und Verfolgungen.

Nachdem die Friedensbewegung Mitte der 1980er-Jahre im Westen ihren Höhepunkt überschritten hatte, entstanden im Umfeld der Friedensbewegung in der DDR zahlreiche Gruppen, deren Forderung nach Menschenrechten und Reisefreiheit weit über die bisherigen Ziele hinausgingen. Wichtige Organisationen und Netzwerke waren unter anderem die Umwelt-Bibliothek, die Kirche von unten und die Initiative Frieden und Menschenrechte. Die Mobilisierungsfähigkeit der Friedensbewegung war jedoch gering: Bis Anfang September 1989 konnten diese Gruppen selten mehr als 500 Sympathisanten zur Teilnahme an Demonstrationen bewegen (Pollack 2000: 210). Dies änderte sich jedoch abrupt mit der Öffnung der ungarisch-österreichischen Grenze im September 1989. In wenigen Wochen stieg die Zahl der Teilnehmer an den Montagsdemonstrationen in Leipzig auf etwa 15.000. Daraus entwickelte sich schließlich eine Massenbewegung, die den Sturz des SED-Regimes und die deutsche Wiedervereinigung einleitete. Dies ist zugleich ein anschauliches Beispiel für den fließenden Übergang zwischen Friedens- und Demokratiebewegung: Ihr gemeinsamer Nenner liegt in der Begrenzung der Staatsmacht.

Nach dem Ende des Kalten Krieges stand die weltweite Friedensbewegung – ähnlich wie nach dem Ende des Zweiten Weltkrieges – erneut vor einer Zäsur. Die Angst vor einem nuklearen „Holocaust" wurde zwar durch umfangreiche Abrüstungsverträge zwischen den Großmächten zerstreut, die neue Weltordnung ist seitdem jedoch alles andere als friedlich. In der Vergangenheit stand der mögliche politische oder ökonomische Gewinn einer kriegerischen Konfrontation zwischen den beiden großen ideologischen Blöcken in keinem Verhältnis zu den drohenden Kosten, weshalb beide Seite sich weitgehend zurückhielten. Mit dem Zerfall der Sowjetunion sind die Kosten der Kriege jedoch dramatisch gesunken. Seitdem haben sich nicht nur verstärkt „asymmetrische" Kriege ausgebreitet, auch die so genannten „klassischen" Kriege (Münkler 2002) zwischen Staaten stehen wieder auf der Tagesordnung (vgl. Kap. 2.2.2). Hinzu kommt die Gefahr der Verbreitung von Massenvernichtungswaffen und des internationalen Terrorismus.

Ihre erste große Mobilisierungswelle nach dem Ende der Ost-West-Konfrontation erlebte die Friedensbewegung mit dem Ausbruch des Golfkrieges 1990/1991, der mit der Besetzung Kuwaits durch irakische Truppen begann. Die einzige verbliebene Supermacht USA bildete daraufhin eine breite Koalition, der nicht nur westliche Verbündete angehörten, sondern auch zahlreiche arabische

Staaten. Das Ziel bestand darin, den Irak mit militärischen Mitteln wieder zur Räumung Kuwaits zu bewegen. Noch während der Kriegsvorbereitungen reagierte die Friedensbewegung in den USA und Europa mit teilweise heftigen Protesten. Statt militärischer Gewalt wurden ökonomische Sanktionen gefordert (Meyer und Marullo 2003: 656). Auch in Deutschland kam es zu Massendemonstrationen. Vier Tage vor dem Angriff gingen bundesweit in 120 Städten etwa 250.000 Kriegsgegner auf die Straße. Die USA und ihre Verbündeten ließen sich davon aber nicht beeindrucken. Einen Tag nach Beginn der Kampfhandlungen konnten in Deutschland noch einmal 500.000 Teilnehmer für Demonstrationen mobilisiert werden. Beinahe unmittelbar danach ebbte die weltweite Protestwelle jedoch wieder ab.

Parallel schwelte bereits der nächste Konflikt auf dem Balkan, wo sich der Zerfall der ehemaligen Bundesrepublik Jugoslawien immer deutlicher abzeichnete. Unter dem Eindruck ethnischer Säuberungen und Massenvergewaltigungen stürzte die Friedensbewegung in Deutschland in eine tiefe Krise. Angesichts des enormen menschlichen Leids verabschiedeten sich zahlreiche prominente Vertreter der Friedensbewegung vom Pazifismus und forderten die NATO zum Eingreifen auf. Gleichzeitig bereitete die Bundesregierung systematisch den Boden für die zunehmende Beteiligung der Bundeswehr an internationalen Einsätzen in Krisengebieten. Ein solches Engagement wäre während des Kalten Krieges undenkbar gewesen. Angesichts dieser Entwicklung befand sich besonders die tief in der Friedensbewegung verwurzelte Grüne Partei in einem Dilemma. Der „realpolitische" Flügel verlangte eine Abkehr von pazifistischen Maximalforderungen, die vom Austritt aus der NATO bis zur Abschaffung der Bundeswehr reichten. Die heftig geführte parteiinterne Diskussion mündete schließlich in der prinzipiellen Befürwortung von Blauhelmeinsätzen durch die Bundeswehr.

Die nächste große Herausforderung der Friedensbewegung war der Kosovo-Krieg im Jahr 1999. Unter rot-grüner Regierungsverantwortung beteiligte sich die Bundeswehr zum ersten Mal an einem Kampfeinsatz, dem Luftkrieg der NATO gegen Serbien. Die militärische Intervention wurde mit der humanitären Katastrophe in der Region begründet. Nicht nur in der Grünen Partei, in der gesamten Friedensbewegung tobte eine heftige Diskussion über die Legitimität von Gewalt. Dabei wurde auch der Vergleich mit Auschwitz bemüht. Die Mobilisierung der Proteste blieb jedoch auf einem relativ niedrigen Niveau. An den zentralen Demonstrationen im Mai 1999 beteiligten sich nur etwa 25.000 Kriegsgegner. Getragen wurden die Proteste von verschiedenen „Friedengruppen, den Ärzten für die Verhinderung des Atomkrieges über den Bund demokratischer WissenschaftlerInnen, den Jusos, den IG Medien bis zur Anti-Kriegs-Initiative der Grünen" (*taz*, 04.05.1999).

Die vorläufig letzte große Protestwelle der Friedensbewegung begann mit den Vorbereitungen eines präventiven Krieges gegen den Irak durch die US-Regierung 2002/2003. Als Begründung wurde auf ein angebliches Atomwaffenprogramm des Iraks und mögliche Verbindungen zwischen dem irakischen Diktator Saddam Hussein und dem Terrornetzwerk Al Qaida verwiesen.[31] Darüber hinaus formulierten sie das Ziel, ausgehend vom Irak den Nahen Osten zu demokratisieren. Die Ablehnung, die diesem Vorhaben weltweit entgegengebracht wurde, war überwältigend. Einflussreiche Staaten wie Deutschland, Frankreich, Belgien oder die Türkei verweigerten die Teilnahme an dem Waffengang. Die in der Öffentlichkeit vorgebrachten Kriegsgründe der USA und ihrer Verbündeten wurden weithin angezweifelt. Zudem wurden die Gefahren eines Bürgerkrieges zwischen den verschiedenen ethnischen Gruppen und der Stärkung des islamischen Fundamentalismus beschworen.

Die Friedensbewegung erlebte in dieser Periode einen enormen Zulauf. Obgleich es auch in der Vergangenheit – etwa bei den Ostermärschen – zu weltweiten Mobilisierungen gegen den Krieg gekommen ist, kam es nun zu einer bisher nie dagewesenen globalen Synchronisation von Protesthandlungen (Buro 2003). Am 15. Februar 2003 lief eine Protestwelle von der Ostküste Australiens über Japan, Korea und Europa bis zur Westküste der Vereinigten Staaten. Schätzungen zufolge beteiligten sich daran zwischen acht und vierzehn Millionen Kriegsgegner (Rucht 2003: 10). Die stärksten Demonstrationen fanden in Ländern wie Großbritannien, Italien oder Spanien statt, die sich an der Allianz gegen den Irak beteiligten. Allein in Berlin versammelten sich 500.000 Teilnehmer. Da der Irakkrieg sich mittlerweile über mehrere Jahre hingezogen hat, ist auch die Mobilisierung nicht so schnell abgeebbt wie beim vorangehenden Golfkrieg 1990/1991. Vor allem in den am Krieg und der anschließenden Besatzung beteiligten Ländern kommt es immer wieder zu Massenprotesten.

Wie dieser Überblick über die Friedensbewegung zeigt, hat sie ihre unmittelbaren Ziele – Vermeidung von Kriegen, Atomteststop und Abrüstung – nur selten erreicht. Ihre Bilanz fällt dennoch positiv aus. Sie gab wesentliche Impulse zur Entwicklung von Regeln für die friedliche Austragung internationaler Konflikte und spielte eine wichtige Rolle beim Aufbau internationaler Organisationen wie dem Völkerbund und den Vereinten Nationen. Ihr Beitrag zur nuklearen Abrüstung und dem Ende des Kalten Krieges ist ebenfalls nicht zu unterschätzen (Meyer 1999). Seit ihren Anfängen hat sie die pazifistische Idee kultiviert und dafür gesorgt, dass Alternativen zur militärischen Gewalt weiterentwickelt und im politischen Diskurs präsent geblieben sind.

---

31 Beide Behauptungen haben sich mittlerweile als falsch herausgestellt (*Hamburger Abendblatt*, 11.11.2006).

4.4 Globalisierungskritische Bewegungen

Im Übergang von der Vormoderne zur Moderne stand der Kampf gegen Marginalisierung und Exklusion (vgl. Kap. 2.2) im Zentrum der gesellschaftlichen Auseinandersetzung. Dabei leisteten die Frauen-, Demokratie- und Arbeiterbewegung einen maßgeblichen Beitrag zur Inklusion breiter Bevölkerungsgruppen in die sozialen Teilsysteme. Mit dem Übergang zum wohlfahrtsstaatlichen Kapitalismus (siehe Tabelle 1) wurde die Inklusionsthematik in den wohlhabenden Industriestaaten in der Nachkriegszeit zwar nicht ganz von der Tagesordnung gestrichen, gegenüber der Identitäts- und Ökologieproblematik verlor sie jedoch relativ an Bedeutung. Nach dem Zusammenbruch der sozialistischen Welt Anfang der 1990er-Jahre ist der Wind jedoch wieder rauer geworden. Im Sog der Globalisierung wurde der Kampf um Lebenschancen – im Sinne eines Zugangs zu den Leistungen der sozialen Teilsysteme – wieder neu entfacht (Beck 1998a). Jahrhundertlange Prozesse der Nationenbildung und Aufrichtung von staatlichen Grenzen scheinen sich wieder umzukehren. Dadurch verändern sich die Rahmenbedingungen für die soziale Inklusion der Individuen grundlegend.

4.4.1 Entnationalisierung als Ende des Wohlfahrtsstaates?

In der Vergangenheit wurde die Expansion der gesellschaftlichen Teilsysteme wesentlich durch den Staat vorangetrieben, teilweise sogar gesteuert (Hahn und Bohn 1999). Ein Beispiel ist die Einführung des Steuermonopols, das – wie Bourdieu (1998: 102) hervorhob – „nicht von der Einigung eines ökonomischen Raums (der Schaffung eines nationalen Marktes) zu trennen ist". Insoweit der moderne Staat auf einen stetigen Zustrom an ökonomischen Ressourcen angewiesen war, gehörte die Förderung der wirtschaftlichen Entwicklung zu seinen zentralen Interessensgebieten. Dabei ging seine Zuständigkeit über die Bereiche Politik und Ökonomie weit hinaus: Durch die Homogenisierung der Kultur innerhalb eines bestimmten Territoriums, also der Vereinheitlichung von Rechtsnormen, Religions-, Bildungs-, Sprach- und Schriftstandards, der Einführung allgemein anerkannter Maße und Gewichte, der verbindlichen Festlegung von Kalendern etc. wurden die kognitiven Grundlagen für die Anerkennung staatlicher Legitimitätsansprüche erzeugt. Das heißt, mit dem Ausbau des Bildungs-, Gesundheits- und Verkehrswesens, der Errichtung einer öffentlichen Infrastruktur, der Medienzensur, dem Aufbau des Militärs, der Förderung von Kunst, Wissenschaft und Sport (Beyme 1998; Crosland 2001) etc. setzte der Staat wichtige Impulse für die Expansion der funktionalen Teilsysteme – weit über die Ökonomie hinaus.

Der Staat hatte in der (nationalstaatlichen) Gesellschaft somit eine Sonderstellung: Unerwünschte Modernisierungsfolgen konnten durch rechtliche Eingriffe zumindest teilweise gemindert oder abgefedert werden. Davon ausgehend war es möglich, durch wohlfahrtspolitische Maßnahmen die Bevölkerung für den gesellschaftlichen „Fortschritt" zu gewinnen. Dieser Konsens bröckelte jedoch in dem Maße wie die eigendynamische Entwicklung der Teilsysteme in den 1970er- und 1980er-Jahren an Fahrt gewann. Die Möglichkeiten der wohlfahrtsstaatlichen Konsensmobilisierung – im Sinne einer breiten Teilhabe an den Leistungen der sozialen Teilsysteme – werden seitdem immer geringer, während der Konkurrenzdruck auf die nationalen Bevölkerungen steigt: zum einen durch zunehmende Migration, zum anderen durch den ökonomischen Standortwettbewerb. Paradoxerweise wächst damit die politische Bedeutung von Grenzen: Je stärker die Rivalität um knappe Ressourcen wie Wohnungen, Arbeitsplätze und Heiratspartner, desto wichtiger werden nationale und ethnische Unterschiede (Esser 1996).

Die Durchlässigkeit nationaler Grenzen hat aber nicht für alle Gesellschaftsmitglieder die gleichen Folgen: Für einige ist die wachsende Konkurrenz zwischen ökonomischen Standorten und ethnisch-nationalen Gruppen eine Bedrohung, für andere eröffnen sich neue Chancen. Bei den Verlierern der Globalisierung handelt es sich zumeist um Menschen, die bisher durch nationale Grenzen geschützt waren und die sich nun mit einer drastischen Beschneidung ihrer Lebenschancen konfrontiert sehen. Die Gewinner erfahren hingegen eine beträchtliche Erweiterung ihrer Handlungsspielräume. Mobilität entwickelt sich dabei zum maßgeblichen sozialen Schichtungsfaktor: „Es gibt die Mobilen, die über konvertible Ressourcen verfügen, welche ihnen den Austritt ermöglichen, und es gibt die Immobilen, die in den nationalen Räumen eingeschlossen sind, weil sie nicht über solche Ressourcen verfügen" (Kriesi 2001: 27). Das heißt, wer über Geld, Bildung oder Wissen verfügt, kann von der Globalisierung überdurchschnittlich profitieren. Die anderen sind hingegen nicht nur in ihrer ökonomischen Existenz bedroht, sondern auch – mit dem zunehmenden Abbau des Wohlfahrtsstaates – von schlechteren Zugangschancen zu Bildung, Gesundheit, Medien, Recht etc. Nach einer Periode des relativen Wohlstands ist somit eine wachsende Zahl von Menschen in den fortgeschrittenen OECD-Staaten von ökonomischer, sozialer und kultureller Marginalisierung bedroht, im Extremfall sogar von Exklusion.

Als wichtige strukturelle Bestimmungsfaktoren für individuelle Chancen und Risiken der Globalisierung gelten das Bildungsniveau, die ökonomische Ausgangsposition, die regionale Zugehörigkeit und die Mitgliedschaft in transnationalen Netzwerken (Kriesi 2001: 28-32): (a) Wer über hohe kulturelle, soziale und berufliche Kompetenzen verfügt, ist besser in der Lage, sich auf die gestiegenen Flexibilitätsanforderungen globaler Arbeitsmärkte einzustellen. (b) In der Wirtschaft ist davon auszugehen, dass vor allem die exportorientierten Sektoren vom internationalen Freihandel profitieren, während binnenmarktorientierte Bereiche wie Bauindustrie, Handwerk oder Landwirtschaft mit schärferer Konkurrenz rechnen müssen und damit eher zu den Verlierern gehören. (c) Im Sog des internationalen Standortwettbewerbs ist zu erwarten, dass innerhalb einzelner Staaten die Differenzierung zwischen dynamischen regionalen Knotenpunkten und dem unterentwickelten „Hinterland" beträchtlich zunehmen wird. Anschauliche Beispiele in Asien sind Singapur, Shanghai oder Bangalore. (d) Von der Zugehörigkeit zu transnationalen Beziehungsnetzwerken profitiert nicht nur die ökonomische, politische oder wissenschaftliche Elite, ähnliches gilt auch für Netzwerke aus Migranten, religiösen Gruppen, Sportlern etc. Dabei entfalten gerade „schwache" Bindungen oft eine „starke" Wirkung (Stichweh 2002; Granovetter 1974).

Entlang dieser strukturellen Bestimmungsfaktoren haben sich die politischen Koordinatensysteme in vielen Industriestaaten grundlegend verschoben. Das traditionelle Recht-Links-Schema wird vielerorts von neuen Konfliktlinien überlagert, wobei sich typologisch drei verschiedene Möglichkeiten unterscheiden lassen, wie auf die ökonomischen und kulturellen Herausforderungen der Entnationalisierung[32] reagiert werden kann (Kriesi 2001: 32-37): (1) Im ersten Fall, der so genannten *negativen Integration* des Staatensystems, wird der Globalisierungsprozess weitgehend den Kräften des freien Marktes überlassen. Diese Position wird hauptsächlich von Anhängern des Neoliberalismus vertreten. (2) Im zweiten Fall, der so genannten *positiven Integration*, wird auf supranationale Steuerungsinstanzen gesetzt, die sowohl die ökonomische Dynamik als auch das friedliche Miteinander der verschiedenen Kulturen politisch regulieren. Als bedeutende Vertreter dieser Denkrichtung gelten Jürgen Habermas (1998, 2003) und Ulrich Beck (2003, 2002a). (3) Im dritten Fall, dem ethnisch-nationalen Protektionismus, wird demgegenüber die Wiederherstellung nationaler und ethnischer Grenzen gefordert. Dabei geht es in erster Linie darum, die bisherigen Privilegien der einheimischen Bevölkerung gegenüber wachsendem Außendruck zu verteidigen. Typische Vertreter dieses Denkens finden sich zumeist am rechten Rand des politischen und intellektuellen Spektrums.

Während der gegenwärtige Globalisierungsprozess innerhalb des neoliberalen Diskurses oft als ein unvermeidliches Schicksal dargestellt wird, haben Anhänger der positiven Integration auf der einen und des ethnisch-nationalen Protektionismus auf der anderen Seite deutliche Alternativen herausgearbeitet. Vor

---

32 Das heißt, die Grenzen von verdichteten sozialen Handlungszusammenhängen stimmen immer weniger mit nationalstaatlichen Grenzen überein (Zürn 1998: 73).

diesem Hintergrund haben sich in den vergangenen Jahren bestimmte Typen der Globalisierungskritik profiliert, die immer wieder als Anknüpfungspunkte für politische Mobilisierungsprozesse dienen. Dabei tendiert die bisherige Linke eher zur positiven Integration, die Rechte eher zum ethnisch-nationalen Protektionismus. Trotz zahlreicher Unterschiede bilden die wachsenden Inklusionsprobleme in den Industriestaaten den gemeinsamen Bezugspunkt aller globalisierungskritischen Strömungen.

4.4.2 Populismus und Rechtsextremismus

Die politisch bisher womöglich erfolgreichste Gegenbewegung zur Globalisierung ist vor allem von Gruppen und Organisationen ausgegangen, die sich dem rechten Spektrum zuordnen lassen. Ihnen ist es in den 1990er-Jahren gelungen, ein ideologisches Paket zu schnüren, das auf viele Globalisierungsverlierer eine enorme Anziehungskraft ausübt (Leggewie 1998). Dabei unterscheiden sich ihre politischen Programme in den verschiedenen Ländern Europas und Nordamerikas nur unwesentlich: An erster Stelle werden fremdenfeindliche bis rassistische Ressentiments geschürt, die sich vor allem gegen die wachsende Zahl von Einwanderern richtet, an zweiter Stelle steht die Ablehnung der etablierten Parteien und des politischen Establishments. Der rechte Protektionismus versteht sich dabei gleichermaßen als Gegenprogramm zur wachsenden ökonomischen und ethnisch-kulturellen Konkurrenz:

> „Die neue radikale Rechte ist eindeutig defensiv auf der soziokulturellen Dimension. Gleichzeitig ist sie populistisch in ihrer Instrumentalisierung von Angstgefühlen und Enttäuschungen und ihrem Appell an den Mann von der Straße und seinem angeblich gesunden Menschenverstand. Sie baut auf die Ängste der Verlierer vor der Beseitigung der nationalen Grenzen und auf ihren starken Glauben an einfache Lösungen" (Kriesi 2001: 35).

In den USA wussten in den 1990er-Jahren vor allem Pat Buchanan und Ross Perrot – teilweise mit Unterstützung der christlichen Rechten – die ökonomische und kulturelle Verunsicherung der Bevölkerung für sich zu nutzen. Mit ihren Kampagnen gegen die Verlagerung von Arbeitsplätzen, die „neue Weltordnung" der Vereinten Nationen und die Washingtoner Bürokratie gelang es ihnen, verbreitete Gefühlslagen in der Bevölkerung anzusprechen und geschickt für sich zu nutzen. Mittlerweile werden auch prominente intellektuelle Stimmen lauter, die eine stärkere Beschränkung der Zuwanderung verlangen (Huntington 2004). Mit ähnlichen Parolen erreichten in den vergangenen Jahren rechtsnationale Kräfte auch in zahlreichen westeuropäischen Ländern wie Deutschland, Frankreich,

Italien, Schweiz, Österreich, Holland etc. teilweise enorme Stimmenzuwächse bei Wahlen. Während der Front National in Frankreich eine Politik der „Null-Einwanderung" und der Bevorzugung von französischstämmigen Bürgern propagiert, appelliert die NPD in Deutschland an die „natürliche Ungleichheit der Menschen" und versucht mit ihrem Programm des „nationalen Sozialismus" vor allem Wähler anzusprechen, die zugleich „eine nationale und soziale Ader in sich tragen" (*Die ZEIT*, 16.12.2004).

Trotz beunruhigender Wahlerfolge fallen die Teilnehmerzahlen bei rechtsradikalen Demonstrationen und Aufmärschen in Deutschland im Vergleich zu den linksliberalen Bewegungen der 1970er- und 1980er-Jahre vergleichsweise gering aus: „Nur in Ausnahmefällen können Personen mobilisiert werden, die nicht dem unmittelbaren rechtsextremistischen Lager angehören" (Pfahl-Traughber 2003: 51). Dem Verfassungsschutzbericht zufolge lag die Zahl rechtsextremistischer Organisationen in Deutschland im Jahr 2005 bei 183. Ihre Mitgliederzahl wird auf etwa 40.000 geschätzt. Der Kern der rechtsextremen Szene beschränkt sich im Wesentlichen auf NPD-Mitglieder, Neonazis und Skinheads. Aufgrund ihrer Popularität unter Jugendlichen vor allem in Ostdeutschland gelang es der NPD zwischen 1996 und 2005 ihre Mitgliederzahl von 3.500 auf 6.000 zu erhöhen. Die Mitgliederzahl in der politisierten Neonazi-Szene stieg im gleichen Zeitraum von 2.420 auf 4.100 an. Die Zahl der gewaltbereiten Extremisten – darunter hauptsächlich Skinheads – wird auf etwa 10.400 geschätzt (Pfahl-Traughber 2003: 46-47; Verfassungsschutzbericht 2005: 54-55). Zwischen 2005 und 2006 stieg die Zahl der gemeldeten Straftaten von 15.361 auf 17.597; die Zahl der Gewalttaten von 958 auf 1047. Insbesondere die Gewalt gegen Ausländer hat dabei beträchtlich zugenommen (Verfassungsschutzbericht, Vorabfassung 2006: 23-24).

Die kollektive Identität der radikalen Rechten in Deutschland ist in hohem Maße durch die Ethnizität ihrer Mitglieder bestimmt. Diese verstehen sich als die Avantgarde aller „wahren" Deutschen, die unkorrumpiert, selbstlos und treu dem Wohl des deutschen Volkes dient (Bergmann und Erb 1998: 151; Gessenharter 1998). Durch eine Wiederherstellung der völkisch-rassischen Identität glauben sie die Probleme der modernen Gesellschaft – Überlastung der Sozialsysteme, Arbeitslosigkeit, Kriminalität etc. – lösen zu können. Für die soziale Misere verantwortlich gemacht werden u.a. Globalisierung, Amerikanisierung, Europäisierung, Multikulturalismus und natürlich die Zuwanderung. Vor diesem Hintergrund bildet die radikale Rechte das unmittelbare Gegenstück zur kosmopolisch orientierten globalisierungskritischen Bewegung der Linken (vgl. Kap. 4.4.3).

Ähnlich wie bei anderen neuen sozialen Bewegungen hat sich auch im Umfeld der radikalen Rechten eine lebendige Subkultur entwickelt, durch die sich die Bewegung symbolisch von der Gesellschaft abhebt (Bergmann und Erb

1998). Eine wichtige Rolle spielen dabei nicht nur rechtsradikale Rockmusik, Zeitschriften und Mitteilungsorgane, „nordische" Religiosität und germanische Symbole, sondern auch die weit verbreitete Vorliebe für Uniformen, einerseits als Erkennungszeichen für Gleichgesinnte, andererseits um die Gesellschaft zu provozieren und die Aufmerksamkeit der Medien auf sich zu ziehen:

> „Originale Wehrmachts- oder NS-Uniformstücke mit entsprechenden Abzeichen, Ordensschnallen und Schriftbänder bzw. deren Replikationen haben einen hohen Prestigewert und qualifizieren ihren Träger für Führungsaufgaben. Stiefel und Uniformteile der Bundeswehr, der US-Army (Bomberjacke) ergänzen das martialische Erscheinungsbild, das durch den Haarschnitt, Glatze bzw. HJ-Schnitt komplettiert wird. Neben den inkriminierten NS-Symbolen treten Symbole der Wikingerkunst, Worte in Fraktur-Schrift usw. auf" (Bergmann und Erb 1998: 156).

Obwohl die gemäßigten konservativen Parteien in Europa wie in den USA sich vom harten Kern der rechtsradikalen Bewegungen distanzieren, übt der Erfolg der Radikalen „eine starke Anziehungskraft auf etablierte Parteien auf der Rechten aus und trägt zur Entstrukturierung des rechten Lagers bei" (Kriesi 2001: 35). Bekannte Beispiele sind die FPÖ in Österreich und die Schweizerische Volkspartei. In beiden Fällen haben sich etablierte Parteien für national-populistische Ideen geöffnet und sie mit neoliberalen Vorstellungen verbunden. Ihr Liberalismus richtet sich dabei einerseits gegen den Einfluss des Staates innerhalb der nationalen Gesellschaft, andererseits gegen die Brüsseler EU-Bürokratie. Vieles deutet darauf hin, dass etablierte konservative Parteien nicht nur in Europa, sondern auch in den USA und Australien diesem Trend folgen:

> „Diese spezifische Mischung von Liberalismus und Fremdenfeindlichkeit entspricht einer neuen Form des Sozialdarwinismus – der Herrschaft der Starken, welche versucht, die Privilegien der einheimischen Bevölkerungen gegen alle Einmischungen von Außen zu verteidigen. (…) Die Anhänger dieser Parteien halten ihre Privilegien aufgrund vergangener Anstrengungen und Opfer für wohlverdient und sehen sie heute durch ungerechtfertigte Ansprüche von Fremden, welche nichts zum nationalen Wohle beigetragen haben, bedroht" (Kriesi 2001: 36).

4.4.3 Von Links gegen den Neoliberalismus

Die Globalisierung wird aber nicht nur von rechts kritisiert; auch in linksliberalen Kreisen hat sich mittlerweile eine einflussreiche globalisierungskritische Bewegung etabliert, deren historische Wurzeln bis in die Ökologie-, Frauen- und Friedensbewegung der 1980er-Jahre hineinreichen. Ideologisch steht sie größtenteils in der Tradition der neomarxistischen „neuen Linken". Ihre Kritik richtete sich von Beginn an vor allem gegen supranationale Organisationen wie den Weltwährungsfond, die Weltbank oder die Welthandelsorganisation, denen oft eine Politik der ungehemmten ökonomischen Deregulierung vorgeworfen wird. Als Synonym dieses Programms gilt bis heute der so genannte Washington-Konsensus, wonach – vereinfacht ausgedrückt – „Märkte überall effizient und Staaten weitgehend überflüssig sind, zwischen Reichen und Armen keine Interessengegensätze bestehen und sich die Weltwirtschaft am besten entwickelt, wenn man sie völlig in Ruhe lässt" (Leggewie 2003: 60). Als offizielle Leitlinie der Entwicklungspolitik spielt der Washington-Konsensus heute zwar kaum noch eine Rolle, in der Praxis bleiben soziale Mindeststandards, Umweltschutz, Bildung und Gesundheit dennoch oft auf der Strecke. Die großen Gipfeltreffen und Konferenzen, auf denen einflussreiche Politiker und Unternehmer zusammenkommen, entwickelten sich zu beliebten Angriffspunkten für Protestkampagnen, an denen sich in den 1980er-Jahren schon Zehntausende beteiligten. Erst durch die Straßenschlachten in Seattle (1999) und spätestens in Genua (2001) gelang es diesen Aktivisten jedoch, die Aufmerksamkeit der breiten Medienöffentlichkeit auf ihre Anliegen zu lenken.

Während die radikale Rechte als ein Affekt gegen den wachsenden kulturellen Pluralismus angesehen werden kann, stoßen sich linksliberale Globalisierungskritiker vor allem am ökonomischen Neoliberalismus. Im Allgemeinen akzeptieren sie zwar die Globalisierung, drängen jedoch auf eine verstärkte positive Integration, wirtschaftlich (etwa durch die Besteuerung von internationalen Finanztransaktionen) und kulturell (etwa durch eine Ausdehnung der Menschenrechte) (Kriesi 2001: 36). Ihre Hauptanliegen erstrecken sich erstens auf die Demokratisierung supranationaler Organisationen und zweitens auf die Ergänzung ökonomischer Integrationsprozesse durch soziale, kulturelle und politische Maßnahmen: „Vielen Protestgruppen geht es in erster Linie um Identitätsbildung, um ein Wir-Gefühl, das nicht mehr auf nationale Vergemeinschaftung zurückgreift, sondern weltbürgerliche und postkoloniale Formen des Engagements praktiziert" (Leggewie 2003: 59). Wenn Intellektuelle wie Alain Touraine, Jürgen Habermas, Pierre Bourdieu oder Ulrich Beck – trotz aller Einschränkungen – die Bedeutung von sozialen Bewegungen und NGOs im Globalisierungsprozess herausstellen, denken sie hauptsächlich an das Spektrum dieser linksliberalen Aktivisten:

> „The radical model is a bottom up vision of civilizing world order. It represents a normative theory of human governance which is grounded in the existence of a multiplicity of communities and social movements, as opposed to the individualism and appeals to rational self-interest of neoliberalism and related political projects" (Held und McGrew 2002: 113).

Die linke Globalisierungskritik hat in den vergangenen Jahren vor allem durch zwei große Kampagnen auf sich aufmerksam gemacht. Im Jahr 1997 wurde in Münster von rund 50 deutschen NGOs Erlassjahr.de (engl. *Jubilee*) ins Leben gerufen, um auf die dramatische Überschuldung vieler Entwicklungsländer aufmerksam zu machen. Erlassjahr.de knüpft an ein biblisches Gebot an, demzufolge nach 50 Jahren – im so genannten „Jubeljahr" – alle Schulden vollständig erlassen werden müssen. Dabei geht es nicht allein um religiös motivierte Barmherzigkeit, sondern um „die Einführung eines internationalen Insolvenzrechts"[33]. Bis Ende 2004 stieg die Anzahl der in Deutschland beteiligten Organisationen auf über 1.000, vor allem aus dem kirchlichen Milieu, die in ein internationales Netzwerk von weltweit über 50 ähnlichen Bündnissen und Kampagnen eingebunden sind. Obschon die Initiatoren bis zum Dezember 2000 – dem offiziellen Ende der Kampagne – weltweit 24 Millionen Unterschriften sammeln konnten, blieben ihre Forderungen weitgehend unerfüllt, weshalb sie sich zu einer Fortsetzung ihrer Arbeit entschieden. Innerhalb der weltweiten Erlassjahr-Bewegung etablierte sich mittlerweile eine zweite Strömung, die in ihren Kampagnen unterschiedliche Akzente setzt: *Jubilee South* verlangt nicht nur einen Schuldenerlass, sondern betont die Illegitimität der Schulden und fordert als Wiedergutmachung für den Kolonialismus die Zahlung von Reparationen an den Süden.

Der von *Attac*[34] 1998 in Frankreich ins Leben gerufenen Kampagne zur Einführung einer Devisenumsatzsteuer nach der Idee des amerikanischen Nobelpreisträgers James Tobin geht es im Unterschied zu Erlassjahr.de nicht um eine Entlastung für die ärmsten Länder, „sondern um die Belastung der internationalen Top-Akteure der globalen Finanzwirtschaft" (Leggewie 2003: 129). Große Kapitalgesellschaften und Konzerne sollen stärker als bisher an der Finanzierung der öffentlichen Wohlfahrt und Infrastruktur beteiligt werden. Dabei geht es für Attac langfristig um die „demokratische Kontrolle und Regulierung der internationalen Märkte für Kapital, Güter und Dienstleistungen"[35]. Um die Öffentlichkeit über die Hintergründe und Folgen der „neoliberalen" Globalisierung aufzuklären, setzt das Netzwerk einerseits auf Medienkampagnen, andererseits auf Bildungsarbeit etwa durch Publikationen, Konferenzen und Kongresse. Auf dieser Grundlage bringt die Organisation erhebliche intellektuelle Ressourcen in den Globalisierungsprozess ein. Weltweit zählt Attac etwa 90.000 Mitglieder in über 50 Ländern. Ende 2004 waren es in Deutschland knapp 16.000. Dabei handelt es sich nicht nur um individuelle Mitglieder, sondern auch um Gewerkschaf-

---

33   Vgl. http://www.erlassjahr.de/content/wir/erlassjahr2000_plattform.php, Zugriff am 26.12.2004.
34   Attac bedeutet „Association pour la taxation des transactions pour l'aide aux citoyens".
35   Vgl. https://www.attac.de/material/selbst.php, Zugriff am 26.12.2004.

ten, Parteiorganisationen und Umweltverbände, die sich in der Öffentlichkeit für die Anliegen von Attac stark machen.
Während die Globalisierungskritik in Europa von großen Organisationen und Kampagnennetzwerken wie Attac oder Erlassjahr.de repräsentiert wird, die viel Unterstützung von den großen Kirchen und sozialen Verbänden erfahren, wird die nordamerikanische Szene durch ein Netz von regionalen Basisgruppen dominiert. Es „setzt auf rasche Erfolge in logistisch meist exzellent vorbereiteten Kampagnen und präsentiert sich mit ausgefeilten Public-Relations-Methoden in allen verfügbaren Medien" (Leggewie 2003: 115). Die Europäer sind in ihrem ideologischen Denken oft vom Antiimperialismus und Neomarxismus geprägt. Das nordamerikanische Milieu steht demgegenüber stärker in der Tradition der US-amerikanischen Bürgerrechtsbewegung. Dennoch bestehen enge Verbindungen nicht nur über den Atlantik hinweg, sondern auch von Süden nach Norden. Eine Schlüsselrolle spielt in diesem Zusammenhang das *World Social Forum* (WSF), das auf Initiative von brasilianischen NGOs, Attac und anderen Organisationen im Jahr 2001 im brasilianischen Porto Allegre als Gegenveranstaltung zum Weltwirtschaftsforum in Davos aus der Taufe gehoben wurde. Damals zählte der Kongress knapp 10.000 Teilnehmer. In den folgenden Jahren erhöhte sich die Zahl sukzessive auf 50.000 (2002), 100.000 (2003) und – im indischen Mumbai (2004) – schließlich auf 120.000 (*Bloomberg*, 20.01.2004). Als die Veranstaltung 2005 erneut in Porto Allegre stattfand, lag die Zahl erneut bei 120.000. Dieses Treffen zieht nicht nur die Aufmerksamkeit der Medien weltweit auf sich, es gilt auch als wichtigster Marktplatz für die Herstellung von Kontakten und den Austausch von Ideen innerhalb der linksliberalen globalisierungskritischen Bewegung.

4.5 Die Ökologiebewegung

Ähnlich wie die Frauenbewegung kann sich auch die Ökologiebewegung auf eine weit in die Geschichte zurückreichende Tradition berufen. Mit zunehmender Industrialisierung und Urbanisierung wuchs der nicht immer nur romantisch inspirierte Widerstand gegen die massiven Eingriffe in die natürliche Umwelt. An der Schwelle des 20. Jahrhunderts bildeten sich in den USA und Europa Naturschutzverbände, die auf die politische Durchsetzung von Umweltschutzmaßnahmen hinarbeiteten (Rucht 1994a: 235). Während diese Organisationen in den USA überwiegend pragmatisch ausgerichtet und wenig ideologisiert waren, pflegte der Naturschutz in Deutschland eine überwiegend antimodernistische und zivilisationskritische Ausrichtung. Das organisatorische Spektrum umfasste dabei gleichermaßen politisch konservative und progressive Gruppen. Die frühe

Ökologiebewegung konsolidierte sich zwar auf beiden Seiten des Atlantiks, ihr politischer Einfluss blieb aber bis in die 1960er-Jahre hinein gering.

4.5.1 Entstehungsbedingungen

Der entscheidende Impuls zur Entstehung der Ökologiebewegung ging wesentlich von den USA aus (Rucht 1994a: 235–239). Während in den 1950er-Jahren das gesellschaftliche Klima von Fortschrittsoptimismus und Wohlstandswachstum geprägt war, wurde die breite Öffentlichkeit Anfang der 1960er-Jahre durch eine Reihe von wissenschaftlichen Publikationen aufgerüttelt, die sich kritisch mit dem Zustand der Umwelt auseinandersetzten. Den entscheidenden Wendepunkt markierte 1962 das Buch *Silent Spring* von Rachel Carson, das die chemische Verseuchung von Böden und Gewässern zum Gegenstand hatte. Das Buch belegte 31 Wochen lang Platz 1 auf der Bestsellerliste der *New York Times*, wurde noch im gleichen Jahr auf Deutsch übersetzt und erschien im Folgejahr auf Französisch. In kurzer Zeit folgten weitere Publikationen, die die ökologische Bedrohung in ähnlicher Weise thematisierten. Das allgemeine Unbehagen über den Umgang mit der Natur breitete sich in dramatischer Geschwindigkeit über Nordamerika, Westeuropa und Japan hinweg aus und entwickelte sich in wenigen Jahren zu einer weltweiten Massenprotestbewegung. Die plötzliche Aufmerksamkeit für ökologische Probleme nährte sich vor allem aus drei Quellen (Rucht 1994a; Castells 2003; Rootes 2004):

1. Im Verlauf einer intensiv geführten Diskussion über die mögliche Gefahr einer radioaktiven Umweltverseuchung durch Atombombentests hatte sich die Sensibilität für ökologische Risiken in der Öffentlichkeit bereits in den 1950er-Jahren deutlich vergrößert (McCormick 1995: 60-65). Obwohl – angesichts des Kalten Krieges – die überwiegende Mehrheit der Bevölkerung in den USA und Westeuropa in den Tests keinen Anlass zur Beunruhigung sah, hinterließ die Diskussion über Teststopabkommen in der Öffentlichkeit deutliche Spuren.[36] Insbesondere die Friedensbewegung nutzte diesen Zusammenhang, um die Notwendigkeit der atomaren Abrüstung zu begründen:

---

36 Während beispielsweise 1955 nur 17 Prozent der US-Amerikaner korrekt definieren konnten, was unter „radioaktivem Niederschlag" zu verstehen ist, stieg der Anteil bis 1961 auf 57 Prozent (McCormick 1995: 63).

„(…) the debate over fallout unquestionably alerted public opinion for the first time to the idea that modern technology could cause unlimited environmental contamination; and that everyone could be affected; the global environment was seen as a whole for the first time" (McCormick 1995: 65).

2. Mit der zunehmenden Anwendung von riskanten Großtechnologien erhöhte sich die Zahl der Umweltkatastrophen in den 1950er- und 1960er-Jahren deutlich. Beispiele sind der Untergang des Öltankers Torrey Canyon vor den Küsten Englands und Frankreichs (1967), die Ölpest am Santa-Barbara-Kanal in den USA (1969), Zwischenfälle in Kernkraftwerken, die zunehmende Vergiftung von Luft, Gewässern und Böden in den USA, Europa und Japan etc.

3. Immer häufiger formierten sich regionale Gruppen und Bürgerinitiativen, die sich gegen den Bau von Straßen, Kanälen, Startbahnen, Staudämmen, die Trockenlegung von Sümpfen, die Ausweisung von neuen Bergbaugebieten oder den großflächigen Raubbau von Wäldern wendeten (Taylor 1995). Diese Gruppen bildeten größtenteils den organisatorischen Kern der wachsenden Ökologiebewegung.

4.5.2 Historische Entwicklung

Während sich die traditionelle Ökologiebewegung zumeist politisch neutral verhielt, den Naturschutz und die Bewahrung natürlicher Ressourcen in den Mittelpunkt stellte, thematisierte die neue Ökologiebewegung das Verhältnis zwischen Mensch und Umwelt im umfassenden Sinne und leitete daraus grundlegende politische, wirtschaftliche und soziale Forderungen ab. In den USA trat die neue Ökologiebewegung mit dem *Earth Day* 1970 erstmals öffentlich in Erscheinung. In 1.500 Colleges und 10.000 Schulen beteiligten sich schätzungsweise 20 Millionen Menschen an Umweltschutzaktionen, Seminaren und Demonstrationen. In New York wurde die Fifth Avenue zwei Stunden für den Autoverkehr gesperrt und mehr als 100.000 Fußgänger füllten die Straße. Für das *Time Magazine* war die Umwelt das Thema des Jahres 1970 und *Life* sah in der Ökologiebewegung eine im kommenden Jahrzehnt dominierende gesellschaftliche Kraft (McCormick 1995). Die Basis dieser Massenbewegung bildeten einerseits lokale Umweltgruppen und -initiativen, die sich einer verbandsförmigen Organisierung bewusst widersetzten, andererseits einige große Naturschutzverbände, die sich in moderne und kämpferische Organisationen verwandelt hatten. Diese Doppelstruktur ist bis auf weiteres erhalten geblieben (Rucht 1994a: 241).

In den 1970er-Jahren gelang es der Ökologiebewegung, zahlreiche Reformen auf den Weg zu bringen. Während die nationalen Umweltverbände eine politisch pragmatische Strategie verfolgten, setzte nur eine kleine Minderheit aus zumeist lokalen Gruppen auf Konfrontation. Hauptgegner war dabei weniger der Staat als die Wirtschaft. Von zentraler Bedeutung war außerdem der Konflikt über die Atomkraft. Die Regierungsübernahme durch Präsident Reagan 1980 markierte jedoch einen umweltpolitischen Wendepunkt, der das Erreichte wieder in Frage stellte. Dies führte – ähnlich wie in der US-Frauenbewegung – zu einer Stärkung der Bewegung. Viele Organisationen verzeichneten ein Mitgliederwachstum und intensivierten ihre Zusammenarbeit. Dabei wählten sie einen vorsichtigeren politischen Ansatz und reduzierten ihre Reformagenda auf einige wesentliche Forderungen. Ihre Professionalität erwies sich dabei einerseits als effizient, andererseits verlor die Bewegung den Hauch des Unkonventionellen.

Anfang der 1990er-Jahre wuchs die Kritik an der Lobbypolitik der großen Umweltverbände in Washington. Vor allem unter den lokalen Umweltgruppen breitete sich mit großer Geschwindigkeit das Konzept der „Umweltgerechtigkeit" (*environmental justice*) aus, demzufolge das ökologische Anliegen untrennbar mit den Themen Demokratie, Bürgerrechte und soziale Gerechtigkeit verbunden ist (Edwards 1995; Taylor 2000). Im Zentrum dieses neuen „Paradigmas" steht die Einsicht, dass weder die Kosten von Umweltverschmutzung, noch die Gewinne von Umweltschutz in der Gesellschaft gerecht verteilt und daher nicht unabhängig von Fragen der sozialen Ungleichheit und politischen Macht behandelt werden können: „Questions of who pays and who benefits from contemporary policies of economic growth, industrial development and environmental protection are at the heart of the environmental justice agenda" (Edwards 1995: 37). Dadurch eröffnen sich einerseits Anknüpfungsmöglichkeiten zur Frauen-, Bürgerrechts-, Gewerkschafts- und globalisierungskritischen Bewegung, andererseits erfährt die US-amerikanische Ökologiebewegung eine zunehmende Ideologisierung, womit die Konfrontationsbereitschaft gegenüber dem Staat steigt.

Die Ökologiebewegung in Deutschland schlug demgegenüber eine andere Entwicklung ein. Der Naturschutz spielte in der öffentlichen Diskussion in der Nachkriegszeit kaum eine Rolle; Umweltverschmutzung wurde allenfalls als lokales Problem wahrgenommen. Die in den USA mit großer Intensität geführte Umweltdebatte griff in den 1960er-Jahren jedoch zunehmend auch auf Deutschland über. Die Medien schenkten dem Thema zunehmend Aufmerksamkeit; ähnlich wie in den USA verschob sich der Umweltschutzfokus dabei von Bewahrung ursprünglicher Naturlandschaften auf die Lebensqualität in der Industriegesellschaft. Der Wendepunkt in der Umweltpolitik wurde dabei weniger von unten eingeleitet als von oben, nämlich durch ambitionierte Umweltschutzprogramme der sozialliberalen Regierung zwischen 1969 und 1971 (Rucht 1994a). Im Rahmen der allgemeinen Reform- und Aufbruchstimmung bildete sich „langsam auch im Umweltbereich ein (zunächst eher von den bürgerlichen Mittelschichten getragenes) Netz städtischer und ländlicher Bürgerinitiativen heraus, die sich zumeist für eine Verbesserung der Lebensbedingungen im näheren Wohnumfeld einsetzten" (Brand 1999: 243). Diese schlossen sich 1972 zum Bundesverband Bürgerinitiativen Umweltschutz (BBU) zusammen, der in den folgenden Jahren innerhalb der Ökologiebewegung von maßgeblicher Bedeutung war.

Während der Wirtschaftskrise in den 1970er-Jahren veränderte die Bundesregierung ihre Prioritäten, setzte verstärkt auf wirtschaftliche Modernisierung und beschleunigte den Ausbau der Kernenergie. Umweltschutz spielte, zumindest in der Wahrnehmung der Ökologiebewegung, kaum noch eine Rolle. Im Gegensatz dazu stieg in der Bevölkerung die Sensibilität für Umweltprobleme und – etwa unter dem Einfluss des Berichts des *Club of Rome* – der Zukunftspessimismus. Ökonomie und Ökologie wurden zunehmend als widersprüchlich erfahren, was der politischen Polarisierung und Ideologisierung von ökologischen Themen Vorschub leistete. Ihren Brennpunkt findet diese Auseinandersetzung seit Mitte der 1970er-Jahre vor allem in Konflikten über den Ausbau der Atomenergie (Rucht 1994a: 405-473; Kriesi u.a. 1995).

Das Jahr 1980 war durch zwei bedeutende Ereignisse bestimmt: Erstens die Gründung der Grünen und zweitens die Eröffnung einer deutschen Niederlassung der 1971 in den USA gegründeten Umweltschutzorganisation *Greenpeace*. In dieser Phase wurde die ökologische Thematik immer stärker institutionalisiert (Brand 1999: 244-245). Die Zahl gesetzlicher Regelungen zum Umweltschutz stieg signifikant an. Die lokal verwurzelten Umweltgruppen verloren gegenüber großen Umweltorganisationen wie dem Bund für Umwelt und Naturschutz (BUND), Naturschutzbund Deutschland (NABU), *World Wide Fund for Nature* (WWF) oder *Greenpeace* an Bedeutung. Die öffentliche Debatte war zunächst stark von der Diskussion über das Waldsterben und den sauren Regen bestimmt. Der Reaktorunfall von Tschernobyl 1986 gab schließlich den Anlass für die Einrichtung eines Bundesumweltministeriums. Nach den Grünen distanzierte sich nun auch die SPD von der Kernenergie und verlangte einen ökologischen Umbau der Gesellschaft. Das Umweltbewusstsein durchdrang beinahe alle gesellschaftlichen Bereiche; auch die Industrie bemühte sich zunehmend um ein „grünes" Image.

Nach der Wiedervereinigung wurde die ökologische Thematik zunehmend durch die wachsende Arbeitslosigkeit überlagert. Für den wirtschaftlichen Aufbau in den neuen Bundesländern wurden die Einspruchsrechte der Bürger zur Beschleunigung von Planungsverfahren eingeschränkt. Auch in den alten Bundesländern wurden ökologische Gesichtspunkten zugunsten der Ökonomie in den Hintergrund gedrängt. Das Rad der ökologischen Modernisierung wurde aber nicht grundlegend zurückgedreht. Vielmehr verlagerte die Umweltdiskussion ihren Schwerpunkt von den Verschmutzungsproblemen auf „die Grenzen der Belastbarkeit natürlicher Systeme durch Produkte und Nebenprodukte (z.B. CO_2), durch materielle Stoffströme und Abfälle" (Brand 1999: 246). Unter dem Schlagwort „Nachhaltige Entwicklung" rückte nun – ähnlich wie in den USA die Umweltgerechtigkeit – die Verbindung zwischen ökologischen, ökonomischen und sozialen Entwicklungsaspekten in den Vordergrund. Im Mittelpunkt steht die Frage, inwiefern das westliche Industriemodell auf andere Teile der Welt überhaupt übertragen werden kann und welche Aspekte sich ändern müssen. Beim Regierungsantritt der rot-grünen Koalition (1998) standen der Ausstieg aus der Atomkraft, die Einführung der ökologischen Steuerreform und der weltweite Klimaschutz auf der umweltpolitischen Agenda ganz oben.

Die Ökologiebewegung bestimmt heute nicht nur die umweltpolitische Agenda in Nordamerika, Westeuropa und Japan, sondern spielt auch in vielen Schwellen- und Entwicklungsländern eine wichtige Rolle. Die Themen reichen dabei von der Landminenräumung, über den Raubbau an Ressourcen bis hin zum Widerstand gegen großtechnische Projekte wie Atomkraftwerke oder Staudämme. Dabei ist das Konzept der Umweltgerechtigkeit in den 1990er-Jahren zu einer festen Klammer geworden, die eine breite Palette unterschiedlicher ökonomischer, politischer und ökologischer Interessen zusammenhält (Taylor 1995). Auf dieser Grundlage findet zwischen der Ökologie- und der linksliberalen globalisierungskritischen Bewegung (vgl. Kap. 4.4.3) ein intensiver Austausch statt. Vieles spricht dafür, dass die globale Ökologiebewegung damit in ein neues Entwicklungsstadium eingetreten ist.

4.5.3 Typen „grünen" Handelns

Davon ausgehend lassen sich nach Castells (2003: 121-146) idealtypisch fünf Strömungen unterscheiden, in denen unterschiedliche kollektive Identitäten der Ökologiebewegung zum Ausdruck kommen. An erster Stelle steht der *traditionelle Naturschutz*, der die Bewahrung der Natur in den Mittelpunkt stellt und als Vorläufer der modernen Ökologiebewegung gilt. In den 1980er-Jahren öffneten und modernisierten sich zahlreiche US-amerikanische und deutsche Naturschutzverbände, womit sich die Grenze zwischen Naturschutz- und Ökologiebewegung zunehmend verflüssigte (Rucht 1994a: 246). Der traditionelle Naturschutz zeichnet sich jedoch durch einen geringen Grad an Ideologisierung aus. Im Vordergrund steht das subjektive Erleben der Natur, die durch die zunehmende Industrialisierung und Urbanisierung bedroht ist. Das Ziel besteht darin, der Gesellschaft Territorien abzuringen, in denen sich die Natur möglichst unberührt vom Menschen entwickeln kann.

An zweiter Stelle stehen *lokale Umweltgruppen* und *Bürgerinitiativen*, in denen sich zumeist Betroffene zusammenfinden, die ihren Lebensraum gegen Umweltverschmutzung, bauliche oder technische Eingriffe verteidigen möchten. In den USA werden diese Gruppen oft unter dem Begriff *Not in my Backyard* (NIMBY) zusammengefasst. Zumeist handelt es sich um Anwohner, die sich gegen geplante Straßen, Staudämme, Atomkraftwerke, Flugplätze etc. wehren beziehungsweise auf Lärm, Schadstoffemissionen oder drohende Störungen im lokalen ökologischen Gleichgewicht hinweisen. Ihr Ziel besteht in der Erhaltung oder Verwirklichung einer möglichst hohen Lebensqualität. In der Vergangenheit kam es dabei immer wieder zu heftigen Konflikten mit staatlichen Behörden. Bekannte Beispiele aus Deutschland sind die Startbahn West bei Frankfurt, die atomare Wiederaufbereitungsanlage in Wackersdorf oder das Zwischenlager in Gorleben.

Davon unterscheiden sich an dritter Stelle *internationale Organisationen*, die sich vor allem mit globalen Umweltproblemen beschäftigen: Klimawandel, Abholzung von Wäldern, Vergiftung der Luft, Raubbau der Meere, Gentechnologie etc. *Greenpeace* verkörpert dieses Segment der Ökologiebewegung in prototypischer Weise. Die Organisation wurde 1971 im kanadischen Vancouver gegründet, hat sich über 41 Länder ausgebreitet und zählt heute schätzungsweise 2,8 Millionen Mitglieder, davon 543.000 allein in Deutschland. Bekannt geworden ist Greenpeace vor allem durch seine spektakulären Kampagnen.[37] Ähnlich wie internationale Konzerne bildet Greenpeace eine Mischung aus hochgradig zentralisierter Organisation und dezentralem globalem Netzwerk (Castells 1997: 115-116). Pragmatismus ist das Markenzeichen der Organisation. Dabei ist Greenpeace in der Vergangenheit auch nicht davor zurückgeschreckt, selbst ökonomisch aktiv zu werden, wenn es geboten schien. Beispiele sind die Vermarktung von ozonfreien Kühlschränken oder „grünem" Strom. Aufgrund seiner Größe und Bekanntheit hat Greenpeace vermutlich mehr als jede andere Organisation das öffentliche Image der Ökologiebewegung geprägt.

An vierter Stelle steht die *politische Ökologie*, die vor allem in Deutschland einen großen Einfluss ausübt. Die Grünen wurden 1980 gegründet. Vorläufer waren so genannte „bunte" oder „alternative" Listen, die sich bereits 1978 formiert hatten. Ihr ausgesprochener Gegner waren die etablierten Parteien, die aus Sicht der Aktivisten dem Thema Ökologie nicht genug Aufmerksamkeit entgegenbrachten. 1983 gelang den Grünen der Einzug in den Bundestag: In den

---

37 Unter http://www.greenpeace.org/international_en/victory/ findet sich ein aktueller Überblick im Internet (Zugriff am 28.11.2004).

Kommunen, auf Kreis-, Landes- und Bundesebene gelang es ihnen in den folgenden Jahren, sich dauerhaft als bedeutende politische Kraft zu etablieren. Ihre Wählerschaft war überwiegend jung, gebildet und politisch progressiv (Rucht 1994a). Auf ihrer Agenda standen nicht nur der Umweltschutz, sondern auch Pazifismus, Feminismus, Minderheitenschutz, politische Partizipation etc. Von Beginn an war die Partei stark von Auseinandersetzungen zwischen „Realos" und „Fundis" geprägt, wobei Letztere zunehmend an den Rand gedrängt wurden. Heute zählen die Grünen etwa 45.000 Mitglieder. Ihre starke Stellung innerhalb der deutschen Ökologiebewegung resultiert nicht allein aus ihrem politischen Einfluss, sondern auch aus ihrer relativ guten finanziellen Ausstattung, die sie in das Netzwerk der Bewegung einbringen. So wurden beispielsweise drei parteinahe Stiftungen gegründet, deren Mittel der Umweltbewegung zugute kommen.

Der Mainstream der Ökologiebewegung konzeptualisiert das Verhältnis zwischen Natur und Gesellschaft anthropozentrisch. Das heißt, Nachhaltigkeit und Umweltschutz sollen letztlich dem Wohl des Menschen dienen. Demgegenüber halten sich am Rand der Bewegung ökozentrische Vorstellungen, die – teils philosophisch, teils religiös inspiriert – jeder Unterscheidung zwischen Natur und Mensch eine radikale Absage erteilen (Humphrey 2000). Der *Ökozentrismus* – als fünfte Ausprägung ökologischer Identität – vertritt die Position, dass die Bewahrung und der Schutz der Natur einen intrinsischen Wert darstellen, vollkommen unabhängig von menschlichen Interessen. Soweit der Mensch als untrennbarer Teil der Natur begriffen wird, legitimieren die Anhänger dieses Denkens ihre zum Teil radikalen Aktionen damit, dass Umweltschutz in der heutigen Zeit Selbstverteidigung ist. Der Ökozentrismus hat sich vor allem in den USA ausgebreitet. Zu den bekanntesten Vertretern gehören Organisationen wie *Earth First!* oder *Sea Shepherds*. Konsequent zu Ende gedacht läuft das Ziel der ökozentrischen Bewegung auf die Errichtung eines weltweiten „Ökotopias" hinaus, das als perfekte Harmonie zwischen Mensch und Natur gedacht wird. Der Weg dorthin verläuft über eine kulturelle Revolution, mit der Industrialismus, Technokratie und Patriarchalismus überwunden werden sollen (Castells 1997: 116-118).

5 Mechanismen der Mobilisierung

Wie im Vorangehenden deutlich geworden ist, setzen Protestbewegungen an Konflikten an, die mit fortschreitender Modernisierung immer wieder neu aufbrechen. Dabei erweisen sie sich zugleich „als Produkt und als Produzenten" (Raschke 1988: 10) der Moderne: Einerseits thematisieren sie Probleme, die durch die Modernisierung aufgeworfen werden, andererseits beteiligen sie sich an der Suche nach Lösungen und ermöglichen dadurch gesellschaftliche Lernprozesse (vgl. Kap. 6). Angesichts der großen Zahl an Konflikten[38], die in der Gesellschaft jeden Tag neu aufbrechen und mehr oder weniger folgenlos bleiben, gibt die Entstehung von Protestbewegungen jedoch weiterhin Rätsel auf. Warum protestierten die Menschen 2003 zu Hunderttausenden gegen den US-Krieg im Irak, während der Krieg Russlands in Tschetschenien kaum Menschen auf die Straße zu bringen vermag? Warum demonstrieren in Frankreich Millionen Menschen gegen den Abbau des Kündigungsschutzes, während die Deutschen bei diesem Thema fast gleichgültig reagieren? Differenzen dieser Art werden in den Medien oft mit „Mentalitätsunterschieden" erklärt. Wie sich im Verlauf dieses Kapitels jedoch zeigen wird, reicht diese Erklärung bei weitem nicht aus. Erfolgreiche Mobilisierungsprozesse sind nur möglich, wenn spezifische Bedingungen erfüllt sind. Dafür muss eine ganze Reihe von Faktoren zusammenkommen, die sich dem Einfluss einzelner Akteure in der Regel entziehen.

Eingangs wurden soziale Bewegungen in einer ersten Annäherung als mobilisierte Netzwerke von Gruppen und Organisationen konzeptualisiert, die über eine gewisse Dauer hinweg versuchen, „sozialen Wandel durch Protest herbeizuführen, zu verhindern oder rückgängig zu machen" (Rucht 1994a: 22; siehe auch: Neidhardt und Rucht 1993: 307) (vgl. Kap. 1.2). Dieser Definition zufolge sind Protestbewegungen ein konflikthafter Prozess, an dem zumeist viele Akteure mit oft sehr verschiedenen Interessen und Zielen beteiligt sind und dessen Ausgang unterschiedliche Formen annehmen kann: Protestwellen, Revolutionen, Streikwellen, Untergrundbewegungen, Terrorgruppen etc. Damit knüpft die vorliegende Studie an eine Diskussion an, die seit einiger Zeit innerhalb der Protestfor-

---

38 „Von Konflikten wollen wir immer dann sprechen, wenn einer Kommunikation widersprochen wird" (Luhmann 1984: 530).

schung geführt wird. Unter dem Stichwort „Streitpolitik" (*contentious politics*) wird dabei versucht, die Unterschiede, Gemeinsamkeiten und Übergänge zwischen sozialen Bewegungen und anderen Ausdrucksformen von sozialem Protest herauszuarbeiten (McAdam u.a. 2001) (vgl. Kap. 1.1).

Vor dem Hintergrund dieses Spektrums möglicher Äußerungsformen sozialer Proteste konzentriert sich das folgende Kapitel auf jene Mechanismen[39], die zur Entstehung mobilisierter Netzwerke führen. Die Überlegungen stützen sich dabei teilweise auf unterschiedliche Ansätze, die in der Protestforschung seit Jahren eine prominente Rolle spielen. Der Schwerpunkt liegt dabei jedoch nicht auf der abgeschlossenen Darstellung einzelner Theorien[40]; vielmehr soll dem Leser ein zusammenhängendes Bild darüber vermittelt werden, wie unterschiedliche Aspekte der Mobilisierung ineinandergreifen.

5.1 Koalitionsbildung

Dem Alltagsverständnis zufolge besteht der Kern kollektiven Handelns darin, dass Menschen sich zusammentun, wenn sie ein gemeinsames Interesse haben. Bis in die 1960er-Jahre hinein orientierten sich auch die Sozialwissenschaften weitgehend an dieser Vorstellung. Die Aufmerksamkeit richtete sich vor allem auf Gruppen und soziale Klassen: Man erwartete „dass Gruppen, deren Mitglieder gemeinsame Interessen haben, sich ungefähr so um diese gemeinsamen Interessen bemühen, wie man das oft von den Einzelnen hinsichtlich ihrer persönlichen Interessen wahrnimmt" (Olson 1976: 105). Das heißt, die Individuen beteiligen sich an der Verwirklichung dieser Ziele, weil alle besser dran sind, wenn das gemeinsame Gut zustande kommt. Das heißt, individuelle und kollektive Rationalität kommen zu vollständiger Übereinstimmung. Altruismus spielt dabei keine Rolle. Ein solches Verhalten wurde sogar eher als kontraproduktiv für die Verwirklichung gemeinsamer Interessen empfunden, weil soziale Gruppen ihr Ziel kaum erreichen können, wenn sie das persönliche Wohlergehen ihrer Mitglieder aus den Augen verlieren.

Wie Olson (1968) in seiner Studie über die „Logik kollektiven Handelns" gezeigt hat, erweist sich diese Annahme jedoch als falsch, sobald es um die Produktion von so genannten *Kollektivgütern* geht. Bei Kollektivgütern handelt es sich erstens um Güter, deren Konsum nicht teilbar ist. Das heißt, Individuen

---

39 Der Begriff „Mechanismus" bezieht sich auf wiederkehrende Prozesse, die bestimmte ursächliche Bedingungen und Wirkungen miteinander verbinden (Mayntz 2004: 241).
40 Einen ausgezeichneten Überblick bietet der Sammelband von Hellmann und Koopmans (1998).

können um ihre Nutzung nicht konkurrieren oder rivalisieren. Zweitens lässt sich ihre Nutzung nicht auf einzelne begrenzen, sondern kommt allen Mitgliedern eines Kollektivs zugute (Willke 1996a: 225). Typische Beispiele sind saubere Luft und sauberes Wasser, militärische Sicherheit, Rechtssicherheit etc. Olson zufolge ist es für die Individuen nicht rational, einen Beitrag zur Erzeugung von Kollektivgütern zu leisten, solange sie von der Teilhabe nicht ausgeschlossen werden können. Die Mitglieder einer großen Interessengruppe werden folglich keinen Beitrag zur Produktion kollektiver Güter leisten, solange sie die Maximierung ihrer persönlichen Wohlfahrt vor Augen haben. Mit anderen Worten, in der Struktur kollektiver Güter ist die Motivation zum „Trittbrettfahren" bereits angelegt. Infolgedessen darf nicht die Verweigerung, sondern muss die Beteiligung an der Produktion von Kollektivgütern als erklärungsbedürftig angesehen werden.

Gerade Protestbewegungen sind von dieser Problematik in hohem Maße betroffen. Umweltschutz, Friede, soziale Sicherheit, Demokratie, Gleichberechtigung, Menschenrechte etc. sind Kollektivgüter, von deren Durchsetzung alle Gesellschaftsmitglieder profitieren, auch wenn sie sich nicht dafür engagiert haben. In der Folge leiden Protestbewegungen fortwährend unter Ressourcenknappheit. Als Ausweg aus diesem Dilemma bringt Olson jedoch so genannte *selektive Anreize* ins Spiel: „Damit sind Nutzen und Kosten gemeint, die dann auftreten, wenn man sich engagiert oder nicht engagiert" (Opp 1998: 92). Das heißt, das Engagement für die Produktion eines Kollektivguts muss mit zusätzlichen Motiven verknüpft werden, damit potenzielle Interessenten sich beteiligen. Als mögliche selektive Anreize für kollektives Handeln wird in aller Regel auf sozialen Status, Gemeinschaft, Identitätsstiftung, religiöse Erlösungshoffnungen, psychisches Wohlbefinden etc. verwiesen.

Davon ausgehend lässt sich die Entstehung von Protestbewegungen als Koalitionsbildungsprozess interpretieren (Sofsky und Paris 1994; Schimank 2000b: 308-309): Akteure schließen sich zusammen, um ein gemeinsames Ziel zu realisieren. In den Sozialwissenschaften gibt es bisher keinen Konsens darüber, für welche sozialen Phänomene der Begriff Koalition reserviert sein sollte. Enger gefasste Konzepte beziehen sich auf freiwillige, relativ dauerhafte Verhandlungsarrangements von Akteuren, „die getrennte, aber im Großen und Ganzen miteinander vereinbare Ziele verfolgen, und die separate Handlungsressourcen im Rahmen koordinierter Strategien einsetzen" (Scharpf 2000: 102). Kollektive Handlungsgrundlage ist eine bindende Vereinbarung zwischen den Akteuren mit dem Ziel der Einflusssteigerung. Der unbestreitbare Vorteil dieses Definitionsansatzes besteht darin, dass sich Koalitionen von anderen kollektiven Akteuren wie Bewegungen, Organisationen oder Gruppen eindeutig abgrenzen lassen. In dieser Form wäre der Begriff für Anwendungen wie beispielsweise in der Protest-

und Demokratisierungsforschung allerdings nicht geeignet, weil – wie Scharpf (2000: 103) zurecht hervorhebt – die Mitgliedschaft in Protestbewegungen normalerweise so groß und verstreut ist, dass an eine Koordination durch Verhandlungen nicht zu denken ist.

Dieser Einwand übersieht jedoch erstens, dass moderne Protestbewegungen keineswegs aus „atomisierten" Individuen bestehen, sondern meist aus einem Netzwerk von Individuen, Gruppen und Organisationen, die untereinander, zumindest teilweise, durchaus kollektiv verhandlungsfähig sind und sich auf gemeinsame Ziele einigen können. Zweitens, insofern das Ziel von bindenden Vereinbarungen darin besteht, Erwartungssicherheit zu schaffen (Schimank 2000b: 289), kann die *Selbstbindung* der Mitglieder in Protestbewegungen an kollektive Ziele als adäquater Ersatz angesehen werden. Ähnlich wie bei Verhandlungen erfolgt die Selbstbindung im Rahmen von sozialen Bewegungen keineswegs einseitig, sondern meist – implizit oder explizit – im Rahmen von so genannten „privaten Ritualen" (Giesen 1999: 82-88) vor dem Freundeskreis oder einer Gruppe. Dabei gilt: „Je kleiner der Kreis derer, die der Selbstverpflichtung beiwohnen und je persönlicher die Beziehungen zu ihnen, desto stärker ist das davon ausgehende commitment" (Ahlemeyer 1995: 148-149).

Obschon die Unterschiede zwischen einem eng gefassten Koalitionsbegriff auf der einen und sozialen Bewegungen auf der anderen Seite hinsichtlich Mitgliederzahl, Dauerhaftigkeit und Verbindlichkeit von Vereinbarungen nicht kleingeredet werden sollen, spricht vieles dafür, dass die Übergänge zwischen beiden Phänomenen fließend sind. Unter diesen Prämissen ist der Koalitionsbegriff auch auf Fragestellungen der Protest- und Demokratisierungsforschung anwendbar. Insofern Koalitionen prinzipiell als labil angesehen werden, richtet sich die Aufmerksamkeit dabei hauptsächlich auf die *Mechanismen*, durch die (Protest-)Koalitionen hervorgebracht und dauerhaft reproduziert werden. Vor diesem Hintergrund werden verschiedene Ausprägungen von Koalitionen im Folgenden nach der Konstellation der Akteure im sozialen Raum (vgl. Kap. 5.1.1), ihrem Organisationsgrad (vgl. Kap. 5.1.2) und ihrem Grad an soziokulturellen Gemeinsamkeiten (vgl. Kap. 5.1.3) untersucht.

5.1.1 Akteurkonstellationen

Kollektives Handeln setzt das Zustandekommen einer so genannten „kritischen Masse" (Oliver u.a. 1985) voraus. Dieser Begriff bezieht sich auf eigendynamische soziale Prozesse, bei denen ein Mindestmaß von Handlungen oder Teilnehmern zusammentreffen muss, bevor eine kollektive Handlung möglich ist. Typische Beispiele sind Demonstrationen, Rebellionen oder die Ausbreitung von

Moden. Voraussetzung für eine kritische Masse ist eine Gruppe von Akteuren, die durch ihr Verhalten einen signifikanten Beitrag für das Zustandekommen dieser Phänomene leistet, während die Mehrheit nichts oder nur wenig unternimmt (Oliver u.a. 1985: 524). Mit anderen Worten, die individuelle Beteiligung an einer kollektiven Handlung ist davon abhängig, welchen Beitrag andere bereits erbracht haben. Der Faktor Zeit spielt somit eine entscheide Rolle. Je mehr Ressourcen den engagierten Beteiligten dabei zur Verfügung stehen, desto rascher kann die kritische Masse erreicht werden (Oliver u.a. 1985: 528-529).[41] Soweit die strukturelle Konstellation der Akteure die Verteilung von Interessen und Ressourcen im sozialen Raum abbildet, ist sie für die Bildung einer kritischen Masse von maßgeblicher Bedeutung (Granovetter 1978: 1428-1433). Dabei lassen sich im Wesentlichen vier Wirkungsfaktoren unterscheiden: 1. der Verlauf der Produktionsfunktion, 2. die Heterogenität der Population, 3. die Form des Netzwerks und 4. die Gruppengröße.

Verlauf der Produktionsfunktion: Je nachdem wie sich der Nutzen des Einzelnen im Verlauf der Mobilisierung verändert, sind die Chancen für das Zustandekommen einer kollektiven Handlung unterschiedlich (Schimank 2000b: 235-237; Oliver u.a. 1985). Wenn der Nutzen jedes einzelnen Mitglieds mit der Zahl der Beteiligten zunimmt, hat die Produktionsfunktion einen zunehmenden Grenznutzen. Je mehr Menschen sich anschließen, desto größer ist der Gewinn aller. Ein Beispiel wäre der Bau etwa eines neuen Gemeindezentrums. Zu Beginn sind die erforderlichen Anschaffungen hoch. Bis die Einrichtung eröffnet werden kann, müssen unzählige Beiträge geleistet werden. Dabei gilt jedoch, dass mit jedem Beitrag die Wahrscheinlichkeit dafür steigt, dass das Unternehmen gelingt. Infolgedessen lohnt sich die Beteiligung umso mehr, wenn bereits eine große Spendensumme zustande gekommen ist. Ein anderes Beispiel stammt aus dem Repertoire der Kriegspolitik: Je später eine Partei in einen laufenden Krieg eintritt, desto erschöpfter sind die bereits involvierten Staaten und desto geringer fallen die erwarteten Kosten für den neuen Teilnehmer aus. Unter dieser Maxime griff etwa die Sowjetunion erst kurz vor dem Ende in den Pazifikkrieg ein und sicherte sich auf diese Weise nicht nur ihren Einfluss in Nordkorea, sondern annektierte auch mit relativ geringem Aufwand einige japanische Inseln.

Es sind aber auch andere Verläufe der Produktionsfunktion denkbar: Etwa nach der Gründung des karitativen religiösen Ordens der „Missionarinnen der Nächstenliebe" wurde der Gründerin Mutter Theresa eine enorme öffentliche

---

41 Das Zustandekommen der „kritischen Masse" hängt von der Produktionsfunktion des kollektiven Gutes und der Verteilung der Interessen und Ressourcen innerhalb der betroffenen Population ab (Oliver u.a. 1985). Je nach Ausprägung dieser Variablen sind unterschiedliche Ergebnisse möglich.

Beachtung zuteil. Sie wurde auch relativ schnell heilig gesprochen. Aber selbst der engste Kreis ihrer frühen Mitstreiterinnen ist heute nur „Insidern" bekannt, und der einzelnen Ordensschwester, die ihren Dienst verrichtet, wird in der Regel kaum Aufmerksamkeit geschenkt. Unter dem Gesichtspunkt der massenmedialen Anerkennung hat die Produktionsfunktion daher einen abnehmenden Mobilisierungsnutzen.

In vielen Fällen entspricht der Verlauf der Produktionsfunktion jedoch einer S-Kurve, das heißt, der Mobilisierungsnutzen steigt zunächst an und fällt dann wieder ab. Beispielsweise bei der Gründung einer Umweltschutzorganisation steigt ihre politische Durchsetzungsfähigkeit mit jedem weiteren Mitglied zunächst immer weiter an. Dies geht aber nicht immer so weiter. Irgendwann ist der Punkt erreicht, an dem die Organisationen sich so souverän durchsetzen kann, dass der zusätzliche Nutzen bei weitergehender Mobilisierung wieder abnimmt.

Heterogenität der Population: In aller Regel ist das Interesse an einer bestimmten kollektiven Handlung innerhalb einer Population ungleich verteilt: Obwohl vermutlich alle Menschen ein Interesse an sauberer Luft haben, sind beispielsweise Asthmatiker von Verschmutzungen besonders stark betroffen. Die Akteure unterscheiden sich aber nicht nur in ihrem Interesse, sondern auch in den ihnen zur Verfügung stehenden Ressourcen. So können manche mehr Zeit und Geld zu einer Umweltkampagne beisteuern als andere. Es ist anzunehmen, dass diejenigen, die an einer bestimmten kollektiven Handlung stärker interessiert sind, eine größere Bereitschaft zum Engagement zeigen als andere. Olson (1968) spricht in diesem Zusammenhang von einer Ausbeutung der „Großen" durch die „Kleinen". Wenn die am meisten Interessierten aber kaum über Ressourcen verfügen, wird keine kritische Masse zustande kommen, selbst wenn das durchschnittliche Interesse im Kollektiv relativ groß ist (Oliver u.a. 1985: 529).

Die Verteilung von Interessen und Ressourcen ist daher von ausschlaggebender Bedeutung. Für relativ homogene Populationen gilt, dass im Prinzip jedes Mitglied austauschbar ist, weshalb die Entstehung einer kritischen Masse im Wesentlichen davon abhängt, *wie viele* sich engagieren. In heterogenen Gruppen ist hingegen ausschlaggebend *wer* sich engagiert, da einige Mitglieder zu größeren Beiträgen in der Lage sind als andere (Oliver u.a. 1988: 508). In heterogenen Kollektiven ist erfolgreiches kollektives Handeln folglich auch dann möglich, wenn die verfügbaren Interessen und Ressourcen im Durchschnitt relativ gering sind. In homogenen Gruppen ist unter solchen Umständen nicht mit der Bildung einer kritischen Masse zu rechnen. Sind umgekehrt die für kollektives Handeln verfügbaren Interessen und Ressourcen im Durchschnitt relativ hoch, ist eher in homogenen Kollektiven mit einem Erfolg zu rechnen, da mit zunehmender Heterogenität die Zahl derjenigen, die keinen Beitrag leisten können oder wollen immer größer wird.

Netzwerkstruktur: Die strukturelle Konstellation der Akteure beschränkt sich aber nicht alleine auf die Verteilung von Interessen und Ressourcen. Diejenigen, die zu einer kollektiven Handlung einen Beitrag leisten wollen und können, müssen auch die Möglichkeit haben, miteinander in Kontakt zu treten. Die Bildung einer kritischen Masse ist folglich entscheidend von der kommunikativen Vernetzung der Akteure abhängig, die dadurch definiert ist, welche Stationen eine Nachricht durchlaufen muss und wie die „Informationsmacht" (Sofsky und Paris 1994: 277-281) verteilt ist. In einer „Linie" können die äußeren Positionen einander beispielsweise nur über die Zwischenpositionen erreichen. Eine „Gabel" verzweigt sich an einem Knotenpunkt in zwei „Linien," ein „Stern" in mehrere „Linien". Beide haben gemeinsam, dass die äußeren Positionen in den „Linien" nur über die Position am Knotenpunkt miteinander in Kontakt treten können. In einem „Kreis" hat jeder zwei Nachbarn, während in einem „Netz" jeder mit jedem verbunden ist. Je nach Form der Konstellation fallen die *Organisationskosten* unterschiedlich aus. Ergebnisse der Netzwerkforschung legen den Schluss nahe, dass zentralisierte Netzwerke („Sterne" oder „Gabeln"), in denen die Akteure über möglichst heterogene Ressourcen verfügen, für erfolgreiches kollektives Handeln besonders vorteilhaft sind (Oliver u.a. 1988). In solchen Konstellationen sind die Knotenpunkte, in denen die verschiedenen „Linien" zusammenlaufen von strategischer Bedeutung. Ihre Inhaber befinden sich in einer einflussreichen Position.

Gruppengröße: Ein vierter Faktor bei der Bildung einer kritischen Masse ist die Zahl der betroffenen Akteure. Olson ging in seiner Studie über die Logik kollektiven Handelns noch davon aus, dass eine kollektive Handlung mit zunehmender Gruppengröße immer unwahrscheinlicher wird: „Wenn die Mitglieder einer großen Gruppe rational danach streben, ihre persönliche Wohlfahrt zu maximieren, werden sie nicht so handeln, dass ihre gemeinsamen Gruppenziele erreicht werden" (Olson 1976: 106). Wie nachfolgende Untersuchungen jedoch gezeigt haben, gilt diese Annahme nur, wenn mit der Gruppengröße auch die Kosten eines kollektiven Gutes steigen (Oliver und Marwell 1988). Ein Beispiel wäre die Einrichtung einer öffentlichen Krankenversicherung für die Absicherung der wichtigsten Krankheitsrisiken. Je mehr Mitglieder in die Versicherung eintreten, desto höher fallen die zu erwartenden Kosten aus. Für eine Bevölkerung von 80 Millionen sind höhere Ausgaben zu erwarten als für eine Bevölkerung von 40 Millionen. Wenn die Kosten jedoch gleich bleiben – etwa beim Bau einer Brücke – ist das Zustandekommen in großen Kollektiven hingegen wahrscheinlicher, weil mit zunehmender Gruppengröße auch die verfügbaren Ressourcen größer und der Beitrag des Einzelnen geringer werden. Eine kleine Interessengruppe könnte den Betrag hingegen selbst bei perfekter Organisation nicht aufbringen. Das heißt, wenn die relativen Kosten mit der Gruppengröße abnehmen, ist das Zustandekommen einer kollektiven Handlung eher zu erwarten. Dies gilt insbesondere für große heterogene Gruppen. Paradoxerweise erfordert die Bereitstellung eines Kollektivgutes unter diesen Bedingungen nicht nur weniger Engagierte, sondern ist auch weniger kompliziert und erzeugt geringere Kosten. Auf diese Weise kann erklärt werden, warum gerade oft von kleinen Gruppen ein Impuls für die Herstellung kollektiver Güter ausgeht, von denen die ganze Gesellschaft profitiert (Oliver und Marwell 1988: 7).

5.1.2 Organisationsgrad

Koalitionen unterscheiden sich nicht nur in ihrer Akteurkonstellation, sondern auch in ihrem Organisationsgrad. Die besondere Wirkung einer Koalition resultiert daraus, dass Mitglieder ihre individuellen Ressourcen in das Kollektiv einbringen und dadurch eine größere Durchsetzungsfähigkeit erreichen. Dieser Prozess der *Ressourcenbündelung* lässt sich anhand eines Stufenmodells beschreiben, dessen Spektrum zwischen zwei idealtypischen Mechanismen sozialer Koordination liegt: Im ersten Fall übertragen die Beteiligten die Kontrolle über ihre Handlungen *einseitig* auf ein Kollektiv. Klassische Beispiele sind Flucht- und Börsenpaniken, Bereicherungsmanien, aggressive Demonstrationen, Modetrends oder Massenbekehrungen (Coleman 1995: 254-310). Der gemeinsame Nenner dieser Phänomene besteht darin, dass die Akteure in Abhängigkeit voneinander handeln. Das heißt, sie orientieren sich in ihrem Verhalten am Verhalten der anderen. In der Protestforschung lassen sich entsprechende Koordinationseffekte oft im Zusammenhang mit größeren Kampagnen oder Protestwellen beobachten. Das kollektive Handeln manifestiert sich dabei zumindest teilweise als Produkt individueller Teilnahmeentscheidungen (Schimank 2000b: 207-246).

Im zweiten Fall wird die koordinierende Wirkung hingegen auf der Grundlage einer *bindenden Vereinbarung* über die Bündelung von Ressourcen von den Akteuren bewusst angestrebt. Indem die Individuen partiell die Kontrolle über einzelne Handlungen und Ressourcen auf ein Kollektiv übertragen, erhalten sie im Gegenzug die Aussicht auf bestimmte Vorteile, die sie allein niemals realisieren könnten. Die Koordination der Akteure liegt dabei in der Hand eines zentralen Entscheidungsorgans (Vanberg 1979: 107), das über die Handlungen und Ressourcen der Mitglieder verfügt. Die kollektive Handlungsfähigkeit wird dabei umso größer, je weniger Kontrolle die Mitglieder über die Verwendung ihrer Ressourcen haben (Coleman 1979: 26-27). Auf diese Weise formen sich auch im Umfeld von Protestbewegungen oft schlagkräftige Organisationen, die auf die

Verwirklichung bestimmter Zwecke hinarbeiten. Zwischen diesen auf Dauerhaftigkeit angelegten Organisationen bilden sich oft komplexe Beziehungsnetzwerke und Organisationsplattformen, die nicht nur bei der Koordination von übergreifenden Kampagnen eine wichtige Rolle spielen, sondern auch gegenüber staatlichen und suprastaatlichen Institutionen als Ansprech- und Verhandlungspartner auftreten (Eder 2001, 2000b; Marks und McAdam 1999).

Beide Koordinationsmechanismen – die einseitige Übertragung von Kontrolle und die Herstellung bindender Vereinbarungen – lassen sich in unterschiedlicher Form miteinander kombinieren, womit abgestufte Grade der kollektiven Handlungsfähigkeit entstehen. Dabei gilt, je mehr sich die Individualinteressen einer übergreifenden kollektiven Zielsetzung unterordnen, desto stärker tritt der Organisationscharakter einer Bewegung in den Vordergrund (Schimank 2002b: 36). Das Spektrum möglicher Koalitionen reicht somit von lose organisierten Netzwerken, in denen sich die Akteure etwa durch die Wahl einer „Exit-Option" jeder Handlungszumutung widersetzen können, bis hin zu hochgradig formalisierten Hierarchien, in denen eine Minderheit das Handeln aller bestimmt. Der Übergang zwischen den Koordinationsmechanismen ist dabei oft fließend. Die Bandbreite erstreckt sich von spontanen kollektiven Unruhen – wie etwa im Herbst/Winter 2005 in Frankreich – bis zu hochgradig organisierten Widerstandsbewegungen. Während im ersten Fall ein gemeinsames Ziel oft kaum identifizierbar ist, ordnen sich die Mitglieder dem Kollektiv im zweiten Fall teilweise bedingungslos unter. Wie das Zusammenspiel von Anpassung und Verhandlung in Protestbewegungen aussieht, wird in Kapitel 5.2 ausführlich erläutert.

5.1.3 Kollektive Identität

Die Ungewissheit über das Kooperationsverhalten von anderen lässt sich dadurch reduzieren, dass die Akteure eine maximale Übereinstimmung in ihren Werten, Interessen und Zielen anstreben (Molm u.a. 2000: 1402). Damit kommt die kollektive Identität ins Spiel. In der Sozialisationsforschung bezeichnet der Begriff Identität das Bild, das eine Person von sich selbst entwirft (Schimank 2000b: 123-126; Berger und Luckmann 1989). Luhmann (1998a: 866-867) spricht von einer „imaginären Konstruktion", da ein beobachtendes System sich in seiner Gesamtheit nicht erfassen kann. In diesem Sinne handelt es sich bei der Identität einer Person um ein internes Modell, das in vereinfachter und verkürzter Form die wesentlichen Merkmale und Grundstrukturen der eigenen Persönlichkeit abbildet. Die Bedeutung dieser Selbstbeschreibung liegt in ihrer *Orientierungsfunktion* für das Handeln: Als Selbstbild steuert die Identität das Verhalten

einer Person und im Verhalten der Person verwirklicht sich ihre Identität im Sinne des Selbstbildes (Willke 1996b: 187-189). Identität und Verhalten stehen somit zueinander in einem Verhältnis wechselseitiger Stabilisierung (Luhmann 1998a: 891): Trotz permanenter Veränderung und Weiterentwicklung, bleibt die Konsistenz und Kontinuität der Persönlichkeit auf diese Weise gewahrt.
Identität ist somit eine zwingende Voraussetzung für Handlungsfähigkeit. Dies gilt aber nicht nur für Personen, sondern auch für soziale Kollektive. Kollektive Identitäten erzeugen die „Fiktion" (Giesen 2002: 70-71) eines gemeinsam geteilten sozialen Raums, der auch in (oder: trotz) der Abwesenheit einzelner Gruppenmitglieder fortbesteht. Solange einzelne Akteure miteinander in direktem Austausch stehen, genügt eine rudimentäre gemeinsame Identität (Eder 2005: 203-204), da die Anwesenheit der Beteiligten für das Weiterbestehen des Kollektivs vollkommen ausreicht. Sobald sich die Interaktion aber durch neue Verbreitungsmedien wie Schrift, Presse, Rundfunk, Telekommunikation und Internet von der Bedingung der Anwesenheit ablöst, beruht das Fortbestehen des gemeinsamen Handlungsraums zunehmend auf abstrakten Vorstellungen über die Zugehörigkeit zu einem sozialen Ganzen. Infolgedessen bedarf eine Gesellschaft umso mehr einer stabilen kollektiven Identität[42] – im Sinne einer von den Mitgliedern geteilten Selbstbeschreibung – je mehr sich ihre Komplexität steigert.

> „Kollektive Identität kann sich nicht bloß als die zufällige und zerbrechliche Übereinstimmung individueller Interessen begreifen, sondern bedarf der Verankerung in einem kulturellen Bezugsrahmen, der über diese momentane Übereinstimmung hinausreicht und beim Handeln vorausgesetzt wird. Kollektive Identität ist jener Teil eines solchen Bezugsrahmens, der sich auf das immer vorauszusetzende Subjekt des Handelns, auf die Annahme eines Willens als Quelle des Handelns bezieht" (Giesen 2002: 68).

Im Mittelpunkt steht folglich die Frage, wie eine Koalition aus Personen, Gruppen oder Organisationen die kollektive Repräsentation ihrer Einheit organisiert und dadurch die Wahrnehmung von Gemeinsamkeiten und Unterschieden im Verhältnis zu ihrer sozialen Umwelt ermöglicht (vgl. Kap. 3.3.2). Dabei lassen sich drei Dimensionen kollektiver Identität unterscheiden: (a) In der *sozialen Dimension* geht es um die Attribute, mit denen sich die Koalition von ihrer sozialen Umwelt abgrenzt, vor allem ihren Gegnern. Im Zentrum steht dabei die Definition von Kriterien für die Zugehörigkeit beziehungsweise Nicht-Zugehö-

---

42 „Collective identity is the contested definition of what people share and take as their identifying mark as a collectivity" (Eder 2005: 202).

rigkeit der Mitglieder. (b) In der *sachlichen Dimension* geht es um die thematische Übereinstimmung der Beteiligten. Hier werden die inhaltlichen Kriterien – gemeinsame Interessen und Ziele – definiert, durch die sich die Koalition von anderen Kollektiven unterscheidet. Im Mittelpunkt stehen dabei zumeist Machtinteressen, Sicherheitsbedürfnisse oder kollektive Betroffenheiten. (c) In der *zeitlichen Dimension* geht es darum, wie die Gruppe ihr historisches „Werden" im kollektiven Gedächtnis beschreibt. Hier handelt es sich um eine kollektive Entsprechung zur individuellen Biographie.

Als „Fiktion" ist die kollektive Identität ein Deutungsrahmen, der „die Lokalisierung, Wahrnehmung, Identifikation und Benennung einer anscheinend unbeschränkten Anzahl konkreter Vorkommnisse" (Goffman 1977: 31) steuert und dadurch die kognitive Organisation von Erfahrungen und Handlungen ermöglicht. Wie Melucci (1995: 43) betont, ist die Identität einer Protestkoalition dabei zugleich Ergebnis und Ausgangspunkt kollektiver Handlungen und deshalb genauso erklärungsbedürftig wie die kollektiven Handlungen selbst. Das Spektrum kollektiver Selbstbeschreibungen reicht dabei „von bloßer Verträglichkeit über Ähnlichkeiten, Parallelen, Überschneidungen bis zur Kongruenz von Relevanzen" (Sofsky und Paris 1994: 305). Soweit die Identität vom einen zum anderen Ende dieses Kontinuums immer stärker an Konturen gewinnt, hängt die kollektive Handlungsfähigkeit sozialer Bewegungen entscheidend davon ab, wie es ihnen gelingt, eine konsistente Selbstbeschreibung gemeinsam zu entwickeln. Erst auf dieser Grundlage wird die Koalition in die Lage versetzt, bestimmte Sachverhalte in der sozialen Umwelt als ungerecht oder unmoralisch hervorzuheben, Ursachen und Verantwortliche zu identifizieren und entsprechende Lösungsvorschläge zu entwickeln (Snow und Benford 1992: 136-138) (vgl. Kap. 5.3).

Zusammenfassend lassen sich soziale Bewegungen als Koalitionen beschreiben, die oft nur über einen geringen Organisationsgrad und eine abstrakte kollektive Identität verfügen. Es bleibt somit zu klären, unter welchen Umständen eine soziale Koalition als *Protest*koalition bezeichnet werden kann. Dazu orientiert sich die folgende Studie im ersten Schritt an dem von Goldstone (1998a) vorgeschlagenen Ansatz zur Erklärung von unterschiedlichen Erscheinungsformen kollektiven Protesthandelns. Goldstone (1998a) definiert kollektives Protesthandeln als „any sustained effort at making claims on a society, or on other social actors, by a cooperating group (or groups) of individuals that provokes resistance" (Goldstone 1998a: 126).

Ausgehend von dieser Definition beschäftigen sich die folgenden Kapitel aus unterschiedlichen Perspektiven mit dem Zustandekommen kollektiven Protesthandelns in modernen Gesellschaften. Dabei geht es ausdrücklich nicht um strukturelle Ursachen wie Anonymität, Armut, Gewalt oder Ignoranz – darüber wurde im Vorangehenden ausführlich diskutiert, sondern um die verschiedenen Bedingungen, Erscheinungsformen und Mechanismen der Mobilisierung. Die nachfolgenden Darstellungen stützen sich dabei in hohem Maße auf einzelne prominente Ansätze aus der Protestforschung: *Ressourcenmobilisierungstheorien* stellen vor allem die Bündelung von Ressourcen in den Mittelpunkt (vgl. Kap. 5.2). *Framing-Theorien* beschäftigen sich mit der Konstruktion von kollektiven Gemeinsamkeiten und der Herstellung öffentlicher Resonanz (vgl. Kap. 5.3). Im Zusammenhang mit *Theorien sozialer Gelegenheitsstrukturen* geht es hingegen um die Frage, welche Umweltbedingungen sich auf das Zustandekommen von Protesten förderlich beziehungsweise hinderlich auswirken (vgl. Kap. 5.4).

5.2 Zusammenlegung von Ressourcen

Die Ressourcenmobilisierungstheorie entstand Ende der 1960er-Jahre vor allem als Reaktion auf ältere Theorien kollektiven Verhaltens, die die strikte „Trennung von institutionellem und kollektivem Verhalten postulierten und Bewegungen tendenziell als unstrukturierte und irrationale Phänomene betrachteten" (Rucht 1994b: 340). Im Unterschied dazu, setzte der Ressourcenmobilisierungsansatz an der von Olson formulierten Kollektivgutproblematik an: „Since social movements deliver collective goods, few individuals will on their own bear the costs of working to obtain them" (Zald und McCarthy 1987a: 18). In der Folge wurden Protestbewegungen nicht mehr als eine aggressive Masse wahrgenommen, die sich ziellos treibend gegen die herrschende Ordnung richtet, sondern als größtenteils wohlorganisiertes Unternehmen, das eine rationale Umgestaltung der Gesellschaft anstrebt.

In der Protestforschung vollzog sich somit ein grundlegender Perspektivenwechsel vom irrationalen zum rationalen Protestakteur (vgl. Kap. 1.1). Diese neue Perspektive stützte sich dabei auf eine Reihe von Grundannahmen aus der *Rational Choice* Theorie (Zald 1992: 332-333): (1) Da die Teilnahme an kollektiven Handlungen stets mit Kosten verbunden ist, führen soziale Unzufriedenheit oder Deprivation nicht automatisch zur Entstehung von Protestbewegungen. Vielmehr werden Kosten und Nutzen einer Beteiligung zumeist sorgfältig gegeneinander abgewogen. (2) Protestbewegungen beschränken sich keinesfalls nur auf die Gruppe der sozialen Outlaws. In vielen Fällen werden sie von etablierten Gruppen und anerkannten Institutionen (gemeinnützigen Stiftungen, Regierungseinrichtungen, Parteien etc.) unterstützt. (3) Für die Mobilisierung von Ressourcen ist ein Mindestmaß an sozialer Koordination erforderlich. (4) Die Kosten für Proteste können durch staatliche Eingriffe vergrößert oder verringert werden.

Mobilisierungsprozesse – im Sinne der *Sicherung der für kollektives Handeln erforderlichen Ressourcen* (Jenkins 1983: 532) – rückten folglich ins Zentrum der Protestforschung. Ressourcen lassen sich dabei im weitesten Sinne als Einflusspotenziale definieren, die es ihrem Inhaber ermöglichen, „innerhalb einer sozialen Beziehung den eigenen Willen auch gegen Widerstreben durchzusetzen" (Weber 1984: 89). Ihre Wirkung besteht somit u.a. darin, dass sie die Handlungsalternativen eines Gegenübers einschränken (Schimank 2000b: 247; Bader und Benschop 1989). Im einen Fall kann ein Akteur dazu gebracht werden, eine bestimmte Handlung auszuführen, im anderen Fall dazu, eine bestimmte Handlung zu unterlassen. Um ein gewünschtes Verhalten durchzusetzen, kommt ein beinahe unbegrenztes Spektrum von Mitteln in Frage. Häufige Beispiele sind Geld, Macht, Wissen, Glaube, soziale Beziehungen, moralische Appelle, Vertrauen, rhetorisches Geschick, charismatisches Auftreten, ein guter Ruf, Schmeichelei etc.

Angesichts der unüberschaubaren Vielfalt von Einflussmöglichkeiten überrascht es nicht, dass innerhalb der Protestforschung bisher kein Konsens darüber erzielt wurde, auf welche Ressourcen es im Mobilisierungsprozess besonders ankommt (Snow und Cress 1996; Jenkins 1983). Die meisten Typologien klassifizieren Ressourcen nach ihren Objekteigenschaften, entsprechend ihrer Teilbarkeit, Konvertibilität, Legalität, Dinglichkeit, Veräußerlichkeit, Verwendbarkeit etc. In diesem Sinne unterscheiden Edwards und McCarthy (2004: 125-128) zwischen moralischen, kulturellen, organisatorischen, humanen und materiellen Ressourcen, die von den Akteuren in das kollektive Protesthandeln eingebracht werden. Solche Katalogisierungen sind jedoch fast zwangsläufig immer unvollständig.[43] Darüber hinaus bleibt unklar, wie die Ressourcen im Mobilisierungsprozess wirken. Als Alternative schlägt Schimank (2000b: 247-258) daher vor, Ressourcen nach *Ansatzpunkt*, *Instrument* und *Generalisierungsniveau* zu unterscheiden: Die Wirkung von Ressourcen kann demzufolge erstens an den unterschiedlichen Handlungstrieben von Akteuren ansetzen. Im Hinblick auf die instrumentelle Dimension lassen sich Ressourcen in Belohnungen und Bestrafungen einteilen. Das Generalisierungsniveau bezieht sich schließlich auf die Reichweite ihrer Wirkung.

---

43 Weitere Katalogisierungen finden sich etwa bei Jenkins (1983), Oliver und Marwell (1992), Snow und Cress (1996) etc.

5.2.1 Ressourcen

Ansatzpunkte: Die Wirkung von Ressourcen hängt entschieden davon ab, an welchen menschlichen Handlungsantrieben sie ansetzen. Schimank (2000b: 37-168) zufolge lassen sich vier verschiedene Handlungsantriebe idealtypisch voneinander unterscheiden: instrumenteller Eigennutzen, Normkonformität, Identitätsbehauptung und Emotionalität. Im ersten Fall ist das Handeln der Akteure durch rationale Kostenkalkulationen und Maximierung des Eigennutzens charakterisiert, im zweiten Fall durch das Streben nach Erwartungssicherheit, im dritten Fall durch die Bewahrung der persönlichen Identität, im vierten Fall durch das Ausleben von Emotionen. Eine detaillierte Diskussion dieser Idealtypen würde den Rahmen dieser Studie sprengen.[44] Für die folgenden Überlegungen ist lediglich von Bedeutung, dass je nach situativen Umständen die Handlungsantriebe in unterschiedlichen Kombinationen zum Zug kommen.

Unter dem Gesichtspunkt der Mobilisierung stellt sich somit die Frage, auf welche Weise Protestbewegungen die Individuen zur Teilnahme an kollektiven Handlungen motivieren. Bewegungsforscher sprechen in diesem Zusammenhang oft von „Mikromobilisierung" (Opp und Rühl 1990; Zald 1992). Obgleich Olson zufolge die Maximierung des Eigennutzes bei der Herstellung von Kollektivgütern keine Rolle spielt, wird im Verlauf des nachfolgenden Kapitels 5.2.2 deutlich, dass Faktoren wie Geld oder Karriere mit zunehmender Professionalisierung des Bewegungssektors als Erklärungsfaktoren für das Zustandekommen von kollektiven Protesthandlungen durchaus von Bedeutung sind. Denn sobald genug Ressourcen vorhanden sind, kann dem Führungskader ein Gehalt gezahlt werden. Da dieser Handlungsantrieb aber nur für eine relativ kleine Gruppe von Akteuren relevant ist, wird er im Folgenden nicht weiter berücksichtigt. Im Mittelpunkt stehen vielmehr Emotionen, Identitätsbehauptung und Normkonformität.

Ein wichtiger Ansatzpunkt für Mobilisierungskampagnen ist die Beeinflussung und Stimulierung von starken *Emotionen* wie Wut, Mitleid, Neid, Angst etc. (Aminzade und McAdam 2001; Goodwin 2001; Goodwin und Jasper 2004). Unter dem Einfluss von Gefühlen können sich die Präferenzen der Adressaten – und ihre Einschätzungen im Hinblick auf die zu erwartenden Kosten eines Engagements in der Bewegung (Elster 2000) – so verändern, dass die Teilnahmebereitschaft zunimmt. Folglich versuchen Protestbewegungen oft starke Emotionen wie Ungerechtigkeitsempfinden, Patriotismus, religiöse Begeisterung, Ekel etc. zu stimulieren, um die Hemmschwelle für kollektives Handeln zu senken. Ent-

---

44 Eine ausführliche Beschreibung der vier Akteurmodelle findet sich bei Schimank (2000b).

sprechende Gefühle werden oft durch drastische Handlungen, Darstellungen oder Rituale ausgelöst. Die Skandalisierung und Inszenierung von Problemen kennt dabei oftmals keine Grenzen. Sie reicht von der demonstrativen Zurschaustellung öffentlicher Empörung bis zur Selbstverbrennung (Kern 2005b: 199-219). Die Stimulierung von Emotionen kann sich aber auch in ihr Gegenteil verkehren, da Gefühle schnell entgleiten und sich der kollektiven Kontrolle entziehen:

> „Die sprichwörtliche blinde Wut beispielsweise kann buchstäblich alles kurz und klein schlagen, ohne dass der Betreffende genau das tut, was man von ihm will; oder sie kann so weit übers Ziel hinausschießen, dass der angerichtete Schaden weit größer ist als das, was man positiv erreicht" (Schimank 2000b: 251).

Ein zweiter Ansatzpunkt für die Wirkung von Ressourcen ist die individuelle *Identität*. Dabei werden bestimmte Handlungen oder Unterlassungen durch Appelle an die Selbstansprüche einer Person herbeigeführt. Ähnlich wie bei den Emotionen gibt es auch in Fragen der Identität kein Abwägen zwischen Kosten und Nutzen, solange das Zentrum der Persönlichkeit betroffen ist. In der Protestforschung gibt es mittlerweile eine breite Literatur die sich mit der Verbindung von personaler und kollektiver Identität beschäftigt (Stryker u.a. 2000; Klandermans und Johnston 1995). Die personale Identität spielt im Rahmen von Mobilisierungsprozessen als Ressource vor allem in zwei Zusammenhängen eine Rolle: (a) Wenn beispielsweise bestimmte Handlungsweisen zu einer Gewissensfrage stilisiert werden und die Stabilität des Selbstbildes von der Einhaltung bestimmter Normen abhängig gemacht wird. (b) Wenn das Engagement in einer Bewegung durch ein Bedürfnis nach sozialer Abgrenzung gegenüber anderen motiviert ist.[45] Elster (1989) spricht in diesem Zusammenhang von so genannten „elite participationists", die vor allem in den frühen Phasen der Mobilisierung eine wichtige Rolle spielen können: „Their desire is to be present at the creation, and they become bored when the movement spreads and gains strength" (Elster 1989: 203). Das heißt, für sie steht die Abgrenzung gegenüber ihrer sozialen Umwelt im Vordergrund. Die Theorie neuer sozialer Bewegungen setzt stark an diesem Motiv an.

Im Mobilisierungsprozess machen sich Protestbewegungen die Identitätsansprüche potenzieller Adressaten auf verschiedene Arten zu Nutze (Snow und McAdam 2000: 49-53): Erstens durch die Hervorhebung bestimmter Identitätsanteile, die bisher keine so große Rolle gespielt haben (*identity amplification*). Im Fall der oben erwähnten „Promise Keepers" wird beispielsweise die Vaterrol-

---

45 Schimank (2000b: 251-252) unterscheidet in diesem Zusammenhang zwischen normativen und evaluativen Selbstansprüchen.

le zum zentralen Merkmal männlicher Identität stilisiert. Zweitens durch die Verbindung von Identitätsanteilen, die von den betroffenen Personen als widersprüchlich erfahren werden (*identity consolidation*). Beispielsweise gibt es in den USA evangelikale Gruppen, die radikale soziale Gerechtigkeitsvorstellungen mit einer teilweise fundamentalistischen Theologie verknüpfen. Drittens werden Identitätsanteile, die bisher nur in eng definierten sozialen Situationen relevant waren, auf neue Bereiche ausgedehnt (*identity extension*). Ein Beispiel wäre die Forderung, dass sich der christliche Glaube nicht nur auf den Sonntagsgottesdienst beschränken, sondern in allen Lebensbereichen relevant sein sollte. Die Frauenbewegung verfolgte mit dem Slogan „Das Private ist politisch" eine ähnliche Strategie. Viertens können durch Missionierung neue Identitäten gebildet werden (*identity transformation*). Die Konversionsliteratur spricht in diesem Fall von „biographischer Rekonstruktion" (Snow und Machalek 1983, 1984). Im „Idealfall" kommt es zu einer maximalen Übereinstimmung zwischen personaler und kollektiver Identität – mit entsprechenden positiven Konsequenzen für das kollektive Handeln.

Ein dritter Ansatzpunkt für die Wirkung von Ressourcen ist *Normkonformität*. Sie kommt ins Spiel, wenn soziale Anerkennung an bestimmte Verhaltensweisen innerhalb einer sozialen Bezugsgruppe geknüpft wird, in die der Einzelne eingebunden ist. Elster spricht in diesem Zusammenhang von „everyday kantians" (Elster 1989: 192-193), die eine Sache um ihrer Selbst willen tun und die Kosten ihres Handelns dabei nicht abwägen. Ein anschauliches Beispiel bietet etwa die „bekennende Kirche", die während der nationalsozialistischen Diktatur in Deutschland gegen die Gleichschaltung der protestantischen Kirchen Widerstand leistete. Im Mittelpunkt der Auseinandersetzung mit den nationalsozialistischen „deutschen Christen" standen vor allem theologische Differenzen. Die Anhänger der bekennenden Kirche sahen sich als Verteidiger des protestantischen Glaubens. Diese gemeinsame Überzeugung ermöglichte kollektives Handeln. In diesem Fall sind religiöse Normen zu einem festen Bestandteil der Identität geworden.

Die Wirksamkeit von Normen beruht aber nicht allein auf ihrer Internalisierung, ihre Einhaltung kann auch durch soziale Bezugsgruppen überwacht werden: So können beispielsweise potenzielle Streikbrecher durch soziale Ächtung wieder auf eine Linie mit der streikenden Belegschaft gebracht werden. Das heißt, sie schließen sich kollektiven Handlungen an, obwohl diese womöglich mit hohen persönlichen Kosten verbunden sind und ihrem Eigeninteresse zuwiderlaufen. Je mehr eine Gruppen ein vom Rest der Gesellschaft getrenntes Eigenleben führt und je besser sie organisiert ist, desto einfacher und schneller lassen sich ihre Mitglieder mobilisieren (Oberschall 1973: 129). In der Protestforschung wird dieser Vorgang als „bloc recruitment" bezeichnet:

„Rapid mobilization does not occur through recruitment of large numbers of isolated and solitary individuals. It occurs as a result of recruiting blocs of people who are already highly organized. (...) In fact, many movements result from a sudden merger of a number of preexisting associations, what Olson referred to as the federated group pattern" (Oberschall 1973: 124).

Instrumente: Wie im Vorangehenden deutlich geworden ist, verfügen Protestbewegungen über ein breites Repertoire von Ansatzpunkten für Mobilisierungsprozesse. In ihrer instrumentellen Wirkungsweise lassen sich Ressourcen danach unterscheiden, ob sie auf Belohnungen oder Bestrafungen setzen. Ersteres wirkt als Versprechen im Falle von Fügsamkeit, Letzteres als Drohung im Falle von Nicht-Fügsamkeit (Schimank 2000b: 253-257). Protestbewegungen verfügen nur in geringem Maße über die notwendigen Mittel, um die Adressaten ihrer Mobilisierung durch konkrete Versprechungen oder Drohungen zur Kooperation zu bewegen. Ein Beispiel wäre etwa soziale Ächtung.

In den meisten Fällen stützen sich ihre Kampagnen jedoch auf „Verheißungen" und „Warnungen". Beide Formen der Beeinflussung brauchen kein Belohnungspotenzial; ihre Wirkung beruht auf Überzeugungsarbeit: Die Adressaten sollen zu der Einsicht gelangen, dass ein bestimmtes Handeln in ihrem eigenen Interesse liegt. Die Belohnung/Bestrafung wird sich als Konsequenz dieser Handlungen automatisch einstellen. Die Umweltorganisation Greenpeace bedient sich dieser Technik, wenn sie etwa auf den Zusammenhang zwischen Kohlendioxidausstoß und Klimawandel hinweist und daraus die Notwendigkeit einer energiepolitischen Wende ableitet. In diesem Fall handelt es sich um eine Warnung. Ein extremes Beispiel für Verheißungen sind Selbstmordattentate, wo den Tätern eine Belohnung im Jenseits in Aussicht gestellt wird.

Generalisierungsniveau: Ressourcen unterscheiden sich schließlich auch in ihrer räumlichen und sozialen Reichweite: Mit Geld kann man an beinahe jedem Ort alles kaufen, sofern man eine ausreichende Menge davon besitzt. Anders verhält es sich mit der Liebe, mit der nur ganz bestimmte Personen beeinflusst werden können. Politische Macht beschränkt sich in der Regel auf konkrete Zuständigkeiten in einem abgegrenzten Territorium. Die Überzeugungsarbeit sozialer Protestbewegungen stützt sich demgegenüber oft auf das Einflussmedium Wissen, welches über eine vergleichsweise große Reichweite verfügt, insbesondere wenn die Massenmedien ihre Themen transportieren. Das heißt, Proteste geben Anstoß zur Aufklärung. Die Palette reicht dabei vom Klimawandel, über die mögliche Wirkung neuer Arbeitsmarktgesetze bis hin zur Funktionsweise der Kapitalmärkte. Die Proteste transportieren das Wissen in aller Regel zwar nicht selbst, im günstigen Fall werden die Massenmedien dadurch jedoch stimuliert. Demgegenüber sind andere Instrumente wie soziale Anerkennung, Missachtung oder Appelle an bestimmte Identitäten in ihrer Reichweite nur auf bestimmte soziale Gruppen und Milieus beschränkt. Folgerichtig hängt die gesellschaftliche Relevanz von Protestbewegungen in hohem Maße von ihrer Fähigkeit ab, die durch Mobilisierung gesicherten Ressourcen in kollektive Handlungen umzusetzen, welche politischen und ökonomischen Veränderungsdruck erzeugen. Ihre Überzeugungsarbeit kann sich zum einen langfristig auf das Wahl- und Konsumverhalten der Bevölkerung auswirken. Zum anderen verfügen sie kurz- und mittelfristig über ein breites Repertoire von Handlungsmöglichkeiten für die Ausübung von politischem und ökonomischem Einfluss: Demonstrationen, Sitzstreiks, Hungerstreiks, demonstrative Selbstverbrennungen, Gewalt, Arbeitsstreiks, Konsumentenstreiks, Boykottaufrufe und vieles mehr (Taylor 2004). Diese Handlungen erzeugen zumeist *Kosten für Dritte*, indem sie die normalen gesellschaftlichen Abläufe stören. Unter Umständen kann dadurch die Legitimität des Staates bis ins Mark erschüttert werden.

5.2.2 Bewegungsorganisation

Obgleich Ressourcenmobilisierung ein Minimum an sozialer Koordination voraussetzt, ist die Bildung formaler Organisationsstrukturen keine Zwangsläufigkeit. Wie sozialhistorische Untersuchungen belegen, hat sich der Schwerpunkt in der Organisation von Protesten über die letzten vier Jahrhunderte jedoch von kleinen, zumeist lokal verwurzelten Gemeinschaften und Gruppen immer stärker hin zu großen formalen Interessenorganisationen verlagert (Tilly 1978, 1999). Als Folge dieser Entwicklung gewann die Austragung von sozialen Konflikten eine neue Qualität: Waren Protesthandlungen früher zumeist nur wenig koordiniert und von zeitlich begrenzter Dauer, so haben wir es heute mit gut organisierten und oft langanhaltenden Protestwellen zu tun. Der Siegeszug der formalen Bewegungsorganisation resultierte dabei zum einen aus der voranschreitenden Rationalisierung von sozialen Beziehungen im Prozess der Modernisierung (vgl. Kap. 2.2.1), zum anderen verbesserten sich mit der Ausbreitung der Massenmedien auch die Mobilisierungsbedingungen (vgl. Kap. 5.4.3).

Bewegungsorganisationen sind dadurch charakterisiert, dass ihre Ziele mit den Interessen einer sozialen Protestbewegung weitgehend übereinstimmen (Zald und McCarthy 1987a: 20). Im Fall der Umweltbewegung erfüllen etwa der Bund für Umwelt und Naturschutz (BUND), der Naturschutzbund Deutschland (NABU) oder Greenpeace dieses Kriterium. Soweit ihre Ziele die Präferenzen von Mitgliedern und Sympathisanten reflektieren, handelt es sich also um formale Interessenorganisationen (vgl. Kap. 5.1.2). Die Zusammensetzung der Mitgliederbasis ist dabei oft vielschichtig: So verfügt jede Organisation über einen Führungskader, der auf kollektive Entscheidungsprozesse einen maßgeblichen Einfluss ausübt. Zudem findet sich in manchen Bewegungsorganisationen, wie weiter oben erwähnt, eine Kernbelegschaft aus professionellen Führungskadern und Mitarbeitern, die für ihr Engagement bezahlt werden. Daneben werden organisatorische Aufgaben aber oft auch von Freiwilligen und Ehrenamtlichen ausgefüllt. Die Finanzierung des Unternehmens wird zumeist durch Sympathisanten und Unterstützer geleistet, die den Organisationen regelmäßig Beiträge überweisen.

Organisationsstrukturen: In der Protestforschung werden generell zwei Typen von Organisationen – „isolierte" und „föderale" – unterschieden, die in der empirischen Wirklichkeit allerdings selten in Reinform auftreten (Zald und McCarthy 1987a: 29-34; Klandermans 1997): Isolierte Bewegungsorganisationen verfügen über keine Niederlassungen, sondern unterhalten über Briefe oder E-mails eine direkte Beziehung zu ihrer größtenteils isolierten Mitgliederbasis. Ein bekanntes Beispiel für diesen Organisationstyp ist Greenpeace. Für solche Bewegungsorganisationen ist es typisch, dass sie von einem professionellen Kader geführt werden, dessen Arbeit von einer großen Zahl beitragszahlender Mitglieder unterstützt wird. Auf der Agenda stehen dabei zumeist institutionelle politische Reformen (Jenkins 1983: 539). Die Abhängigkeit von isolierten Beitragszahlern bringt es jedoch mit sich, dass (a) der Spendenzufluss großen Schwankungen unterliegt, (b) ein relativ großer Anteil der Ressourcen in Werbung reinvestiert werden und (c) die Organisation durch spektakuläre und imageförderliche Kampagnen beständig in den Medien präsent sein muss.

Ein mögliches Gegenrezept kann in der Bildung föderaler Strukturen liegen. Dabei droht jedoch die Gefahr, dass die verschiedenen Segmente der Organisation miteinander um Ressourcen konkurrieren, was wiederum die kollektive Handlungsfähigkeit einschränkt. Föderale Bewegungsorganisationen stützen sich normalerweise auf ein Geflecht von lokalen Einrichtungen und Gruppen. Obwohl der Zentralisierungsgrad unterschiedlich sein kann – die Bandbreite reicht von losen Netzwerken bis zu hierarchischen Strukturen – ist er in aller Regel schwächer ausgeprägt als in isolierten Organisationen. Da den Mitgliedern ein größeres Maß an Identifikation und Engagement abverlangt wird, sind föderale Organisationen eher typisch für Bewegungen, die auf individuellen und kulturellen Wandel abzielen. Ein typisches Beispiel ist der oben erwähnte Bundesverband Bürgerinitiativen Umweltschutz (BBU), der 1972 als Netzwerk städtischer und ländlicher Bürgerinitiativen gegründet wurde. Ein anderes Beispiel ist Attac.

Föderale Bewegungsorganisationen haben generell den Vorteil, dass der Ressourcenzufluss stetiger ist als in isolierten Organisationen, weil die Sympathisanten, Unterstützer und Mitglieder in ein dichtes Netz von interpersonalen

Beziehungen eingebunden sind. Aufgrund der hohen sozialen Kontrolle innerhalb der und zwischen den Gruppen sind darüber hinaus auch die Bedingungen für „bloc recruitment" günstiger. Da die Interessen der Beteiligten mitunter weit auseinandergehen, ist aber auch das Konfliktpotenzial um ein Vielfaches größer (Zald und McCarthy 1987a: 33). Folglich müssen föderale Bewegungsorganisation viel mehr Zeit und Energie in ihre kollektive Identität investieren als isolierte Bewegungsorganisationen.

Wandel des Bewegungssektors: Die Konstellationen aller Organisationen innerhalb einer Protestbewegung werden als „Bewegungsindustrie" bezeichnet, die Summe aller Bewegungsindustrien einer Gesellschaft als „Bewegungssektor" (Zald und McCarthy 1987a: 21-22, 1987b: 294). Einer zentralen These der Ressourcenmobilisierungstheorie zufolge fließen mit zunehmendem Wohlstandswachstum auch mehr Ressourcen in den Bewegungssektor (Zald und McCarthy 1987a: 25). Das heißt, die Menschen können mehr Einkommen und Freizeit in soziales Engagement investieren. Die Bedingungen für die Mobilisierung von Protesten haben sich in den vergangenen Jahren aber nicht nur durch das allgemeine Wohlstandswachstum verbessert. Wie zahlreiche Studien im Rahmen der Ressourcenmobilisierungstheorie gezeigt haben, etablierten sich Anfang der 1960er-Jahre private und politische Stiftungen, Gewerkschaften, Kirchen, Massenmedien, Universitäten, Regierungsorganisationen und Unternehmen in den USA zunehmend als Sponsoren für Bewegungsorganisationen (Edwards und McCarthy 2004). Der enorme Zufluss an Ressourcen durch institutionelle und nichtinstitutionelle Unterstützer führte zur Entstehung zahlreicher neuer Organisationen und zu einer enormen Belebung des Bewegungssektors. Als Folge erscheinen die großen Protestwellen der 1960er- und 1970er-Jahre in einem neuen Licht (Zald und McCarthy 1987c: 383):

> „The general thesis is that these movements did not arise from a genuine participation revolution in American politics but merely reflected improved facilitative conditions for professionalized mobilization" (Jenkins 1983: 534).

Durch diese Entwicklung wurde in den Bewegungssektoren der westlichen Staaten ein grundlegender Strukturwandel eingeleitet. So förderte der wachsende Zufluss an Ressourcen in den vergangenen Jahrzehnten eine allgemeine Tendenz zur *Professionalisierung* des Bewegungssektors. In den 1920er- und 1930er-Jahren beschränkten sich die beruflichen Möglichkeiten etwa für engagierte Anwälte in den USA noch fast ausschließlich auf die Arbeiterbewegung (Zald und McCarthy 1987c: 365). Aufgrund wachsender finanzieller Zuwendungen sind mittlerweile aber auch zahlreiche Organisationen in den Bereichen Umwelt, Bürgerrechte, Frauenrechte, Frieden, Entwicklung, Bildung, Menschrechte, Gesundheit etc. in der Lage, sich eine hauptberufliche Belegschaft zu leisten. Dies gilt in besonderer Weise für Bewegungsorganisationen, die durch isolierte Mitglieder oder externe Quellen finanziert werden. Gerade in diesen Organisationen hat die Professionalisierung jedoch dazu geführt, dass die Führungskader gegenüber ihren Mitgliedern immer unabhängiger werden (Klandermans 1997: 139). Dadurch vergrößert sich zwar ihre politische Handlungsfähigkeit nach außen, doch wächst auch die Abhängigkeit von anderen Organisationen beziehungsweise ihrer Präsenz in den Massenmedien. Angesichts der isolierten Mitgliedschaft stellen sich darüber hinaus enorme Probleme bei der Mobilisierung von Protesten.

Als eine zweite Folge des Ressourcenwachstums wurde innerhalb des Bewegungssektors ein starker Trend zur funktionalen Spezialisierung angestoßen. Bewegungsorganisationen befinden sich fortwährend in einem scharfen Wettbewerb nicht nur untereinander, sondern auch im Verhältnis zur Unterhaltungsindustrie, religiösen und karitativen Organisationen, politischen Parteien, Vereinen, gemeinnützigen Verbänden und vielem mehr. Gerade unter Bewegungsorganisationen, die ähnliche Ziele verfolgen, zwingt das hohe Maß an Konkurrenz zu Diversifizierung und Spezialisierung. Das heißt, jede Bewegungsorganisation ist gefordert, mit ihrem „Produkt" eine unverwechselbare Nische zu besetzen und sich dadurch gegenüber ihrer Konkurrenz zu profilieren.

Eine dritte Folge des Ressourcenwachstums bestand in der zunehmenden Steigerung organisatorischer Komplexität: Je mehr Ressourcen zur Verfügung stehen und je mehr Mitglieder eine Bewegungsorganisation gewinnt, desto stärker wird der Druck in Richtung interner struktureller Differenzierung: „The establishment of fund-raising committees, the appointment of recruitment officials, and the introduction of an administrative staff are among the first steps towards a more sophisticated organization" (Klandermans 1997: 139). Damit stellen sich aber auch enorme Integrationsprobleme, die schnell zum Auseinanderbrechen der Bewegungsorganisation führen können. Durch Wachstum vergrößert sich auch die Heterogenität der Mitgliedschaft, wodurch ideologische Spannungen entstehen können. Eine mögliche Lösung liegt in der Zentralisierung der Entscheidungsbefugnisse, was jedoch die Tendenz zur Oligarchisierung und Ablösung von Mitgliederinteressen fördert.

Einbettung des Bewegungssektors in die Gesellschaft: Der Bewegungssektor bildet den organisatorischen Kristallisationspunkt eines ausgebildeten Konfliktsystems, das über ein Netz von intensiven Austauschbeziehungen mit einer Vielzahl von Organisationen inner- und außerhalb der primären funktionalen Teilsysteme verflochten ist (vgl. Kap. 5.4). Wie bereits angedeutet, eröffnen sich in dieser Konstellation für Bewegungsorganisationen vielfältige Bündnischancen, durch die sie für sich neue Ressourcen und Handlungsmöglichkeiten erschließen und eine größere Durchsetzungsfähigkeit erreichen können. Als Koalitionspartner kommen dabei keinesfalls nur andere Bewegungsorganisationen in Frage, sondern auch Lobbygruppen, Entwicklungsorganisationen, Parteien, Eliten, Intellektuelle und Massenmedien, die nicht zum Bewegungssektor gehören. Die Beziehungen zu Organisationen außerhalb des Bewegungssektors sind für den Erfolg einer Bewegung oftmals entscheidend. Beispielsweise der Demokratisierungsprozess in Südkorea wäre womöglich gescheitert, wenn die prodemokratischen Kräfte nicht in erheblichem Umfang Unterstützung von christlichen Kirchen, politischen Oppositionsparteien und Universitäten erhalten hätten (Kern 2005b). Koalitionen zwischen Bewegungsorganisationen und Nicht-Bewegungsorganisationen sind dabei oft nur von kurzer Dauer und keinesfalls immer von Harmonie geprägt. Dabei lassen sich drei grundlegende Formen der Interaktion unterscheiden: Kooperation, Wettbewerb und Konflikt (Rucht 2004: 206-210).

1. Die Kooperation zwischen Bewegungs- und Nicht-Bewegungsorganisationen manifestiert sich über Austauschbeziehungen. Neben gemeinsamen Zielen ist dabei oft das Interesse an bestimmten Ressourcen von Bedeutung, über welche die jeweils andere Seite verfügt. So speist sich beispielsweise das moralische Profil der Grünen Partei wesentlich aus ihrer Identifikation mit der Umweltbewegung. Diese erzeugt das kulturelle Umfeld, das die Partei braucht, um Wähler für sich zu mobilisieren. Umgekehrt üben Umweltgruppen über die Grünen Einfluss auf politische Entscheidungsprozesse aus und profitieren von materiellen Ressourcen, die ihnen aus der Partei zufließen. Ähnliches gilt für die Kooperation zwischen der Evangelischen Kirche und der Demokratiebewegung vor und nach dem Mauerfall in der DDR. Das Interesse der Kirchen bestand hauptsächlich darin, die Reglementierung der Religion durch den Staat abzustreifen. Obschon die Kirche über eine solide Infrastruktur verfügte, waren ihre Handlungsmöglichkeiten begrenzt, da sie viel zu verlieren hatte. In der Demokratiebewegung war es dagegen umgekehrt: Die Risikobereitschaft war viel stärker ausgeprägt, es fehlte aber an einer organisatorischen Infrastruktur. Durch ihre Kooperation konnten somit beide Seiten ihre Defizite kompensieren.
2. Zwischen kooperierenden Bewegungs- und Nicht-Bewegungsorganisationen sind aber auch Wettbewerbssituationen denkbar. Rucht (2004) verweist beispielsweise auf die Konkurrenz um öffentliche Gelder für AIDS-Kampagnen zwischen traditionellen Wohlfahrtseinrichtungen und Organisationen der Schwulenbewegung. Ähnliches gilt für das Verhältnis zwischen kirchlichen und feministischen Frauenberatungsstellen. Ein anderes Beispiel ist die Selbstdarstellung der Organisationen in der Öffentlichkeit etwa bei

Großveranstaltungen. In aller Regel führen solche Ereignisse zu heftigen Auseinandersetzungen über organisatorische Fragen: „Which organization should march in front? Which group or constituency will delegate the keynote speaker? Who will be chosen as a press officer? Should the supporting groups be listed in the leaflet according to alphabetic order or size?" (Rucht 2004: 209). Diese Beispiele machen deutlich, dass die Kooperation in vielen Fällen über das Niveau eines reinen Zweckbündnisses nicht hinauskommt. Spätestens wenn es um die Verteilung von Ressourcen geht, rücken die organisatorischen Eigeninteressen wieder stärker in den Vordergrund.

3. Schließlich kann es zwischen den Mitgliedern eines Bündnisses auch zu Verwerfungen kommen, wenn die Interessen der beteiligten Parteien sich auseinander entwickeln. Ein anschauliches Beispiel war etwa der Konflikt um die Castor-Transporte unter der rot-grünen Bundesregierung (1998–2005). Als Regierungspartei mussten die Grünen die Transporte mittragen und verteidigen, die von großen Teilen der Umweltbewegung heftig bekämpft wurden. Dabei kam es zwischen beiden Seiten zu einem heftigen Schlagabtausch in der Öffentlichkeit. Ein weit dramatischeres Szenario trug sich in Israel zu, als die Koalition zwischen der israelischen Siedlerbewegung in den besetzten Palästinensergebieten und den konservativen politischen Parteien im Parlament 2005 auseinanderbrach. Angesichts der festgefahrenen politischen Situation beschloss die damalige israelische Regierung unter Ministerpräsident Ariel Scharon, einen Teil der Siedlungen zu räumen. Scharon hatte bis dahin als „Vater der Siedlungspolitik" gegolten. Sein Rückzug aus dem Bündnis mit der Bewegung, führte nicht nur zu heftigen Auseinandersetzungen zwischen Siedlern und Polizeikräften während der Räumung, sondern auch zu einer Spaltung der Likud-Partei. Das heißt, auch große Übereinstimmung in gemeinsamen Werten und langfristigen Zielen kann eine Koalition nicht vor dem Auseinanderbrechen bewahren.

Bewegungsorganisationen haben aber nicht nur mit Bündnispartnern zu tun (vgl. Kap. 5.4.5). In vielen Fällen sind sie mit einflussreichen Gegnern konfrontiert, die ihre Zielverfolgung behindern, indem sie den Ressourcenzufluss stören und Handlungsmöglichkeiten einschränken (Klandermans 1997: 154-166). Das Spektrum reicht dabei von einzelnen Organisationen bis hin zu breiten gesellschaftlichen Koalitionen. Die Intensität der Konflikte kann sich über relativ harmlose Diskussionen und Debatten bis hin zu Sachbeschädigung, Entführung, Gewalt und Mord erstrecken. Gerade in autoritären Regimes sind die Mobilisierungskosten für Protestbewegungen deshalb oft hoch (Kern 2005b). Dissidenten bezahlen ihren Widerstand nicht selten mit dem Leben. Das Ausmaß an Repression ist in Demokratien zwar deutlich geringer, dennoch verfügen auch sie über ein breites Repertoire zur Unterdrückung von Protesten. Beispielsweise während der gewalttätigen Unruhen in Frankreich 2005, rief die Regierung den Ausnahmezustand aus und verhängte ein Ausgangsverbot. Solange beide Seiten nicht direkt miteinander verhandeln, folgt die Interaktionsdynamik der Logik einseitigen Handelns (Kern 2004). Dabei kommt es darauf an, dass im „richtigen" Moment die „richtigen" Register gezogen werden, um den Widerstand der anderen Seite zu brechen. Im Extremfall kann auf diese Weise jedoch eine Eskalation der Gewalt in Gang gesetzt werden, die in einer Revolution endet (Tilly 1999).

5.2.3 Protestkampagnen und Protestwellen

Im vorangehenden Kapitel ist deutlich geworden, dass Organisationen ein wichtiger Bestandteil von Protestbewegungen sind. Dennoch wäre es ein Fehler, Protestbewegungen auf ein Organisationsbündnis zu reduzieren. Protestbewegungen sind allein deshalb schon keine Organisation, „weil sie nicht Entscheidungen organisieren, sondern Motive, Commitments, Bindungen. Sie suchen genau das ins System zu bringen, was eine Organisation voraussetzen und zumeist bezahlen muss: die Mitgliedschaftsmotivation" (Luhmann 1998a: 850). Während das idealtypische Merkmal formaler Organisationen gerade darin besteht, dass der Organisationszweck und die Mitgliedschaftsmotivation voneinander getrennt werden, zielen soziale Bewegungen auf die Aufhebung genau dieser Unterscheidung: Die Akteure sollen durch Appelle an Emotionen, Identitäten und Normvorstellungen zur Selbstbindung an die kollektiven Ziele bewegt werden (vgl. Kap. 5.2.1).

Auf diese Weise entsteht eine Gemeinschaft, in der sich die Individuen mit dem Ganzen identifizieren (Ahlemeyer 1995: 121-186).[46] Da die Identifikation jedoch unterschiedlich stark ausgeprägt sein kann, sind die Grenzen sozialer Bewegungen – im Unterschied zu formalen Organisationen – vage und unscharf (Rucht 2004: 197). An dieser Stelle kommen Kampagnen ins Spiel: Selbst eine straff geführte Bewegungsorganisation wie Greenpeace muss in der Bevölkerung eine wie auch immer amorphe Identifikation mit ihren Zielen voraussetzen, wenn sie einen Boykottaufruf lanciert. Über Kampagnen verfolgen Protestbewegungen somit nicht nur bestimmte politische oder kulturelle Ziele, sondern leisten auch die Einbindung nicht-organisierter Gruppen von Sympathisanten aus der Bevölkerung in die Bewegung.

---

46   Coleman (1995: 201-208) spricht in diesem Zusammenhang von „affiner Agentenschaft".

Strukturelle Merkmale von Kampagnen: Lahusen zufolge handelt es sich bei einer Protestkampagne um „eine (a) geplante oder vorbereitete Reihe von Kommunikationsaktivitäten (b) zur Erzielung und Verhinderung eines Wandels von Einstellungen, Verhaltensweisen oder Entscheidungen (c) bestimmter zu benennender Adressaten" (Lahusen 2002: 127). Dieser Definitionsvorschlag deckt sich weitgehend mit der obigen Konzeptualisierung von kollektiven Protesthandlungen (vgl. Kap. 5.1.3). Der wesentliche Unterschied besteht darin, dass der Begriff der Kampagne *mehrere* Protesthandlungen umfasst, die miteinander in Beziehung stehen. Davon betroffen ist eine große Bandbreite von Aktivitäten, die von Info-Ständen in Fußgängerzonen, der Verbreitung von Flugblättern und Fernsehclips bis hin zu Demonstrationen, Boykottaufrufen und Sitzblockaden reichen kann. Die Planung und Durchführung liegt zwar zumeist in den Händen einzelner oder mehrerer Bewegungsorganisationen, die mobilisierende Wirkung reicht aber oft weit in die Bevölkerung hinein. Dabei haben Kampagnen zugleich eine Außen- und eine Innenseite:

> „Nach außen soll sie die breite oder eine spezielle Öffentlichkeit informieren, aufklären und bilden (...). Nach innen müssen eigene Unterstützer auf die Straße gebracht werden. Nach außen wie nach innen richten sich Rekrutierungsappelle an neue Mitglieder und Sympathisanten, oft zielen diese auf bestimmte Altersgruppen, Betroffene und Milieus" (Leggewie 2003: 128).

Beispiele für Kampagnen wie etwa die Liberalisierung des Abtreibungsrechts („Ich habe abgetrieben") oder die Einführung der Tobit-Steuer wurden bereits in Kapitel 4 erwähnt. Die Planung von Kampagnen ist dabei nicht gleichbedeutend mit ihrer Steuerung: Gerade die „flache Hierarchie der Kampagnenorganisation" erlaubt „ausgreifende Vernetzungen und die spontane Bildung von Allianzen, denen kein Zentralkomitee mehr zustimmen muss" (Leggewie 2003: 127). Je klarer die Problemstellung und je genauer die Zielgruppe definiert ist, desto erfolgversprechender ist die Kampagne.

Die Ausbreitung einer Kampagne kann als Diffusionsprozess beschrieben werden. Im sozialwissenschaftlichen Kontext beschäftigen sich Diffusionstheorien – im weitesten Sinne – mit der Ausbreitung von Kommunikationen. Im Mittelpunkt steht die Frage, durch welche sozialen Kanäle bestimmte Diffusionsinhalte wie Ideen, Überzeugungen, Verhaltensweisen etc. sich über eine Population hinweg ausbreiten. Dabei gelten Diffusionsprozesse insofern per Definition als pfadabhängig, als mit dem Auftreten eines bestimmten Kommunikationsereignisses sich die Wahrscheinlichkeit für das Zustandekommen eines gleichen oder ähnlichen Ereignisses in der Zukunft verändert (Strang und Soule 1998; Rogers 1995). Zu den sozialwissenschaftlichen Anwendungsgebieten der Diffusionstheorie gehört vor allem die Ausbreitung von technischen und sozialen

Innovationen. In der Bewegungsforschung richtet sich die Aufmerksamkeit dagegen hauptsächlich auf Protestkampagnen, soziale Organisationsformen, kollektive Identitäten etc. (Kriesi u.a. 1995: 185-186; Oliver und Myers 2002a). Bedingung für eine erfolgreiche Kampagne ist die Erreichbarkeit potenzieller Adressaten. Dafür ist ein Diffusionsnetzwerk erforderlich, mit dem die Kommunikation transportiert wird. Die Forschung unterscheidet dabei zwischen direkten und indirekten Verbreitungskanälen (Soule 2004: 296-299): Im ersten Fall wird auf interpersonale Beziehungsnetzwerke Bezug genommen, im zweiten Fall auf die Massenmedien. In interpersonalen Beziehungsnetzwerken fließt die Kommunikation über *face-to-face* Kontakte. In einer klassischen Studie zeigte beispielsweise Rude (1964), wie sich soziale Unruhen in Frankreich und England zwischen 1730 und 1848 entlang der Handels- und Transportwege ausbreiteten. In der modernen Gesellschaft wird diese Funktion hingegen zunehmend von national und global operierenden Massenmedien wie Radio, TV und Internet ausgefüllt (vgl. Kap. 5.4.3). Über diese Kanäle werden Kommunikationen von einem sozialen Kontext in den anderen transportiert, ohne dass zwischen den Beteiligten eine persönliche Beziehung besteht. Jüngste Mobilisierungswellen in der islamischen Welt anlässlich der Veröffentlichung von Mohammed-Karrikaturen in europäischen Zeitungen, boten ein anschauliches Beispiel für die Wirksamkeit der Massenmedien. Mit der Ausbreitung elektronischer Medien ist nicht nur die Reichweite der Kommunikation größer geworden, die Diffusionsgeschwindigkeit hat ebenfalls stark zugenommen. Viele Kampagnen nutzen dabei gleichermaßen direkte und indirekte Verbreitungskanäle.

Protestwellen: Sobald mehrere Kampagnen sich über einen längeren Zeitraum hinweg wechselseitig überlagern und es in mehreren Sektoren der Gesellschaft zu einem erhöhten Maß an Unruhen und Konflikten kommt, handelt es sich um eine Protestwelle (Tarrow 1994: 153).[47] Das Protesthandeln überschreitet dabei den Horizont einzelner Kampagnen, Organisationen oder Bewegungen und erfasst weite Teile der Bevölkerung. Beispiele für anhaltende Protestwellen finden sich etwa im Zusammenhang mit den demokratischen Umbrüchen in Osteuropa nach dem Mauerfall (Wejnert 2002), der Welle der Demokratisierung in Ostasien (Kern 2005b; Thompson 1995) oder den neuen sozialen Bewegungen in Westeuropa (Kriesi u.a. 1995). Am Anfang einer Protestwelle stehen zumeist kleinere Gruppen, die damit beginnen, gegen Widersacher oder staatliche Autoritäten zu mobilisieren. Das weitere typische Verlaufsmuster beschreibt Tarrow wie folgt:

---

47 „Long multi-year protest waves are the accumulation of smaller protest waves arising from particular campaigns and the smaller-scale diffusion processes that occur within them" (Oliver and Myers 2002: 7).

„Wenn diese Proteste erfolgreich sind – oder wenn Eliten zumindest empfindlich darauf reagieren – und in den Forderungen anderer Gruppen Resonanz finden, erreicht das kollektive Handeln weitere Bevölkerungskreise und umfasst schließlich konventionelle und unkonventionelle, organisierte und unorganisierte, proaktive, reaktive und kompetetive Formen der Auseinandersetzung. In der Sprache der Spieltheorie wird ein Gewissheitszirkel freigesetzt, in dem eher risikoscheue oder weniger leicht zu mobilisierende Gruppen durch das Beispiel der Vorreiter beflügelt werden, ihre Forderungen in kollektives Handeln umzusetzen" (Tarrow 1991: 656-657).

Das charakteristische Merkmal von Protestwellen besteht somit darin, dass die Konflikte nicht auf einmal ausbrechen, sondern dass sich das kollektive Handeln über „eine Vielfalt von Diffusionen, Erweiterungen, Nachahmungen und Reaktionen" nach und nach den Weg bahnt (Tarrow 1991: 657). Protestwellen besetzen somit eine mittlere Position zwischen Routineprotesten auf der einen und Revolutionen auf der anderen Seite: Im Unterschied zu Routineprotesten können sie das politische Tagesgeschäft zwar durcheinander bringen; das Ausmaß an Gewalt bleibt jedoch (im Gegensatz zur Revolution) meist begrenzt (Kriesi u.a. 1995: 113).

In der Vergangenheit gab es immer wieder Versuche, die verschiedenen Stadien im Verlauf von Protestwellen zu beschreiben. Beispielsweise Rammstedt (1978: 137-178) unterscheidet sieben Phasen[48] in der Entwicklung sozialer Bewegungen. Aufgrund ihres deterministischen Charakters werden solche Modelle in der Bewegungsforschung mittlerweile eher skeptisch betrachtet, da oftmals

---

48 Rammstedt (1978: 137-178) charakterisiert den Ablauf sozialer Bewegungen wie folgt: Ausgangspunkt für die Entstehung von Protestwellen sind wirtschaftliche, politische oder soziale Krisen. In der ersten Phase (Propagierung der Krisenfolgen) der Mobilisierung werden in der Öffentlichkeit Stimmen laut, die auf die Folgen der Krise hinweisen und von der Gesellschaft Maßnahmen zu ihrer Behebung verlangen. Wird darauf nicht ausreichend reagiert, kommt es in der zweiten Phase (Artikulation des Protests) zu ersten Protestaktionen, denen sich immer mehr Krisenbetroffene anschließen. In der dritten Phase (Intensivierung) wird die Gesellschaft durch die Proteste immer stärker zwischen denen polarisiert, die sozialen Wandel herbeiführen wollen, und denen, die den Status quo bewahren. Die vierte Phase (Artikulation der Ideologie) ist durch eine starke Ideologisierung der Bewegung charakterisiert. Die Gesellschaft gilt dabei immer weniger als Teil der Lösung und immer mehr als Teil des Problems. Die Proteste werden folglich radikaler. In der fünften Phase (Ausbreitung) breitet sich die Bewegung aus. Das heißt, die Akteure versuchen, die breite Masse für sich zu gewinnen. Haben sie damit Erfolg, stellen sich jedoch Koordinationsprobleme ein. In der sechsten Phase (formale Organisierung) bilden sich daher zunehmend formale Organisationsstrukturen heraus, wobei professionelle Kader die Führung übernehmen. In der siebten Phase (Institutionalisierung) arrangiert sich die Bewegung schließlich immer stärker mit ihrer institutionellen Umgebung. Beispiele wären die Gründung von Parteien und Gewerkschaften innerhalb der Arbeiterbewegung oder die Institutionalisierung der Frauenbewegung.

gleichzeitig ablaufende Prozesse innerhalb sozialer Bewegungen willkürlich herausgegriffen und zu einzelnen Phasen überhöht werden. Darüber hinaus leisten sie kaum einen Beitrag zur Erklärung konkreter Mobilisierungswellen. In den vergangenen Jahrzehnten konzentrierte sich die Forschung folglich stärker auf die für den Verlauf von Protestwellen maßgeblichen Mechanismen (McAdam 1983; Tarrow 1989; Koopmans 1993). Beispielsweise Koopmans (2004b: 22) unterscheidet drei Merkmale, die allen Protestwellen gemeinsam sind: (1) Am Anfang steht eine Phase der starken Ausbreitung von Protesten über die Grenzen sozialer Gruppen, Gesellschaftsbereiche und teilweise nationaler Grenzen hinweg (*Expansion*). (2) Im Verlauf kommt es unweigerlich zur Veränderung von Identitäten, Handlungsstrategien, Bündnisstrukturen etc. (*Transformation*). (3) Irgendwann klingt die Protestwelle wieder ab und es kommt zu einer Stabilisierung der gesellschaftlichen Ordnung (*Kontraktion*).

Aus diesen Merkmalen folgt ausdrücklich nicht, dass Protestwellen immer drei abgrenzbare Stadien durchlaufen. Vielmehr sind von Beginn an die Mechanismen der Expansion, Transformation und Kontraktion *gleichzeitig* wirksam. Der Unterschied besteht jedoch in den Mischungsverhältnissen, die sich immer wieder ändern können: Während beispielsweise in der Ausdehnungsphase vor allem expansive Kräfte den Verlauf der Welle bestimmen, sind in der Abschwächungsphase vor allem kontraktive Kräfte am Werk. Die historische Entwicklung einer Protestwelle ist somit wesentlich davon abhängig, inwiefern sich die Mischungsverhältnisse mit der Zeit verändern. Die einzelnen Wirkungsmechanismen lassen sich dabei wie folgt beschreiben (Koopmans 2004b: 22-39):

1. *Mechanismen der Expansion*: Durch die einfache Wiederholung althergebrachter Formen des Protests lässt sich eine gesellschaftliche Ordnung normalerweise nicht erschüttern. Die staatlichen Instanzen sind darauf eingestellt und reagieren routinemäßig; auch für die Medien besteht kein Nachrichtenwert. Um eine Protestwelle in Gang zu setzen, bedarf es folglich der Herausforderung durch *neue* Taktiken, Organisationsformen oder Deutungsmuster: Als neues Kommunikationsmedium eröffnete beispielsweise das Internet Protestbewegungen bislang unvorstellbare Koordinationsmöglichkeiten, von denen besonders die globalisierungskritische Bewegung profitierte. Die jüngste Welle der Globalisierungskritik war zudem vom rasanten Wachstum eines neuen Typs von Bewegungsorganisation begleitet, der sich der transnationalen Kooperation verschrieben hat (Smith 2004, 2001). Der Beginn einer Protestwelle ist somit stets durch ein kreatives Moment charakterisiert.

Neuerungen spielen aber nicht nur als Medium von Diffusionsprozessen eine Rolle. Der Erfolg einer (neuen) Organisation oder Bewegung bedeutet automatisch eine Einschränkung für die Handlungsspielräume anderer Akteure bei der Mobilisierung von Ressourcen. Das heißt, durch Innovationen verschärft sich der *Wettbewerb* innerhalb des Bewegungssektors, wodurch, wie Tarrow (1989) gezeigt hat, die Expansion einer Protestwelle weiter angeheizt werden kann. Davon profitieren einerseits Bewegungen und Organisationen, die ähnliche Ziele verfolgen. Andererseits können sich andere Gruppen durch den Erfolg dieser Bewegung in der Verwirklichung ihrer Interessen bedroht fühlen. Unter bestimmten Bedingungen kann dadurch eine Gegenmobilisierung in Gang gesetzt werden, durch die sich das gesellschaftliche Klima weiter anheizt. Koopmans (2004b: 27-28) spricht in diesem Zusammenhang von „reaktiver Mobilisierung".

Da Gegenbewegungen zumeist von anderen Bevölkerungsgruppen getragen werden, muss die Mobilisierung der einen Seite nicht automatisch zu Einschränkungen auf der anderen führen. Beispielsweise in Südkorea hatten die meisten Proteste in den vergangenen Jahren eine starke linksnationalistische und amerikakritische Note (Kern 2007a). Anfang der 2000er-Jahre reagierte das konservative Milieu darauf zunehmend mit proamerikanischen und antinordkoreanischen Gegenkampagnen, wodurch sich wiederum ihre Gegner provoziert fühlten. In der Folge stieg das Gesamtniveau der Proteste deutlich an.

2. *Mechanismen der Transformation*: Je weiter eine Protestwelle voranschreitet, desto schwieriger vorhersehbar ist der zukünftige Verlauf der Ereignisse. Damit verliert die Politik ihre Berechenbarkeit und es wächst die Ungewissheit. Solange der Austausch zwischen verschiedenen Gruppen einem eingespielten Muster folgt, ist die politische Ordnung stabil. Probleme lassen sich durch die Wiederholung von Interaktionen im *trial-and-error*-Verfahren in den Griff bekommen. In Zeiten des Protests ist diese Ordnung jedoch außer Kraft gesetzt. Da die Akteure sich nicht mehr auf ihre Erfahrungen verlassen können, sind sie gezwungen, ihre Strategien der neuen Situation fortwährend anzupassen.

„In trying to achieve their aims, contenders consider several alternatives for action, anticipate the reactions of other actors to them, and choose the option that provides the optimal balance of costs and benefits" (Koopmans 2004b: 30).

Das heißt, in Situationen erhöhten Konflikts orientieren sich die Akteure womöglich stärker an den Grundsätzen rationalen Handelns als in Zeiten der politischen Normalität. Die einfachste Strategie liegt dabei im Kopieren von erfolgreichen Strategien, die sich bewährt zu haben scheinen. Oliver

(2002b) spricht in diesem Zusammenhang von „adaptive Learning"[49]. Der Verlauf einer Protestwelle ist aber nicht allein durch „adaptive Learning" zu erklären. Angesichts der Nichtwiederholbarkeit und Zufälligkeit von Ereignissen zeichnen Protestwellen sich in hohem Maße durch *Pfadabhängigkeit* aus. Pfadabhängige Prozesse sind dadurch charakterisiert, dass (a) frühere Geschehnisse einen relativ größeren Einfluss auf den Ereignisverlauf haben als spätere, (b) ein eingeschlagener Pfad mit der Zeit immer schwerer zu verändern ist, (c) die Auswirkungen von frühen Ereignissen dauerhaft spürbar bleiben und (d) am eingeschlagenen Weg festgehalten wird, obwohl vielleicht die beteiligten Akteure immer weniger davon profitieren (Pierson 2004).

Gerade unter den Bedingungen politischer Instabilität haben Fehler, falsche Einschätzungen und Missverständnisse oft eine größere Wirkung als in normalen Zeiten. Dadurch können Ereignisse ausgelöst werden, die eine Kette von weiteren folgenschweren Ereignissen nach sich ziehen. Ein Beispiel ist die Öffnung der Berliner Mauer im November 1989. Sie war durch ein Missverständnis zwischen den Mitgliedern des Polit-Büros Günter Schabowski und Egon Krenz ermöglicht worden. Die Folgen dieses Schritts konnten nicht mehr rückgängig gemacht werden und führten (zusammen mit anderen historischen Ereignissen) in letzter Konsequenz zum Niedergang des Kommunismus in Osteuropa.

3. *Mechanismen der Kontraktion*: Während zahlreiche Konzepte zur Verfügung stehen, um die Entstehung und Transformation von Protestwellen zu erklären, gibt ihr Abklingen noch immer Rätsel auf (Oliver und Myers 2002b). Ein generelles Argument lautet, dass Proteste die Normalität außer Kraft setzen und für die Teilnehmer dadurch hohe Kosten entstehen, die irgendwann wieder zu einem Rückgang führen müssen. Damit ist aber nicht geklärt, warum eine Welle in manchen Fällen sehr schnell abklingt, während in anderen Fällen die Proteste über Jahre anhalten. Koopmans (2004b: 37-39) führt als mögliche Erklärung generell zwei Mechanismen ins Feld: *Restabilisierung* und *Konfliktmediation*. Im ersten Fall pendelt sich im Austausch zwischen den beteiligten Akteuren zunehmend Routine ein. Ein anschauliches Beispiel ist das Abklingen der Friedensbewegungen in Westeuropa, nachdem die atomaren Mittelstreckenraketen stationiert waren (vgl. Kap. 4.3.2):

---

49 „An adaptive learning process is one in which actors change their behavior depending on its outcomes" (Oliver und Myers 2002b: 10).

„Conflict parties gradually learn, both that they themselves have reached the limits of their possibilities, and that others, too, do not command sufficient power in their favor. Importantly, such a stabilization of social relations does not usually imply complete mutual demobilization" (Koopmans 2004b: 38).

Im zweiten Fall wird der Konflikt einem Vermittlungsverfahren unterworfen. Die Konfliktregelung wird dabei einer dritten Instanz übertragen, deren Legitimität von keiner der beteiligten Parteien in Zweifel gezogen wird. In funktionierenden Demokratien wird diese Rolle zumeist von den Wählern, Gerichten oder Parlamenten ausgefüllt. Eine weitere Möglichkeit besteht in der Einrichtung kollektiver Verhandlungssysteme wie etwa der Tarifautonomie. Wenn sich Gewerkschaften und Arbeitgeber nicht einigen können, wird ein allseits akzeptierter Schlichter angerufen, dessen Schiedsspruch für die Beteiligten mehr oder weniger verbindlich ist. In ähnlicher Weise engagieren sich gegenwärtig bei Konflikten in vielen Ländern etwa die Vereinigten Staaten, die Europäische Union oder die Vereinten Nationen als Vermittler.

5.3 Framing

Bis in die späten 1980er-Jahre beschränkte sich – von einigen Ausnahmen abgesehen (Turner und Killian 1972) – die Analyse ideologischer Faktoren in der Protestforschung zumeist auf die rein deskriptive Beschreibung der Ziele, Forderungen und Ideen sozialer Bewegungen. Während die Theorie neuer sozialer Bewegungen Proteste als Ausdruck von neuen strukturellen Konflikten konzeptualisierte, betrachtete die Theorie der Ressourcenmobilisierung soziale Unzufriedenheitspotenziale, Ideen und Problemdeutungen als prinzipiell beliebig und schenkte ihnen kaum Beachtung. Im ersten Fall standen der latente Strukturwandel und neue Formen kollektiven Handelns im Vordergrund, im zweiten Fall die Einwerbung von Ressourcen durch Bewegungsorganisation und der Wandel von Gelegenheitsstrukturen. Dabei wurde oft übersehen, dass Bedeutungen sich nicht von selbst ergeben, sondern vielmehr das Ergebnis sozialer Definitionsprozesse sind (Thomas und Thomas 1970: 571-572). Das heißt, soziale Bewegungen sind nicht nur Träger von vorhandenen Bedeutungs- und Glaubenssystemen, sondern auch deren Produzenten. In dieser Funktion üben sie – gemeinsam mit anderen öffentlichen Akteuren und den Medien – einen enormen Einfluss auf die „gesellschaftliche Konstruktion der Wirklichkeit" (Berger und Luckmann 1989) aus.

Ausgehend von Erving Goffmans (1977) Konzept der „Rahmen-Analyse" wurde Mitte der 1980er-Jahre im Umfeld von David Snow u.a. (1986, 1988, 1992) sowie William A. Gamson (1992, 1995) der so genannte *Framing-Ansatz*[50] entwickelt, der sich auf die Produktion und Reproduktion kultureller Deutungsstrukturen konzentriert, mit denen soziale Bewegungen ihre Anhängerschaft mobilisieren. Dieser kollektive Deutungsrahmen wird dabei als „action oriented set of beliefs and meanings that inspire and legitimate the activities and campaigns of a social movement organization" (Snow und Benford 2000: 614) definiert. Wie in Kapitel 5.1.3 erwähnt, steuert er die Lokalisierung, Wahrnehmung, Identifikation und Benennung von Ereignissen und ist damit für die kognitive Organisation von Erfahrungen und Handlungen verantwortlich.

Mit Hilfe des Framing-Konzepts lassen sich Fragen untersuchen, die für den Zusammenhang zwischen Protestinhalten und Mobilisierungserfolg von zentraler Bedeutung sind: (1) Durch welche charakteristischen Merkmale zeichnet sich der Deutungsrahmen von Protestbewegungen aus? (2) Von welchen Faktoren hängt sein Mobilisierungspotenzial ab? (3) Welche Möglichkeiten stehen den beteiligten Akteuren zur Verfügung, um die Wirkung ihres Deutungsrahmens zu verbessern? Im Folgenden geht es um die Antworten, die der Framing-Ansatz bereithält. Im ersten Teil stehen die Kernaufgaben des Framing im Mittelpunkt, im zweiten Teil Framing-Strategien und im dritten Teil das Konzept des Master Frames.

5.3.1 Kernaufgaben des „Framing"

Im Zentrum der Deutungsarbeit sozialer Bewegungen stehen erstens die Entwicklung von Problemdiagnosen (*diagnostic framing*), zweitens das Angebot von Lösungen (*prognostic framing*) und drittens die Ausarbeitung von Motivationsstrategien (*motivational framing*) für tatsächliche und potenzielle Sympathisanten (Snow und Benford 2000: 615-618).[51] Obgleich sich die meisten Studien

---

50 In der deutschen Diskussion über den Framing-Ansatz werden normalerweise die einschlägigen englischen Fachbegriffe benutzt. Diese Konvention wird hier beibehalten.
51 Alternativ verortet Gamson (1995) die Kernaufgaben der Rahmenarbeit in der Herausarbeitung von sozialen Ungerechtigkeiten (injustice frames), der Stärkung des kollektiven Zusammenhaltes (identity frames) und der Entwicklung von Handlungskonzepten, um öffentliche Aufmerksamkeit zu erzeugen (agency frames). Zwischen diesem und dem oben aufgeführten Konzept gibt es zahlreiche Überschneidungen. Snow und Benford (2000: 615-616) halten ihrem Ansatz jedoch zugute, dass er nicht nur auf Protestbewegungen anwendbar ist, sondern auf jede Form kollektiven Handelns. Aus diesem Grund stützen sich die nachfolgenden Darstellungen überwiegend auf ihren Ansatz.

an dieser Konzeptualisierung orientieren, kritisieren McAdam und Sewell (2001: 119), dass der bisherige Framing-Ansatz dem Umgang mit Temporalität bisher nicht genug Aufmerksamkeit schenkt. Mit der Unterscheidung von Diagnose-, Prognose- und Motivationsframing beschränkt sich die Rahmenanalyse von Protesten auf sachliche und soziale Aspekte, während die zeitliche Dimension – also die Herstellung eines kollektiven Gedächtnisses – bisher kaum eine Rolle spielt.[52] Dabei handelt es sich gerade hier um ein zentrales Moment der Konsens- und Handlungsmobilisierung. Die Konstruktion eines kollektiven Gedächtnisses (*memory framing*) leistet die Stabilisierung der Bewegungsidentität im Zeitverlauf und ist, wie zahlreiche Studien belegen, eine unverzichtbare Ressource für die Mobilisierung von kollektivem Handeln (Olick und Robbins 1998; Kern 2003; Schwartz und Schuman 2005). Auf diesen Punkt muss daher ebenfalls eingegangen werden.

Der Begriff *diagnostic framing* bezieht sich auf die Identifikation von Problemen und ihren Ursachen. Die Hauptaufmerksamkeit liegt dabei zumeist auf der Zuschreibung von Verantwortung und der Suche nach möglichen „Schuldigen". Angesichts der oft großen Heterogenität der Akteure, die sich innerhalb einer sozialen Bewegung engagieren, ist die Herstellung einer gemeinsamen Problemdiagnose keine Selbstverständlichkeit. Um ein Beispiel aus der globalisierungskritischen Bewegung aufzugreifen: Es herrscht zwar weitgehend Einigkeit, dass vom so genannten „Neoliberalismus" eine Bedrohung für das weltweite ökologische, politische und soziale Gleichgewicht ausgeht,[53] die Meinungen über die zugrundeliegenden Ursachen liegen teilweise jedoch weit auseinander: Auf der einen Seite wird auf die Entfesselung der kapitalistischen Dynamik und der abnehmenden Bindungskraft staatlicher Grenzen nach dem Ende des Ost-West-Gegensatzes verwiesen, auf der anderen Seite auf das politische und ökonomische Streben nach einer neuen hegemonialen Weltordnung unter Führung der USA.

Beide Sichtweisen schließen einander zwar nicht grundsätzlich aus, setzen jedoch unterschiedliche Akzente: Im ersten Fall wird die Globalisierung als ein außer Kontrolle geratener, eigendynamischer Entwicklungsprozess beschrieben, der durch den Aufbau geeigneter politischer und ökonomischer Institutionen

---

52 Gessenharters Studie (1998) über die Rekonstruktion des 8. Mai 1945 in der rechtsradikalen Rhetorik ist ein Ausnahmebeispiel. Siehe auch: Kern (2003).

53 „Das Programm des Neoliberalismus beinhaltet [...] mehr als die umfassende Privatisierung der öffentlichen Daseinsfürsorge, Deregulierung des Arbeitsmarkts und steuerliche Entlastung von Unternehmen und Vermögenden. Es definiert die Marktgesellschaft als Endpunkt menschlicher Geschichte und zielt derart fundamental auf eine ‚Entthronung der Politik' (Hayek) ab". Vgl. Attac Lexikon der Globalisierung, http://www.attac.de/texte/ldg/neoliberalismus.php, Zugriff am 17.04.2006.

wieder in ruhigere Bahnen gelenkt werden kann. Im zweiten Fall ist Globalisierung dagegen nur ein anderes Wort für „Imperialismus": Internationale Organisationen wie Weltbank, Weltwährungsfonds und Welthandelsorganisation werden in erster Linie als Instrumente zur Unterdrückung, Kontrolle und Ausbeutung des Südens durch den Norden angesehen. Wie erwähnt, teilen beide Strömungen die Kritik am Neoliberalismus und am herrschenden Weltwirtschaftssystem. Der Unterschied besteht jedoch darin, dass die antiimperialistische Globalisierungskritik noch einen Schritt weitergeht und mit den USA beziehungsweise dem Westen einen „Verursacher" benennt, dem sie die moralische Verantwortung zuschreibt. Damit stößt sie vor allem in Ländern und Regionen auf breite Zustimmung, die vom Kolonialismus betroffen waren (Kern 2007a, 2005a; Faath 2003; Oettler 2003). Ihr Nachteil liegt jedoch in der Gefahr des Abgleitens in Verschwörungstheorien und Antiamerikanismus – was viele Globalisierungskritiker in Nordamerika und Europa wiederum abschreckt.

Der Begriff *prognostic framing* bezieht sich auf die Entwicklung von Problemlösungen (Snow und Benford 2000: 616). Um glaubwürdig zu sein, müssen soziale Bewegungen zumindest eine vage Vorstellung darüber haben, wie das diagnostizierte Problem behoben werden kann. Ähnlich wie die Problemdiagnose ist auch die (vorgeschlagene) Problemlösung oft das Ergebnis komplizierter Aushandlungsprozesse. Die globalisierungskritische Bewegung bietet dafür ein anschauliches Beispiel. Ihre Mitglieder und Träger kommen nicht nur aus unterschiedlichen Weltregionen mit ihren jeweiligen ökonomischen und sozialen Problemen, sie engagieren sich auch auf unterschiedlichsten Gebieten wie etwa gegen die Überschuldung der Dritten Welt, miserable Arbeitsbedingungen bei Nike-Zulieferern, Menschrechtsverstöße im Zusammenhang mit Chevron und Shell in Nigeria, die Verlagerung von Tausenden von Arbeitsplätzen aus Industrie- in Billiglohnländer etc.

Vor diesem Hintergrund überrascht es nicht, wenn die Meinungen auseinandergehen, welche politischen Reformen erforderlich sind und wie man sie durchsetzen kann. Bekannte Beispiele sind die oben erwähnte Nord/Süd-Spaltung der *Jubilee*-Kampagne oder die im Jahr 2003 durch Reden der indischen Schriftstellerin Arundhati Roy ausgelöste Kontroverse zwischen Befürwortern und Gegnern von Gewalt als Mittel des Widerstands. Dennoch hat sich in den 1990er-Jahren unter den Kritikern der Globalisierung ein gemeinsamer Nenner herauskristallisiert, der in der Forderung nach Regeln kulminiert, die auf ökologische, ökonomische und soziale Folgeprobleme der Globalisierung Rücksicht nehmen (Ayres 2004: 15-20). Obschon es sich hier um eine sehr allgemeine Formel handelt, bringen sich die Globalisierungskritiker damit unmittelbar in Stellung gegen das von Anhängern des Neoliberalismus propagierte Deregulierungsprogramm. Auf dieser Grundlage lassen sich einerseits widersprüchliche

Interessen innerhalb der Bewegung integrieren, andererseits kann jede Gruppe weiterhin ihre Identität bewahren.

Der Begriff *motivational framing* bezieht sich auf die Entwicklung von Anreizen für gemeinsames Protesthandeln. Wie bereits Olsen (1976) deutlich gemacht hat, reicht ein Konsens über Problemursachen und mögliche Lösungen nicht aus, um kollektive Handlungen in Gang zu setzen, die an dem Problem etwas ändern. Den Adressaten der Mobilisierung müssen in aller Regel selektive Anreize wie Anerkennung, Solidarität oder moralische Appelle geboten werden, damit sie sich persönlich engagieren (vgl. Kap. 5.2.1). Ein anschauliches Beispiel bietet eine Aktion des globalisierungskritischen Netzwerks Attac, die während der Eröffnung der „Grünen Woche" am 20.01.2005 in Berlin stattfand.[54] Das Ziel bestand darin, die Position der Bundesregierung in den Agrarverhandlungen der Welthandelsorganisation zu kritisieren. Das Motto „WTO macht Hunger" war nicht nur auf einem großen Banner zu lesen, das von den Demonstranten im Saal aufgerollt worden war, sondern auch auf Papptellern, „die während der Rede von Landwirtschaftsministerin Renate Künast durch den Saal flogen". Die Globalisierungskritiker vertraten den Standpunkt, dass die WTO-Politik die Hungerkrise in vielen Ländern eher verschärft, „anstatt sie zu bekämpfen". Durch die Verknüpfung von „WTO" und „Hunger" wird das inhaltliche Anliegen mit körperlichen Gefühlen assoziiert, die vermutlich jeder kennt und keiner wünscht. Dabei wird suggeriert, dass die WTO gegen allgemein anerkannte Normen der Mitmenschlichkeit und Hilfsbereitschaft verstößt.

Der Begriff *memory framing* (Kern 2003) bezieht sich auf die Entwicklung eines kollektiven Gedächtnisses. Jede soziale Interaktion beruht auf bestimmten Realitätsannahmen, die nicht eigens in die Kommunikation eingeführt oder begründet werden müssen (Luhmann 1996: 121). Sie bilden den unhinterfragten Kontext, innerhalb dessen neue Informationen sinnvoll interpretiert werden. Dieser symbolische Rahmen wird durch das kollektive Gedächtnis bereitgestellt (Halbwachs 1991; Assmann 2002). Die kollektive Erinnerung zieht eine historische Entwicklungslinie von der Vergangenheit bis in die Gegenwart und bietet damit Ansatzpunkte für eine Verlaufsbeobachtung der Geschichte. Dadurch werden zwei Funktionen erfüllt (Schwartz 1996: 910): Zum einen wird ein Vergangenheitshorizont aufgespannt, vor dessen Hintergrund erst die Interpretation der Gegenwart möglich ist (*Reflexionsfunktion*). Zum anderen werden Erfahrungen, Werte und Normen für die Lösung von Gegenwartsproblemen überliefert (*Orientierungsfunktion*).

---

54 Vgl. http://listi.jpberlin.de/pipermail/attac-d-presse/2005-January/000326.html, Zugriff am 16.08.2007

In der Protestforschung ist das kollektive Gedächtnis sozialer Bewegungen bisher kaum systematisch untersucht worden. Wie einschlägige Ergebnisse aus der Gedächtnisforschung jedoch zeigen, spielt das kollektive Gedächtnis in sozialen Mobilisierungsprozessen oft eine wichtige Rolle (Olick und Robbins 1998; Giesen 1999). In der globalisierungskritischen Bewegung haben sich unterschiedliche Standpunkte bei der Deutung der Vergangenheit beispielsweise auf die oben erwähnte Nord/Süd-Spaltung der Erlassjahr-Kampagne ausgewirkt (vgl. Kap. 4.4.3). *Jubilee South* reklamiert einen historischen Zusammenhang zwischen Kolonialisierung und Überschuldung, weshalb nicht nur die Zahlungsforderungen westlichen Gläubiger in Frage gestellt, sondern auch Reparationen als Wiedergutmachung verlangt werden. An der Kampagne beteiligte afrikanische Organisationen argumentieren dabei wie folgt:

> „Historical inequalities arising from slavery, slave trade wars, colonial legacy and unequal trade relations framed the structure for imperial domination and control of our economies and the resultant debt crisis. The international financial institutions and northern industrialized governments have used the deepening cycle of indebtedness as a tool of domination to create favorable conditions for predatory corporate expansion to further loot and plunder Africa's human and natural resources. In this cyclical process Africa has repaid this debt several times over and no longer do we just shout – we don't owe, we won't pay but declare that Africa is the creditor"[55].

Wie das Beispiel zeigt, ist das kollektive Gedächtnis für das *diagnostic*, *prognostic* und *motivational framing* von großer Bedeutung. Dabei kommen sowohl die Reflexions- als auch die Orientierungsfunktion des kollektiven Gedächtnisses zum tragen. Die zitierten Mitglieder der *Jubilee South*-Kampagne deuten nicht nur die heutigen Probleme afrikanischer Länder vor dem Hintergrund der Kolonialisierung, sondern leiten daraus auch ihre Forderungen ab. Zu einem ähnlichen Ergebnis kommen auch Studien zur globalisierungskritischen Bewegung und antiamerikanischen Protesten in Südkorea (Kern 2007a; Kern 2005a).

5.3.2 Framing-Strategien

Protestbewegungen verfolgen mit ihrem Deutungsangebot einen bestimmten Zweck: Sie wollen auf Probleme aufmerksam machen, alternative Lösungsvor-

---

55 Vgl. http://www.jubileesouth.org/news/EEpEuuEVAuBwgaUCpB.shtml, Zugriff am 17.04.2006.

schläge in die öffentliche Diskussion einbringen, neue Mitglieder mobilisieren etc. Wie Snow u.a. (1986) in einer bedeutenden Studie gezeigt haben, nutzen soziale Bewegungen normalerweise vier grundlegende Framing-Strategien, um diese Ziele zu erreichen (siehe auch: Snow und Beford 2000: 624-625): die systematische Verknüpfung von gegenseitig ideologisch anschlussfähigen, aber bisher nicht verbundenen Deutungsrahmen, die Hervorhebung und Verstärkung ausgewählter Inhalte, die Ausdehnung eines Interpretationsrahmens und die Austilgung oder Umdeutung von widersprüchlichen Deutungsmustern:

1. Die Verbindung ideologisch anschlussfähiger, aber getrennter Deutungsrahmen (*frame bridging*) steht am Anfang der transnationalen globalisierungskritischen Bewegung, die sich aus unterschiedlichen Strängen und disparaten regionalen Problemhorizonten heraus entwickelte. In Westeuropa spielten der Widerstand gegen den Vertrag von Maastricht, Demokratiedefizite in der EU und die Einführung einer gemeinsamen europäischen Währung eine zentrale Rolle. In Nordamerika richteten sich Bedenken zunächst gegen die Einrichtung der kanadisch-amerikanischen Freihandelszone und später deren Ausdehnung auf Mexiko. Im „Süden" konzentrierten sich Proteste schließlich auf die soziale Kahlschlagpolitik des Internationalen Währungsfonds (IWF), die Politik der Welthandelsorganisation und die generelle Ungerechtigkeit des globalen Wirtschaftssystems. Mit der zunehmenden Entgrenzung der Ökonomie bildete sich langsam jedoch eine gemeinsame Agenda für übergreifende Kampagnen heraus. Eine wesentliche Rolle bei der Überbrückung regionaler Frames spielte der Austausch von Erfahrungen, Meinungen und Informationen über das Internet (Ayres 2004: 19). Webseiten, Chat Rooms und Emails bildeten das mediale Fundament für die Angleichung unterschiedlicher Perspektiven. Ebenso von Bedeutung waren große überregionale Konferenzen und Kongresse wie etwa das Weltsozialforum.

2. Durch die Verstärkung einzelner Glaubenssätze oder Ideen (*frame amplification*) vergrößert sich die kulturelle Resonanz und damit das Mobilisierungspotenzial eines Deutungsrahmens (vgl. Kap. 5.4.3). Dabei wird teilweise bewusst Anschluss an die zentralen Symbole, Werte und Mythen eines Kollektivs gesucht. Ein anschauliches Beispiel boten die mexikanischen Zapatisten, die Anfang der 1990er-Jahre in der Tradition antikolonialistischer Bewegungen gegen die ökonomischen, sozialen und politischen Folgen der Globalisierung Widerstand leisteten (Castells 2003: 80-91). Mit der Verwendung traditioneller Masken als Erkennungssymbol knüpften sie bewusst an das kulturelle Erbe der indianischen Bevölkerung Mittelamerikas an: „Faceless and masked men are not only shielded against insult and ridi-

cule or, indeed, against violent assaults; by their masks, they can also act as men ritually transformed into deified warriors" (Ouweneel 1999: 94). In ähnlicher Weise suchte auch die Demokratiebewegung in Südkorea in den 1970er- und 1980er-Jahren Anschluss an die kulturellen und religiösen Traditionen des Landes, um die Bevölkerung von ihren Zielen zu überzeugen. Studentengruppen belebten beinahe in Vergessenheit geratene Formen der Dorfkultur und der Erzählkunst wieder neu und nutzten sie gezielt, um sich über das Regime lustig zu machen und soziale Missstände zu kritisieren (Kern 2005b)

3. Bei der Ausdehnung eines Deutungsrahmens (*frame extension*) werden bestimmte inhaltliche Schwerpunkte und Themen – die in der Vergangenheit vielleicht in den Hintergrund geraten sind – neu betont und in den Vordergrund gestellt, um neue Zielgruppen anzusprechen. Ein Beispiel ist die Rolle der Gewerkschaften in der globalisierungskritischen Bewegung. Die Idee der internationalen Solidarität gehörte zwar von Anfang an zu den Grundprinzipien der Gewerkschaftsbewegung, die tatsächliche Praxis war jedoch oft am nationalstaatlichen Konzept der Standortpolitik orientiert. Während Unternehmen den grenzüberschreitenden Austausch von Waren und Dienstleistungen immer weiter vorantrieben, passten sich vor allem die Gewerkschaften in den westlichen Wohlstandsgesellschaften nur zögerlich den neuen Verhältnissen an. Ihr Dilemma bestand darin, dass sie zu den Hauptnutznießern des nationalstaatlichen Sozial- und Wirtschaftsmodells gehörten. Dieses Denken änderte sich daher nur langsam. Mittlerweile ist jedoch deutlich geworden, dass nicht nur der „Süden", sondern auch der „Norden" ein starkes Interesse an der Durchsetzung internationaler Arbeits- und Sozialstandards haben muss. Das „alte" Konzept der internationalen Solidarität wurde durch die Globalisierung somit neu belebt und hat damit innerhalb der gewerkschaftlichen Agenda erheblich an Bedeutung gewonnen. Dadurch wurde die Integration der Gewerkschaften in die globalisierungskritische Bewegung deutlich erleichtert.

4. Bei der Transformation eines Deutungsrahmens (*frame transformation*) geht es um die Durchsetzung von neuen Überzeugungen und Ideen, die sich eventuell im Widerspruch zu den vorherrschenden Wertvorstellungen einer Gesellschaft befinden. Nach dem 11. September 2001 gelang es beispielsweise den Befürwortern der neoliberalen Agenda in den USA, ihre Kritiker als „unpatriotisch" zu stigmatisieren und in die Defensive zu drängen. Die US-Regierung startete eine Kampagne, in der sie den Freihandel als schärfsten Waffe im Kampf gegen den Terrorismus darstellte (Ayres 2004: 26). Die Erneuerung der so genannten „trade promotion authority" im Jahr 2002, die den Präsidenten mit weitreichenden Vollmachten für die Vereinbarung

von internationalen Handelsabkommen ausstattet, wurde auf diese Weise zu einem Test für die „Vaterlandsliebe" der Kongressabgeordneten hochstilisiert. Die Gegner des uneingeschränkten Freihandels galten dagegen als Feinde des *American Way of Life*. Die Öffentlichkeit stand ihnen größtenteils ablehnend gegenüber. In dieser Phase blieb ihnen nichts anderes übrig, als Überzeugungsarbeit zu leisten, indem sie etwa geduldig auf Fakten (Statistiken, Gutachten, wissenschaftliche Studien etc.) verwiesen, von denen sie glaubten, dass sie ihre Kritik an der neoliberalen Agenda stützt. Durch Bemühungen dieser Art leisten soziale Bewegungen generell einen wesentlichen Beitrag zum kulturellen Wandel und eröffnen unter Umständen Chancen für gesellschaftliche Lernprozesse (vgl. Kap. 6.3).

5.3.3 Master Frames

In den meisten Fällen beschränkt sich das Framing kollektiver Protesthandlungen auf spezifische Gruppeninteressen oder Probleme. Sobald ein Interpretationsrahmen jedoch über eine bestimmte Gruppe hinaus auch für die Handlungen anderer Gruppen an Relevanz gewinnt, kann von einem *Master Frame* gesprochen werden. Obschon Master Frames die gleiche Funktion haben wie herkömmliche Protestrahmen – nämlich die Punktierung, Attribution und Artikulierung von Wahrnehmungen – spielen sie eine wichtige Rolle bei der Bildung von übergreifenden Protestkoalitionen (Gerhards und Rucht 1992; Kern 2005b). Im Unterschied zu herkömmlichen Protestframes sind sie auf einem allgemeineren Niveau formuliert und decken daher ein breiteres Spektrum von Phänomenen ab: „Master Frames are to movement-specific collective action frames as paradigms to finely tuned theories. Master Frames are generic, specific collective action frames are derivative" (Snow und Benford 1992: 138). Auf diese Weise bilden sie eine kulturelle Hintergrundfolie für die Abstimmung unterschiedlicher Wahrnehmungen und Interessen.

Der Deutungsrahmen der globalisierungskritischen Bewegung erfüllt diese Funktion in mehrfacher Hinsicht. Mit ihrer Solidaritätsprogrammatik als Gegenstück zum Neoliberalismus bietet sie eine weit gefasste Projektionsfläche für unterschiedlichste Gruppen, die jeweils spezifische Eigeninteressen verfolgen: Gewerkschaften, Umweltgruppen, Dritte-Welt-Gruppen, religiöse Organisationen, Frauenorganisationen und viele mehr. Eine exemplarische Studie dazu wurde von Gerhards und Rucht (1992: 584-587) vorgelegt. Dabei zeigten die Autoren, wie anlässlich eines Kongresses des Internationalen Währungsfonds (IWF) und der Weltbank in Berlin 1988 verschiedene Gruppen unter dem Dach einer gemeinsamen Ideologie des „Antiimperialismus" zusammengeführt wurden:

"The development of a homogenous interpretative Master Frame which, at the same time, supplied connecting links for the integration of group-specific interpretative frameworks, was one of the preconditions for the integration of different groups within the leftist-alternative spectrum" (Gerhards und Rucht 1992: 586).

Der Master Frame bildet somit den gemeinsamen ideologischen Nenner für viele Gruppen und ist in dieser Form die Ausgangsbasis für kollektives Protesthandeln. Dies ist gerade bei Protestwellen und Kampagnen von Bedeutung, an denen mehrere Gruppen und Organisationen mit unterschiedlichen Interessen und Zielen beteiligt sind. Die *Expansion* einer Protestwelle ist deshalb zumeist an die Entstehung eines neuen Master Frames gebunden: „Associated with the emergence of a cycle of protest is the development or construction of an innovative master frame" (Snow und Benford 1992: 143). Ihre Wurzeln reichen zwar sehr viel weiter zurück, die globalisierungskritische Bewegung rückte jedoch erst in den 1990er-Jahren als Reaktion auf den Neoliberalimus ins öffentliche Bewusstsein. Dies lässt sich am Fallbeispiel von Attac-Frankreich veranschaulichen: Der Gründung der Organisationen ging ein Zeitungsartikel in *Le Monde diplomatique* voraus, in dem die „Entwaffnung der Finanzmärkte" gefordert wurde. Aufgrund der überraschend positiven Resonanz des Artikels bildete die Redaktion eine Arbeitsgruppe aus Intellektuellen und Gewerkschaftern, in der das spätere Statut von Attac ausgearbeitet wurde. Das Deutungskonzept entfaltete eine enorme Anziehungskraft auf verschiedenste Gruppe und wurde auf diese Weise zu einem Kristallisationspunkt für nachfolgende Kampagnen:

„Nach vielen Jahren einer unangefochtenen Hegemonie geriet der Neoliberalismus und die mit ihm verbundene neoliberale ökonomische Globalisierung in eine tiefe Akzeptanzkrise. Entsprechend waren in den Jahren 1996 und 1997 in Frankreich bereits mehrere globalisierungskritische Bücher erschienen, darunter z.B. der Bestseller von Viviane Forrester *L'horreur économique*. In der öffentlichen Debatte hatte der kritische Globalisierungsdiskurs deshalb schon damals eine große Bedeutung" (Eskola und Kolb 2003).

Ein neuer Deutungsrahmen eröffnet aber nicht nur neue Spielräume für die Interpretation der sozialen Wirklichkeit, er fördert zumeist auch die Verwendung neuer oder bisher nur selten verwendeter Taktiken (Snow und Benford 1992: 145-147). Das Ideal grenzüberschreitender Solidarität drückt sich etwa besonders in der Gründung des Weltsozialforums als Alternative und Kontrast zum Weltwirtschaftsforum aus. Ähnliches gilt für die bereits oben erwähnten transnationalen Organisationen und die Vernetzung über das Internet. Obgleich Proteste gegen internationale Organisationen und Kongresse keine Erfindung der globalisierungskritischen Bewegung sind, haben sie sich zu ihrem Markenzeichen entwickelt. Dabei zeigt sich, dass Protestorganisationen nicht nur über Proteste auf politische Prozesse Einfluss nehmen, sondern sich zunehmend auch in internationale Verhandlungsnetzwerke einbinden lassen (Eder 2000b, 2001).

Das Framing hat aber nicht nur ermöglichende, sondern auch beschränkende Wirkungen auf die Taktiken einer Protestbewegung. Die Idee der globalen Solidarität lässt prinzipiell keine Form der ethnischen, sexuellen oder religiösen Diskriminierung zu. Zumindest dem Anspruch nach unterscheidet sich die linksliberale Globalisierungskritik darin grundlegend von rechtsextremen oder fundamentalistischen Bewegungen (vgl. Kap. 4.3). Dass die Trennung beider Standpunkte in der Praxis oftmals schwieriger ist als gedacht, lässt sich nicht zuletzt anhand der scharf geführten Antisemitismus-Debatte innerhalb der Organisation Attac nachvollziehen (*ZEIT*, 23.10.2003).

Das Mobilisierungspotenzial einer Bewegung – und damit die Stärke einer Protestwelle – ist entscheidend von der Resonanz eines Master Frames abhängig. Der Begriff „Resonanz" bezieht sich auf die Anschlussfähigkeit des Deutungsrahmens gegenüber den kulturellen Traditionsbeständen einer Population. Dabei gilt: je stärker die kulturelle Resonanz, desto größer das Mobilisierungspotenzial. In Kapitel 5.4.4 wird darauf ausführlicher eingegangen. Der Master Frame ist aber nicht nur für die Expansion und den Aufschwung von Protestwellen von Bedeutung. Auch ihr Abschwung kann mit dem Deutungsrahmen zusammenhängen. Dies ist zum einen der Fall, wenn sich das politische und kulturelle Klima plötzlich ändert. Oben wurde bereits angesprochen, dass sich beispielsweise die Bedingungen für die globalisierungskritische Bewegung in den Vereinigten Staaten nach dem 11. September 2001 erheblich verschlechterten. Die Problemdeutungen der Globalisierungskritiker gerieten angesichts der öffentlichen Diskussion über terroristische Gefahren in den Hintergrund und ihre Forderungen stießen in der Bevölkerung kaum noch auf Resonanz:

> „It was clear (...) that U.S. activists were on the defensive and hesitant about their tactical direction after September 11, as large-scale raucous protests seemed out of step with the national mood. The state responses to both the terrorist attacks as well as to anti-neoliberal protest, posed a challenge to prognostic frame dissemination, as activists now had to engage in a public relations battle to de-link in the minds of an anxious U.S. public, protest against neoliberal policy from acts of terrorism" (Ayres 2004: 26).

Wie dieses Beispiel zeigt, ist die Resonanz eines Deutungsrahmens nicht allein von der Anschlussfähigkeit gegenüber kulturellen Traditionen abhängig, sondern auch von der aktuellen Stimmung in der Bevölkerung, die in hohem Maße von den Massenmedien bestimmt ist. Der Erfolg eines Master Frames ist folglich entscheidend vom Zugang zu den Massenmedien und der Framing-Strategie der Protestakteure abhängig. Über die schwindende Resonanz hinaus kann die Wirkung eines Master Frames aber auch durch das Aufkommen eines konkurrierenden Deutungsrahmens abgeschwächt werden. Dies gilt etwa für das neoliberale Programm der Deregulierung und Liberalisierung der Märkte, dessen Überzeugungskraft durch die globalisierungskritische Bewegung in den 1990er-Jahren stark geschmälert wurde. Auf der anderen Seite geht die größte Gefahr für das linksliberale Programm einer globalen Solidarität vermutlich weniger vom neoliberalen Denken aus als von der rechtsextremen und religiös-fundamentalistischen Globalisierungskritik. Auf diese Weise entsteht ein Bild, demzufolge mehrere Master Frames innerhalb der Gesellschaft fortwährend miteinander konkurrieren. Ob und welcher davon sich auf Dauer durchsetzen kann, ist nicht nur vom strategischen Handeln der betroffenen Akteure, sondern auch von den Gelegenheitsstrukturen abhängig.

5.4 Gelegenheitsstrukturen

Jon Elster (1992) zufolge ist menschliches Handeln durch die individuellen Präferenzen und die wahrgenommenen Handlungsmöglichkeiten innerhalb eines gegebenen sozialen Kontexts bestimmt. Die Handlungsmöglichkeiten formen dabei das so genannte „opportunity set" (Elster 1992: 13) der Akteure. Dieses bestimmt den Rahmen, innerhalb dessen Akteure ihre Wünsche und Ziele verwirklichen können. In diesem Sinne entwickelte sich das Konzept der politischen Gelegenheitsstrukturen (*political opportunity structures*) in den 1970er-Jahren als Korrektiv zur Ressourcenmobilisierungstheorie, die sich vor allem mit den Präferenzen und Strategien von Protestbewegungen beschäftigte.

In Kapitel 5.4.1 wird das klassische Konzept der politischen Gelegenheitsstrukturen dargestellt und kritisiert. In Kapitel 5.4.2 wird das Konzept der Öffentlichkeit als gesellschaftlicher Rahmen für die Entstehung kollektiver Protesthandlungen eingeführt. In Kapitel 5.4.3 steht die regulative und kommunikative Infrastruktur des öffentlichen Raums im Mittelpunkt. Diese wird wesentlich durch die Teilsysteme Politik, Recht und Massenmedien bereitgestellt. In Kapitel 5.4.4 richtet sich die Aufmerksamkeit auf die kulturellen Rahmenbedingungen sozialer Bewegungen. Kapitel 5.4.5 konzentriert sich schließlich auf die Interaktionsdynamiken zwischen sozialen Bewegungen und anderen Akteuren innerhalb des öffentlichen Raums.

5.4.1 Das klassische Konzept

Während sich Ressourcenmobilisierungs- und Framingtheorien vor allem auf die „Pushfaktoren" der Protestmobilisierung konzentrieren, rückt das Konzept der politischen Gelegenheitsstrukturen die „Pullfaktoren" in den Mittelpunkt. Dabei geht es um die Chancen einer Gruppe, ihre Forderungen gegenüber staatlichen Autoritäten durchzusetzen. Tarrow definiert die Gelegenheitsstrukturen als „consistent – but not necessarily formal or permanent – dimensions of the political environment that provide incentives for people to undertake collective action by affecting their expectations of success and failure"(Tarrow 1994: 85). Die zentrale Idee besteht demzufolge darin, dass Protestbewegungen ihre Ziele, Strategien und Taktiken nicht in einem sozialen Vakuum auswählen, sondern in einen politischen Kontext eingebettet sind, dessen Strukturen sich im einen Fall vorteilhaft, im anderen nachteilhaft auf die Mobilisierung von Protest auswirken können:

> „The usual story of political opportunity goes basically in one direction – from opportunity to action. Political opportunity increases, whether by external or internal factors that weaken the state, or by changing social conditions that increase the resources and confidence of popular groups seeking change, or some combination of both. This leads some groups to take overt actions challenging the state; the latter responds with some mix of concessions and repression, trying to roll back the political opportunity. But the state's weakness or rising popular strength sustain the movement, and taking advantage of increased political opportunities, the movement succeeds. (...) As opportunity expands, actions mount; as opportunities contract, action recedes" (Goldstone and Tilly 2001: 180).

Das Konzept der politischen Gelegenheitsstrukturen hat sich in den vergangenen Jahren zu einem bedeutenden Instrument für die Erklärung von Protestbewegungen entwickelt (Meyer 2004; Meyer und Minkoff 2004). Einige sprechen sogar von „Hegemonie" (Goodwin und Jasper 1999: 28). In einer Untersuchung über gewaltsame Unruhen in US-amerikanischen Städten wurde der Ansatz von Eisinger (1973) erstmals explizit formuliert. Er beschäftigte sich mit der Frage, wie sich der Zugang zu politischen Institutionen auf das Zustandekommen sozialer Proteste auswirkt. Dabei unterschied er zwischen offenen und geschlossenen Gelegenheitsstrukturen, die er zur Häufigkeit, Dauer und Intensität von Protesten in Beziehung setzte. Die Offenheit von Gelegenheitsstrukturen leitet sich demnach aus dem Grad ab, „to which groups are likely to be able to gain access to power and to manipulate the political system"(Eisinger 1973: 25). Seinen Ergebnissen zufolge sind Proteste in weit geöffneten politischen Systemen nicht notwendig, weil betroffene Gruppen ihre Anliegen innerhalb der politischen Institutionen vertreten können. In vollständig geschlossenen Systemen sind dagegen starke Repressionen zu erwarten, weshalb es ebenfalls seltener zu Protesten kommt. Das Auftreten von Protesten ist folglich am wahrscheinlichsten, wenn ein politisches System zugleich offene und geschlossene Charakteristika aufweist.

Trotz der großen Popularität dieses Ansatzes, ließen sich die Ergebnisse in nachfolgenden Studien nicht eindeutig reproduzieren (Van Dyke 2003; Kriesi u.a. 1995). Um das Konzept zu retten, schlugen einige Autoren Erweiterungen vor. McAdam (1996: 26) nennt neben der (a) Offenheit/Geschlossenheit politischer Institutionen beispielsweise (b) die Haltung und Kohärenz der Eliten, (c) die Existenz oder das Fehlen von Verbündeten sowie (d) die Fähigkeit und Bereitschaft des Staates zu repressiven Maßnahmen. Diese Erweiterung hat sich – wie die meisten anderen Variationen von Eisingers Ansatz – in der empirischen Forschung jedoch ebenfalls nicht bewährt (Rucht 1998). In der Folge herrscht nicht nur eine große Unübersichtlichkeit über die verschiedenen Definitionsansätze, es gibt auch keinen Konsens darüber, wie das Konzept operationalisiert werden soll und wo seine Grenzen liegen (Goodwin und Jasper 1999: 31-33). Nicht wenige kritisieren deshalb die „relativ vage" (Opp 1996: 235) Verwendung des Begriffs und sprechen von „definitional sloppiness" (Kriesi 2004: 68). Gamson und Meyer (1996) vergleichen das Konzept mit einem Schwamm,

> „that soaks up virtually every aspect of the social movement environment – political institutions and culture, crisis of various sorts, political alliances, and policy shifts (…). It threatens to become an all encompassing fudge factor for all the conditions and circumstances that form the context for collective action" (Gamson und Meyer 1996: 69).

Die Schwierigkeiten des Konzepts der politischen Gelegenheitsstrukturen lassen sich im Wesentlichen in drei Punkten zusammenfassen (Goldstone 2004: 356): (1) Mit der Fokussierung auf das *Politische* stehen die staatlichen Rahmenbedingungen einseitig im Mittelpunkt; die Bedeutung von Gegenbewegungen, ökonomischen Entwicklungen, kulturellen Traditionen oder soziodemographischen Trends bleibt weitgehend unberücksichtigt. (2) Durch die starke Betonung der *institutionellen* Gelegenheiten und Beschränkungen für kollektives Protesthandeln wird zudem oft übersehen, dass Drohungen und repressive Maßnahmen von Gegnern Proteste auch anheizen und ihre Erfolgschancen verbessern können. (3) Die Konzentration auf *allgemeine* strukturelle Bedingungen führt schließlich dazu, dass die im konkreten Einzelfall innerhalb einer Gesellschaft oft unterschiedlichen Mobilisierungs- und Erfolgschancen von Protesten (etwa der Schwulen-, Frauen-, Ökologie- oder Arbeiterbewegung) über einen Kamm geschert werden. Davon ausgehend kommt Goldstone zu folgendem Fazit:

"Social movements should therefore not be seen as simply a matter of repressed forces fighting states; instead they need to be situated in a dynamic relational field in which the ongoing actions and interests of state actors, allied and counter-movement groups, and the public at large all influence social movement emergence, activity, and outcomes" (Goldstone 2004: 333).

Der enge kausale Erklärungsanspruch des klassischen Konzepts der politischen Gelegenheitsstrukturen wird damit aufgegeben, da die Mobilisierungsstärke einer Bewegung sich aus der Struktur der politischen Institutionen nicht unmittelbar ableiten lässt (Rucht 1998: 119-127). Die Aufmerksamkeit verschiebt sich vielmehr auf das soziale Handlungsfeld, das sozialen Bewegungen „gleichzeitig Gelegenheiten bietet und restriktive Bedingungen setzt" (Neidhardt 1994: 34). Auf dieser Grundlage lassen sich zwar keine spezifischen Erklärungshypothesen hinsichtlich des Mobilisierungserfolgs einzelner Bewegungen ableiten, eine gelungene Konzeptualisierung des Bewegungsumfelds kann der empirischen Forschung jedoch als heuristisches Suchraster für die Entdeckung von Zusammenhängen und Mechanismen dienen.

5.4.2 Die Öffentlichkeit als Handlungsfeld

Wie lässt sich das Handlungsfeld sozialer Bewegungen genauer beschreiben? Obwohl politische Forderungen oft eine wichtige Rolle spielen, herrscht unter Forschern weitgehend Einigkeit, dass sich der Aktionsradius sozialer Bewegungen nicht auf das politische Teilsystem allein beschränkt. Es bedarf vielmehr einer breiteren Konzeptualisierung, die den gesamten öffentlichen Raum mit einbezieht. Die Bedeutung sozialer Bewegungen besteht darin, dass sie Bevölkerungsgruppen mobilisieren, „die sich öffentlich nicht hinreichend vertreten fühlen, und ihre Proteste dienen als Geräuschverstärker für die Themen und Beiträge, für die sie öffentliche Aufmerksamkeit und Zustimmung anstreben" (Neidhardt 1994: 32). Sie inszenieren sich dabei oft simultan als Vertreter des öffentlichen Gemeinwohls auf der einen Seite und als Träger politischer, wirtschaftlicher, rechtlicher und kultureller Reformvorstellungen auf der anderen. Das politische Teilsystem ist folglich nur einer von mehreren Bereichen, die für soziale Bewegungen relevant sind.

Unter Öffentlichkeit wird im Allgemeinen ein offenes Forum verstanden, in dem „ein Sprecher vor einem Publikum kommuniziert, dessen Grenzen er nicht bestimmen kann" (Neidhardt 1994: 10). Der Sprecher hat folglich keine Kontrolle über die Reichweite und Wirkung des Gesagten. Habermas (1990: 98) spricht deshalb auch von einer „prinzipiellen Unabgeschlossenheit des Publikums". Eine umfassende Diskussion des Begriffs der Öffentlichkeit ist im Rahmen dieser

Einführung nicht möglich.[56] Jeffrey Alexander (2006) konzeptualisiert die Öffentlichkeit aus differenzierungstheoretischer Perspektive als relativ autonome zivile Sphäre, in der gesellschaftliche Akteure aus den beschränkten funktionalen Zusammenhängen etwa des politischen, ökonomischen oder religiösen Teilsystems heraustreten, um ihren Argumenten gesellschaftsweit Gehör zu verschaffen und ihren Forderungen dadurch mehr Durchsetzungskraft zu verleihen.

„Let us define the civic public – what I will call for various reasons civil society – as a social sphere or field in which actors are constructed or symbolically represented, as independent and self-motivating persons individually responsible for their actions, yet who feel themselves at the same time bound by collective solidarity to all other individuals who compose this sphere" (Alexander 1998: 8).[57]

Eine wesentliche Funktion der Öffentlichkeit liegt somit in der Herstellung von Solidarität und der Konstruktion von kollektiven Identitäten. Dies schließt Auseinandersetzungen und Kämpfe aber nicht aus. Vielmehr das Gegenteil ist der Fall: Soweit es bei der Bildung von Identitäten immer auch um Ausgrenzung geht, führt dieser Prozess unvermeidlich zu Konflikten.

„When collective identities (…) are analyzed the field of symbolic struggles over the legitimate power to decide who belongs to whom is entered. The claim of having a collective identity includes some and excludes others, divides a people into members and non-members. (…) These labels are contested, the result of constant struggles over such distinctions. Therefore there is no such ‚thing' as a collective identity, – these concepts rather grasp a moment in a permanent struggle of naming" (Eder 2005: 207).

Ähnlich wie Alexander – wenngleich abstrakter – sieht auch Luhmann (1996) in der Öffentlichkeit primär ein Medium der Identitätsbildung (systemtheoretisch:

---

56 Vgl. dazu vor allem Habermas (1990 und 1992), Cohen und Arato (1992), Friedrichs u.a. (1994), Luhmann (1996), Giesen (2002) und Alexander (2006).
57 Alexander konzeptualisiert die zivile Sphäre in Anlehnung an Parsons als gesellschaftliches Integrationssystem. Trotz weitgehender Überschneidungen unterscheidet er sich damit grundlegend von dem in der vorliegenden Studie vertretenen differenzierungstheoretischen Ansatz (Kern 2007b: 34-38). Soweit in der zivilen Sphäre keine besondere Handlungslogik (Wert, Code, Nomos) existiert, entlang derer Spezialisierungs- und Rationalisierungsprozesse stattfinden und sich keine eigenständige institutionelle Ordnung herausbildet, wird der Begriff des Teilsystems im vorliegenden Zusammenhang nicht verwendet. Die zivile Sphäre wird vielmehr als Kommunikationsmedium und gesellschaftlicher Raum gesehen, der die institutionellen Grenzen einzelner Teilsysteme überschreitet. Auf dieser Grundlage kann sie eine integrative Wirkung für die Gesellschaft entfalten, muss aber nicht (vgl. Kap. 7).

„Selbstbeobachtung").[58] Ihr zentrales Charakteristikum liegt „in der Reflexion von innergesellschaftlichen Systemgrenzen" (Luhmann 2002: 284). Das heißt, die gesellschaftlichen Teilsysteme benutzen die Öffentlichkeit um zu beobachten, wie sie auf die Gesellschaft wirken. Diese Funktion wird im Bereich des Politischen immer wieder dann offensichtlich, wenn Parteien öffentliche Diskussionen aufgreifen und ihre Programme daran ausrichten, um neue Wähler zu gewinnen. In analoger Weise konstruieren Unternehmen im öffentlichen Raum durch Werbung „Marken" oder pflegen durch Sponsorenaktivitäten ihr Image – wodurch sie wiederum ihre wirtschaftlichen Erfolgschancen verbessern wollen. Religiöse Organisationen teilen die Gesellschaft hingegen in Gläubige und Nicht-Gläubige. Sie bewegen sich auf der öffentlichen Bühne, um ihre Botschaft an die Bedürfnisse der Zeit anzupassen und ihre Anhänger zu mobilisieren. Die Öffentlichkeit kommt folglich immer ins Spiel, wenn es um die Herstellung von sozialen Bindungen und die Mobilisierung von Überzeugungen geht.

Davon ausgehend ist der Handlungsraum der Öffentlichkeit auf der einen Seite durch die institutionelle Ordnung der Teilsysteme begrenzt. Auf der anderen Seite stützt sich die Konstruktion von Identitäten auf einen Vorrat an Zeichen, Symbolen, Mythen und Ritualen, durch die Kollektive ihre Einheit repräsentieren und sich gleichzeitig von anderen Gemeinschaften abheben. Der Erfolg sozialer Bewegungen hängt somit auch von den kulturellen Anschlussmöglichkeiten ab, die die Gesellschaft bietet. Im Zentrum steht dabei die Frage nach der Überzeugungskraft ihres Framings: „Which ideas are considered ‚sensible', which constructions of reality are seen as ‚realistic', and which claims are held as legitimate within a certain polity at a time" (Koopmans und Statham 1999: 228). Da offensichtlich nicht alle Zeichen, Symbole und Rituale gleich gut geeignet sind, um in der Öffentlichkeit Resonanz zu erzeugen, bezieht sich das Konzept der kulturellen Gelegenheitsstruktur auf die Anschlussfähigkeit von Themen und Handlungsmustern innerhalb der breiten politischen Kultur.

Der Handlungsraum sozialer Bewegungen ist somit wesentlich durch institutionelle und kulturelle Rahmenbedingungen begrenzt. Vor diesem Hintergrund besteht Alexander (2006: 229-234) zufolge ihre wesentliche Leistung darin, dass sie soziale Probleme und Konflikte aus dem konkreten Kontext einzelner oder mehrerer Teilsysteme herauslösen und in den öffentlichen Raum tragen. Diese Übersetzungsleistung erfordert nicht nur materielle und humane Ressourcen, sondern auch kulturelle Kreativität. Je besser die kulturellen und institutionellen Rahmenbedingungen der Gesellschaft miteinander in Übereinstimmung gebracht werden, desto günstiger sind die Erfolgschancen. Dabei darf jedoch nicht verges-

---

58 Luhmann definiert die Öffentlichkeit als „ein allgemeines gesellschaftliches Reflexionsmedium, dass [...] das Beobachten von Beobachtungen registriert" (Luhmann 1996: 187).

sen werden, dass soziale Bewegungen nicht die einzigen Akteure im öffentlichen Raum sind. Sie sind vielmehr in komplexe Beziehungskonstellationen eingebunden, in denen verschiedene Intentionen und Motive in unterschiedlicher Stärke aufeinander treffen. Ihr Erfolg ist somit wesentlich auch vom strategischen Verhalten ihrer Mitakteure abhängig. Das komplexe „opportunity set" einer Bewegung setzt sich somit aus drei Komponenten zusammen:

a. Aus einem *institutionellen Rahmen*, der die offenen Handlungsverläufe der Akteure strukturiert (Scharpf 2000: 77). Im vorliegenden Zusammenhang richtet sich die Aufmerksamkeit vor allem auf die regulativen und kommunikativen Institutionen, die die Infrastruktur des öffentlichen Raums bilden (vgl. Kap. 5.4.3).
b. Aus einem gesellschaftlichen Vorrat an *kulturellen Deutungsmustern*, anhand derer die Akteure ihre Erfahrungen interpretieren (Berger und Luckmann 1989). Aus der Perspektive der Protestforschung stellt sich vor allem die Frage, wie dieser kulturelle Rahmen die Identität und das Framing sozialer Bewegungen beeinflusst (vgl. Kap. 5.4.4).
c. Aus *anderen Akteuren*, die auf die Zielverfolgung sozialer Bewegungen förderlich oder hemmend Einfluss nehmen können. Die Aufmerksamkeit richtet sich dabei vor allem auf Beziehungsmuster und Interaktionsdynamiken innerhalb des öffentlichen Raums (vgl. Kap. 5.4.5).

5.4.3 Regulative und kommunikative Institutionen

In modernen Gesellschaften ist die Form und Struktur der zivilen Sphäre hauptsächlich von drei Teilsystemen bestimmt (Alexander 2006): den Massenmedien, der Politik und dem Recht. Während die Massenmedien die kommunikative Infrastruktur für öffentliche Diskussionen bereitstellen, werden die regulativen Rahmenbedingungen durch Politik und Recht bestimmt. Das politische System leistet die Übersetzung zivilgesellschaftlicher Diskurse in kollektiv verbindliche Entscheidungen und das Rechtssystem schützt den öffentlichen Raum vor staatlichen Übergriffen. Die Entstehung der zivilen Sphäre ist von der Existenz demokratischer Institutionen jedoch nicht abhängig. Auch in autoritären Staaten existieren mehr oder weniger fragmentierte zivilgesellschaftliche Strukturen (Kern 2005b); mit zunehmender Demokratisierung wächst jedoch ihre Autonomie.

Politik und Recht: Ausgangspunkt für die Entstehung der zivilen Sphäre ist die Ausdifferenzierung des politischen Teilsystems (vgl. Kap. 2.2.2). In traditionellen Gesellschaften leiten die herrschenden Eliten ihre Autorität zumeist aus religiösen Legitimationszusammenhängen ab. Mit der Säkularisierung der Gesellschaft und der damit verbundenen Erosion des religiösen Weltbildes müssen jedoch neue Formen der politischen Legitimation gefunden werden. In der Vergangenheit haben sich für dieses Problem unterschiedliche Lösungen herauskristallisiert: Beispielsweise die sozialistischen Gesellschaften begründeten ihren Herrschaftsanspruch mit der führenden Rolle des Staates beim Übergang zum Kommunismus. Der Nationalsozialismus stützte sich auf das „Führerprinzip". Autoritäre kapitalistische Staaten wie Singapur oder die VR China verweisen auf ihre wirtschaftspolitische Effizienz.

Die stabilste Lösung für das Legitimationsproblem des modernen Staates lag bisher jedoch in der demokratischen Wahl des Führungspersonals. Die überlegene Stärke der Demokratie besteht darin, dass sie nicht nur die allgemeine Legitimierung von Herrschaft und Macht zu leisten vermag, sondern auch „die Vermittlung von Konsensus über die Ausübung von Macht und Herrschaft durch ganz bestimmte Personen und Gruppen und ganz bestimmte, bindende Entscheidungen" (Parsons 1967: 70). Mit Hilfe des Gleichheitsgrundsatzes – „one person, one vote" – werden Rang- und Prestigeansprüche gegenüber dem Staat neutralisiert und „unmittelbare, partikulare, persönliche Verflechtungen an der Grenze zwischen Staatsbürokratie" (Luhmann 1974: 178) und Wahlbevölkerung unterbunden. Auf diese Weise wird die politische Machtbildung relativ frei von den ökonomischen Einflusspotenzialen einzelner Gruppen, partikularistischen Bindungen oder absoluten weltanschaulichen Geltungsansprüchen auf eine eigenständige Legitimationsgrundlage gestellt.

Aus differenzierungstheoretischer Perspektive reicht es aber nicht, nur die Unabhängigkeit des politischen Teilsystems abzusichern. Wie in Kapitel 2.2.2 ausführlich beschrieben, läuft die Steigerung des staatlichen Gewaltmonopols im Extremfall auf die Errichtung einer totalitären Herrschaftsordnung hinaus. Deshalb muss umgekehrt auch die Unabhängigkeit der Gesellschaft „gegenüber Gefährdungen durch das politische System" (Luhmann 1974: 138) geschützt werden. Dieses Problem wird in demokratischen Gesellschaften durch die verfassungsmäßige Garantie der Kommunikationsfreiheit und der Menschenrechte gelöst. Durch die rechtliche Begrenzung staatlicher Macht entsteht ein sozialer Raum, in dem die Bürger ihre Interessen und Identitäten relativ frei von staatlicher Beeinträchtigung realisieren können. Dies ist die grundlegende institutionelle Voraussetzung für die freie Entfaltung öffentlicher Diskurse. In der Folge formt sich ein politischer Machtkreislauf aus drei Komponenten, in dem die Öffentlichkeit das zentrale Bindeglied zwischen dem Staat und den Bürgern bildet (Luhmann 2002: 253-265):

1. Der *Staat* aus Parlament, Regierung und Verwaltung organisiert die Bereitstellung kollektiv verbindlicher Entscheidungen.
2. In der *Öffentlichkeit* entfaltet sich der Wettbewerb zwischen Programmen, Themen und Personen im Hinblick auf gesellschaftliche Konsenschancen und den Aufbau politischer Macht – hier spielen unabhängige Parteien eine wichtige Rolle, aber auch soziale Bewegungen, Interessenorganisationen und NGOs.
3. Die *Wähler* sollen schließlich die Gesetze anerkennen und über ihre Teilnahme an demokratischen Wahlen wiederum staatliche Entscheidungen legitimieren.

Je weiter diese drei Komponenten auseinandergezogen werden, desto deutlicher sichtbar werden die Konturen eines kreisförmigen Machtprozesses und mit desto mehr Berechtigung kann von einer Demokratie gesprochen werden: „Das Publikum wählt Führungspersonen und politische Programme in der Politik, die Politiker verdichten Prämissen für bindendes Entscheiden, die Verwaltung entscheidet und bindet damit das Publikum, das seinerseits wiederum wählt" (Luhmann 1987: 148). Der Staat steht der Gesellschaft somit immer weniger als monolithischer Block gegenüber. Vielmehr verlagert sich die Entscheidungsvorbereitung zunehmend in so genannte „Politiknetzwerke" (Scharpf 1994) im Schnittfeld von Staat und Öffentlichkeit, „wo mit Bezug auf bestimmte Politikfelder wie zum Beispiel Umweltpolitik, Sozialpolitik oder Gesundheitspolitik die Spezialisten in der Ministerialverwaltung und in den politischen Parteien mit den Spezialisten in den einschlägigen Verbänden und Wissenschaften um zweckmäßige Lösungen ringen" (Kaufmann 2002: 30).

Folglich steht und fällt die Qualität eines demokratischen Gemeinwesens mit der Unabhängigkeit des öffentlichen Raums. Wie in Kapitel 2.2.2 ausführlich dargestellt, sind autoritäre Herrschaftssysteme dadurch charakterisiert, dass sie diese Unabhängigkeit einschränken und bedrohen. Erst mit der Festschreibung des Gleichheitsgrundsatzes, der Menschenrechte und der Kommunikationsfreiheit erhält die Öffentlichkeit jenes Maß an Autonomie, das erforderlich ist, damit die Individuen sich in ihrer Selbstdarstellung frei entfalten können und die gesamte gesellschaftliche Kommunikation sich nicht an den Erfordernissen der Staatsbürokratie ausrichten muss. Dennoch sehen sich auch moderne Demokratien immer wieder mit neuen Gefährdungslagen und Sicherheitsproblemen konfrontiert, die drastische Eingriffe in die Grundrechte auf den ersten Blick zu rechtfertigen scheinen. Soweit die Unabhängigkeit des öffentlichen Raums für das Funktionieren einer Demokratie von elementarer Bedeutung ist, ist jedoch Vorsicht angebracht:

1. Einschränkungen in der Beachtung der Menschenwürde können sich zu einer Bedrohung für die *Unabhängigkeit der Individuen* entwickeln. Typische Beispiele sind Folter, willkürliche Verhaftungen und Einschränkungen in der Bewegungsfreiheit, ausgedehnte Überwachungsmaßnahmen im öffentlichen Raum und in der Privatsphäre (etwa durch die flächendeckende Installation von Kameras oder das Abhören von Telefongesprächen ohne richterliche Kontrolle) etc.
2. Einschränkungen in der Beachtung der Kommunikationsfreiheit können sich zu einer Bedrohung für die *Unabhängigkeit der Gesellschaft gegenüber dem Staat* entwickeln. Typische Beispiele sind offene oder verdeckte Eingriffe der Presse-, Versammlungs- und Meinungsfreiheit etwa durch die Einschüchterung und Bedrohung von Journalisten oder politischen Aktivisten etc.
3. Einschränkungen in der Beachtung des Gleichheitsgrundsatzes können sich zu einer Bedrohung für die *Unabhängigkeit des Staates gegenüber der Gesellschaft* entwickeln. Typische Beispiele sind der Ausschluss größerer Bevölkerungsgruppen von der vollen Teilhabe am aktiven oder passiven Wahlrecht, Korruption etc.

Die Unabhängigkeit der zivilen Sphäre ist folglich keine Selbstverständlichkeit, sondern muss immer wieder neu verteidigt werden. Dies zeigen aktuelle Diskussionen über die Aufweichung des Folterverbotes, staatlich organisierte Entführungen oder die Ausweitung neuartiger Überwachungsmaßnahmen in privaten und öffentlichen Räumen. Am Beispiel solcher Konflikte muss immer wieder neu ausgelotet werden, wo die Grenzen staatlicher Gewaltausübung liegen. Chancen und Gefährdungen für zivilgesellschaftliche Akteure entstehen aber nicht nur im Schnittfeld von Politik, Recht und Öffentlichkeit. Soweit die zivile Sphäre auf eine hochentwickelte kommunikative Infrastruktur angewiesen ist, hängt ihr Zustand maßgeblich auch von den Massenmedien ab.

Massenmedien: Mit der Erfindung leistungsfähiger Verbreitungsmedien hat sich – über Sprache und Schrift hinaus – in der modernen Gesellschaft nicht nur das Spektrum der Möglichkeiten für die Darstellung von Sinnformen (Text, Ton, Bild) deutlich erweitert, auch das Potenzial für ihre Verbreitung ist größer geworden (Luhmann 1998a: 202-315). Die bahnbrechende Wirkung des Buchdrucks, der Telekommunikation, des Rundfunks und des Internets besteht darin, dass sich die Kommunikation angesichts ihrer enormen Reichweite zumindest potenziell der zentralen Steuerung durch Autoritäten entzieht. Kommunikationsinhalte und ihre Wirkung lassen sich durch Zensur auf Dauer nur unter großem Aufwand effektiv kontrollieren. Darüber hinaus eröffnen sie vollkommen neue Möglichkeiten der sozialen Koordination, von denen gerade soziale Bewegungen in der Vergangenheit stark profitiert haben. Aus diesem Grund ist der Zugang zu den Massenmedien ein wesentliches Element ihrer Gelegenheitsstruktur (Rucht und Neidhardt 2007: 647).

Die Ausdifferenzierung der Massenmedien als relativ autonomes Teilsystem beruht wesentlich auf der Institutionalisierung der Meinungs- und Pressefreiheit, der Entstehung von spezialisierten Medienorganisationen (Zeitungen, Verlage, Rundfunkanstalten) und der zunehmenden Professionalisierung des Journalismus. Die Selektion von Informationen innerhalb des Systems der Massenmedien orientiert sich dabei an hauptsächlich drei Gesichtspunkten (Gerhards 1994: 89-91): (1) In der Zeitdimension ist die Neuheit einer Information ausschlaggebend. (2) In der Sozialdimension dominieren zumeist Konflikte. (3) In der Sachdimension steht die Veränderung von Quantitäten im Vordergrund. Je stärker diese Kriterien ausgeprägt sind, desto größer ist die zu erwartende Öffentlichkeitswirkung einer Information. Für soziale Bewegungen folgt daraus, dass sie ihre Themen und Anliegen mediengerecht inszenieren müssen, wenn sie ein breites Publikum erreichen wollen (Gamson 2004; Koopmans 2004c; Barakso und Schaffner 2006).

Generell gilt, dass die Mobilisierungschancen sozialer Bewegungen nicht getrennt von der Pluralität und Vielfalt des öffentlichen Diskurses beurteilt werden können: Je breiter die abgebildete Meinungsvielfalt, desto mehr Möglichkeiten zur Einwirkung auf die Öffentlichkeit stehen offen. Die Unabhängigkeit der Medien ist folglich ein fundamentaler Baustein im „opportunity set" sozialer Bewegungen. Soweit die Konkurrenz um Aufmerksamkeit in der Mediengesellschaft jedoch zunehmend an Bedeutung gewinnt, sind vor allem staatliche Akteure immer wieder versucht, sich einen exklusiven Zugang zu den Massenmedien zu verschaffen. Dies kann durch direkte oder indirekte Eingriffe in die Grundrechte der Meinungs- und Pressefreiheit geschehen. In autoritären Staaten erfolgen solche Versuche in der Regel unverblümt etwa durch die Einrichtung staatlicher Zensurbehörden und die Bedrohung kritischer Journalisten. In Demokratien kommen meist subtilere Methoden zur Anwendung, indem etwa bestimmte Medien gezielt bevorzugt oder benachteiligt werden.

„Hungarian governments, from both sides of the political spectrum, have tried to buy the 'political correctness' of the national print media by either placing or withdrawing the rights to publish the results of the national lottery. Some Romanian newspapers have shown a particularly perverse reaction to such pressure. Instead of fulfilling their role as a watchdog over the institutions, they have begun to sell their silence on political or industrial scandals by not reporting in exchange for advertisement placements or other favors" (Dohnanyi 2003: 49).

Die Freiheit des öffentlichen Diskurses ist aber nicht nur von staatlicher Seite bedroht. In letzter Zeit wird immer häufiger davor gewarnt, dass sich auch die zunehmende Konzentration der Besitzverhältnisse und der damit verbundene Verlust an Pluralität in den Massenmedien auf Dauer zu einer Gefahr für die Unabhängigkeit des öffentlichen Raums entwickeln könne (Trappel u.a. 2002). Gegenwärtig lassen sich in der Medienindustrie hauptsächlich zwei Konzentrationstendenzen erkennen (Dohnanyi 2003: 30-60): An erster Stelle steht die Konzentration von Kontrolle über unterschiedliche Mediensparten wie Fernsehanstalten, Buchverlage, Zeitungsverlage, Webseiten, Radiostationen etc. Ökonomisch macht diese Strategie Sinn, da durch die Standardisierung und Integration von unterschiedlichen Medienformen nicht nur die Produktionskosten beträchtlich sinken, auch das Angebot an Vermarktungsmöglichkeiten etwa für Anzeigenkunden wird größer. An zweiter Stelle steht die grenzüberschreitende Konzentration von Medien im Zusammenhang mit der Globalisierung. Der Erwerb von Besitzanteilen auf mehreren Medienmärkten hat sich für die Unternehmen zu einer wichtigen Überlebensstrategie entwickelt, mit der die Abhängigkeit von den einzelnen nationalen Medienmärkten verringert wird.[59]

Die zunehmende Konzentration der Medien hat sowohl politische als auch kulturelle Konsequenzen. Mit wachsender Größe und Verflechtung der Konzerne nehmen „die Möglichkeiten von Eigentümern, Investoren, Management sowie ihnen nahestehenden Kreisen zu, nicht nur wirtschaftliche, sondern auch politische Interessen durchzusetzen" (Meier 2004: 5). Insbesondere das Beispiel von Silvio Berlusconi hat dies in Italien erschreckend verdeutlicht. Wer die Kontrolle über einzelne oder mehrere Mediensektoren ausübt, kann oft ungestraft Gegenmeinungen ausblenden und abweichende Standpunkte systematisch verzerren. Ordnungspolitische Eingriffe in den Mediensektor werden mit wachsender Medienkonzentration zudem immer schwieriger, da sich die betroffenen Unternehmen dagegen zur Wehr setzen und ihre Medienmacht teilweise nutzen, um die politisch Handelnden mit Hilfe von massiver öffentlicher Kritik zu verunsichern. Dadurch erhöhen sich nicht nur die Kosten für den Markteintritt neuer Konkurrenten, die Einflussmöglichkeiten zivilgesellschaftlicher Akteure werden ebenfalls geringer.

Eine weitere Folge von Konzentrationsprozessen ist die zunehmende Bedeutung der Unterhaltung. Die Medien haben für den Konsumenten nicht nur einen Informations-, sondern auch einen großen Freizeit- und Unterhaltungswert, der im zunehmend heftig geführten Kampf um Marktanteile und Einschaltquoten

---

59 Beispielsweise der Bertelsmannkonzern erwirtschaftete im Jahr 2004 42,2 Prozent seines Umsatzes in Europa (ohne Deutschland), 29,7 Prozent in Deutschland und 22,4 Prozent in den USA (EFJ 2005: 63).

immer wichtiger wird. Viele Medienunternehmen reagieren auf sinkende Gewinne am Anzeigenmarkt und wachsenden Rationalisierungsdruck, indem sie den investigativen Journalismus auf ein Minimum reduzieren und ihre Nachrichtensparten stattdessen mit den Meldungen einer immer kleineren Zahl von global aufgestellten Nachrichtenagenturen füllen (Boyd-Barrett 2000: 11). In der Folge wird die Politik zum Randthema, während Sensationsmeldungen und Boulevardjournalismus in den Vordergrund rücken. Dabei sind die Grenzen zwischen „realer" und „inszenierter" Wirklichkeit mitunter kaum noch erkennbar (Münch 1991: 95-103). Diese Entwicklung ist für die politische Meinungsbildung nicht ohne Folgen:

> „Die öffentliche Kommunikation büßt ohne den Zufluss von Informationen, die sich aufwändiger Recherche verdanken, und ohne die Belebung durch Argumente, die auf einer nicht gerade kostenlosen Expertise beruhen, ihre diskursive Vitalität ein. Die Öffentlichkeit würde den populistischen Tendenzen keinen Widerstand mehr entgegensetzen und könnte die Funktion nicht mehr erfüllen, die sie im Rahmen eines demokratischen Rechtsstaats erfüllen müsste" (Jürgen Habermas in der *SZ*, 16.5.2007).

Die politische und ökonomische Unabhängigkeit des öffentlichen Diskurses ist für soziale Bewegungen somit von zentraler Bedeutung. Wie die vorangehenden Überlegungen jedoch gezeigt haben, ist ihr Einfluss selbst unter demokratischen Bedingungen vergleichsweise gering. Viele Bewegungsorganisationen klagen deshalb, dass sie sich von den Massenmedien nicht adäquat repräsentiert fühlen (Rucht 2004: 201). Folglich wird oft die Forderung nach einer umfassenden Demokratisierung der Medien erhoben. Darüber hinaus besteht eine starke Tendenz zur Entwicklung eigener Publikationsorgane (Zeitungen, Newsletter, Faxzeitungen etc.). Insbesondere durch das Internet sind die Kosten für die Verbreitung von Informationen in den letzten Jahren beträchtlich gesunken. Weltweit nutzen zahlreiche NGOs und Bewegungsorganisationen diese Möglichkeit, um eigene Informationsplattformen zu erschaffen. Vor allem der so genannte „Bürgerjournalismus" hat sich in einigen Ländern wie beispielsweise Südkorea zu einer ernstzunehmenden Herausforderung für die traditionellen Printmedien entwickelt (Kim 2006).[60] Obgleich sich diese Entwicklung noch in den Anfängen

---

60 Beispielsweise während des Amtsenthebungsverfahren gegen den südkoreanischen Präsidenten Roh im April 2004 wurde die südkoreanische Internetzeitung Ohmynews (http://www.ohmynews.com) täglich von 2,2 Millionen Usern aufgerufen (Kim und Hamilton 2006: 547). In Expertenratings erscheint sie regelmäßig unter den zehn einflussreichsten Pressepublikationen des Landes. Ihr besonderes Kennzeichen ist die Verbindung von professionellem Journalismus und Bürgerjournalismus (Kim 2006).

befindet, entsteht hier eine alternative Öffentlichkeit, durch die journalistische Defizite in den traditionellen Massenmedien auf Dauer kompensiert werden könnten.[61]

5.4.4 Kulturelle Deutungsstrukturen

Wie Eingangs erwähnt, nutzen soziale Bewegungen den öffentlichen Raum, um ihren Argumenten gesellschaftsweit Gehör zu verschaffen. Ihr Ziel besteht in der Mobilisierung einer möglichst breiten Anhängerschaft für ein bestimmtes Anliegen. In den Kapiteln 5.2 und 5.3 wurden die verschiedenen Überzeugungsstrategien sozialer Bewegungen bereits ausführlich diskutiert. Soweit bestimmte Problemdeutungen aber nicht in jedem kulturellen Umfeld auf die gleiche Resonanz stoßen, geht es im Folgenden um die Frage, in welcher Form die kulturellen Rahmenbedingungen dem Mobilisierungserfolg einer sozialen Bewegung Grenzen setzen. Im Mittelpunkt steht dabei vor allem der spezifische gesellschaftliche Vorrat an Erzählungen, Mythen, Ritualen und Symbolen. Das Deutungsangebot sozialer Bewegungen gilt als umso überzeugender, je besser es ihnen gelingt, ihre Problemdeutungen mit diesem kulturellen Rahmen zu verbinden (Ferree u.a. 2002: 70).

> Some frames „resonate with cultural narrations, that is, with the stories myths, and folk tales that are part and parcel of one's cultural heritage and that thus function to inform events and experiences in the immediate present. When such correspondence exists, framings can be said to have (...) narrative fidelity" (Snow und Benford 1988: 210).

Alexander (2006: 53-59) zufolge sind zivilgesellschaftliche Diskurse durch eine binäre Struktur charakterisiert. In Anlehnung an Durkheim sieht er die Formgrundlage für die Bildung kollektiver Identitäten in der Unterscheidung zwischen „rein" und „unrein": Als „rein" gelten nur die legitimen Mitglieder des Kollektivs; wer die Reinheitskriterien hingegen nicht erfüllt, hat kein Recht auf Mitgliedschaft. Entsprechend spaltet auch die Form des Protests die Gesellschaft in zwei Hälften: Auf der einen Seite stehen die Protestierenden, auf der anderen Seite diejenigen, gegen die sich der Protest richtet (Luhmann 1998a: 852-853). Während die Protestierenden sich als Vertreter von Gemeinwohlinteressen inszenieren und dabei oft einen moralischen Überlegenheitsanspruch geltend ma-

---

61 Ein interessantes Beispiel ist der BILDblog (http://www.bildblog.de/), in dem Artikel aus der Bildzeitung zeitnah kritisch auf ihre Informationsqualität hin überprüft werden.

chen, etikettieren sie ihre Gegner zumeist als „unrein" und unmoralisch. Dabei kann im Prinzip jedes Zeichen zu einem kollektiv geteilten Symbol werden, durch dessen Gebrauch sich die Gemeinschaft von der anderen Seite abhebt (Eder 2006: 259). In welcher Form die kulturellen Rahmenbedingungen diesen Abgrenzungsprozess beeinflussen, wird im Folgenden auf der Grundlage einer international vergleichenden Studie von Ferree u.a. (2002) am Fallbeispiel der Frauenbewegung in den USA und Deutschland veranschaulicht. Dabei sei betont, dass es sich um eine idealtypische Gegenüberstellung handelt. In der empirischen Wirklichkeit sind die kulturellen Unterschiede fließend.

Unter dem Gesichtspunkt der kollektiven Identität ist das Geschlecht keine neutrale Kategorie zur Beschreibung von sozialen Unterschieden zwischen Frau und Mann; es geht vielmehr um die grundlegende Definition des Geschlechterverhältnisses in Begriffen der Inklusion und der Exklusion. Je nach kulturellem Kontext kann das Ergebnis dabei sehr unterschiedlich ausfallen. Ausgehend von den oben dargestellten idealtypischen Ausprägungen des Feminismus (vgl. Kap. 4.1.3) deuten die Ergebnisse von Ferree u.a. (2002) darauf hin, dass sich die Definition des Geschlechterverhältnisses in den USA selbst unter radikalen Feministinnen überwiegend an den Ideen der liberalen Frauenrechtsbewegung orientiert. Im Mittelpunkt des feministischen Kampfes stehen universalistische Vorstellungen über individuelle Gleichheit und Menschenrechte. In Deutschland scheint die Diskussion hingegen stärker von einer primordialen Definition des Geschlechterverhältnisses bestimmt zu sein (Moeller 1993). Statt um Gleichheit, geht es hier stärker um Gleichwertigkeit. Auf dieser Grundlage soll gerade den *spezifischen* Bedürfnissen der Frauen in der Gesellschaft Rechnung getragen werden.

Universalistische Codes kollektiver Identität sind im Allgemeinen dadurch charakterisiert, dass „alle Außenseiter als potenzielle Mitglieder" betrachtet werden, „die nur wegen kontingenter Hindernisse, die es zu überwinden gilt, noch nicht auf dem richtigen Weg zur Erlösung sind" (Giesen 1999: 34-35). Die gesellschaftliche Konfliktlinie verläuft dabei zwischen „richtigem" und „falschem" Bewusstsein: Jeder kann im Prinzip die Grenze zwischen beiden Seiten überschreiten – der Schlüssel dazu liegt in der Aufklärung, Erziehung und Konversion der Nichtwissenden. Das Ziel der US-Frauenbewegung besteht daher hauptsächlich in der Überwindung von Geschlechterdifferenzen. Unabhängig vom Geschlecht sind alle Gleichgesinnten aufgefordert, sich für dieses Ziel einzusetzen. So steht beispielsweise in vielen Organisationen wie der *National Organization for Women* (NOW) auch Männern die Mitgliedschaft offen, solange sie den universalistischen Anspruch der Frauenbewegung teilen (Ferree u.a. 2002: 71-72).

Im Unterschied dazu zeichnen sich primordiale kollektive Identitäten idealtypisch zugespitzt dadurch aus, dass sie ihr Verhältnis zur Umwelt – zumindest im Grundsatz – nicht durch wechselseitige Angleichung verändern wollen:

> „Die anderen können nicht assimiliert oder konvertiert werden, die *Außenseiter* sind nicht schuldig, eine falsche Wahl getroffen zu haben, sie können nicht erzogen, entwickelt, noch nicht einmal verstanden werden, jede Anstrengung, sie zu bilden oder zu erziehen wird fehlschlagen, denn ihnen fehlen die wesentlichen und unabdingbaren Voraussetzungen" (Giesen 1999: 22).

Die Bedingung für ein verträgliches Zusammenleben zwischen den Geschlechtern liegt folglich nicht in der Überwindung von Differenzen, sondern in ihrer Anerkennung. In diesem Zusammenhang hat die deutsche Frauenbewegung in den späten 1960er- und 1970er-Jahren weniger auf die Bildung starker nationaler Organisationen gesetzt. Im Vergleich zu den USA lag der Schwerpunkt eher auf der Entwicklung eines subkulturellen feministischen Milieus aus Netzwerken, kleinen Gemeinschaften und Projekten, in denen Frauen die Definition ihrer kollektiven Identität selbst in die Hand nehmen:

> „These groups were designed to be exclusively of and for women, emphasizing the differences between women and men in their social locations and perspectives on the issues. 'Feminist' is a term that applies exclusively to women and connections between feminists and mixed-sex organizations like unions are weak" (Ferree u.a. 2002: 73).

Die skizzierten Unterschiede in der kulturellen Codierung sexueller Identitäten in Deutschland und den USA lassen sich als Ausdruck eines spezifischen Verhältnisses zwischen Universalismus und Partikularismus in beiden Gesellschaften interpretieren (Münch 1993; Fuchs 2000). Die Kultur in Deutschland ist in hohem Maße durch einen abstrakten Idealismus geprägt, verbunden mit dem Anspruch des Staates, das Allgemeine gegenüber dem Besonderen in der Gesellschaft zu repräsentieren. Mit anderen Worten, Gleichheit ist nur eine abstrakte Idee, solange der Staat keine gleichen Verhältnisse herstellt: „Das Gesetz steht über den Individuen, die untereinander an sich in Partikularitäten zerfallen und erst dadurch gleich werden, dass sie in gleicher Weise dem allgemeinen Gesetz unterworfen sind" (Münch 1993: 826). Die Partikularismen der Bevölkerung werden durch den Universalismus folglich nicht aufgehoben, sondern nur ausgeglichen. Gleichstellungsforderungen richten sich deshalb in erster Linie an den Staat. Vor diesem Hintergrund sieht die deutsche Frauenbewegung den Staat hauptsächlich als ein Instrument in der Hand der Männer, zu dem Frauen und ethnische Minderheiten über lange Zeit keinen Zugang hatten.

Die USA sind demgegenüber durch eine ausgeprägte Kultur des „universalistischen Individualismus" (Münch 2002: 454) charakterisiert. Der Schlüssel zur Überwindung partikularer Gruppenzugehörigkeiten liegt demzufolge in der Verwirklichung von Chancengleichheit: Je mehr die Individuen an den Leistungen der gesellschaftlichen Teilsysteme partizipieren, desto günstiger sind die Bedingungen dafür, dass sie sich von vorgegebenen ethnischen, religiösen oder sexuellen Identitäten emanzipieren. Das Leitbild dieser Vorstellung ist der *Schmelztiegel*. In diesem Szenario wird vom Staat erwartet, dass er den Individuen in ihrem Streben nach Glück, Freiheit und Eigentum „nicht im Wege steht und einzelne nicht gegenüber anderen privilegiert" (Münch 2002: 420). Entsprechend dieser Logik, kann der Staat durch spezielle Bildungs- und Trainingsprogramme ausschließlich Hilfe zur Selbsthilfe anbieten. Distributive Eingriffe zugunsten bestimmter benachteiligter Gruppen würden hingegen das Prinzip der individuellen Chancengleichheit verletzen. Die Politik der *affirmative action*, mit der beispielsweise die Chancengleichheit afrikanischer Amerikaner durchgesetzt werden soll, ist folglich bis heute in hohem Maße umstritten. Die Forderung nach individueller Gleichbehandlung in der US-Frauenbewegung kann somit als Ausdruck eines spezifischen kulturellen Kontexts interpretiert werden. In Deutschland stieß die Idee des Schmelztiegels in der Frauenbewegung bisher kaum auf Resonanz: Soweit die Zuteilung von Teilhabechancen auf der gesellschaftlichen Anerkennung partikularer Gruppenzugehörigkeiten beruht, werden Abgrenzungstendenzen eher verstärkt.

Wie die Studie von Ferree u.a. (2002) zeigt, haben sich die unterschiedlichen kulturellen Rahmenbedingungen in Deutschland und den USA beispielsweise in der Abtreibungsdiskussion immer wieder deutlich bemerkbar gemacht. Eine Langzeitanalyse von Zeitungsmeldungen zwischen 1970 und 1994 zeigt, dass die Abtreibungsfrage Männer und Frauen in Deutschland stärker polarisierte als in den USA (Ferree u.a. 2002: 135-136). Während weibliche Kommentatorinnen in beiden Ländern Schwangerschaftsabbrüche im Allgemeinen positiver bewerten als ihre männlichen Gegenüber, fällt die Differenz in Deutschland deutlich stärker aus. Die für Deutschland typische Rahmung des Geschlechterverhältnisses bringen die Autoren der Studie im Statement einer Mitarbeiterin der Arbeiterwohlfahrt (AWO) zum Ausdruck, die auf die Frage, wie die „Leute" über Abtreibung denken, wie folgt antwortete:

> „People is something I would divide into men and women. That's very important to me. I can't say much about the men at all, even here in AWO. This is a topic for women" (Ferree u.a. 2002: 136).

Dieses Muster wiederholt sich bei der Frage nach dem rechtlichen Status der Abtreibung. In Deutschland wurde sie mit 44 Prozent in den abtreibungsbefürwortenden Zeitungsmeldungen am häufigsten als Ausdruck des körperlichen Selbstbestimmungsrechts der Frau aufgefasst. In den USA dagegen nur in 24 Prozent der Fälle. Umgekehrt wurde die Abtreibungsfrage in den USA in 51 Prozent aller befürwortenden Zeitungsmeldungen am häufigsten als private Entscheidung interpretiert, aus der sich der Staat heraushalten solle. In Deutschland waren es nur 19 Prozent. Das heißt, in den deutschen Printmedien wird das Recht auf Abtreibung überwiegend als Ausdruck des körperlichen Selbstbestimmungsrechts der Frau angesehen – dies gilt nicht nur für die weiblichen, sondern auch für die männlichen Befürworter des Rechts auf einen Schwangerschaftsabbruch. In den USA wird das Recht auf Abtreibung hingegen als individuelles Recht und private Entscheidung interpretiert, die den Staat nichts angeht (Ferree u.a. 2002: 137).

Der kulturelle Kontext macht sich in der Abtreibungsdebatte aber nicht nur inhaltlich bemerkbar, sondern auch in der Selektivität der Massenmedien[62]: Mit 73 Prozent aller Stellungnahmen zum Abtreibungsthema in den untersuchten Printmedien waren die Repräsentanten des Staates und der Parteien in Deutschland deutlich öfter in den Medien vertreten als in den USA, wo der entsprechende Wert bei 40 Prozent lag. Dies deckt sich mit der hervorgehobenen kulturellen und sozialen Bedeutung des Staates in Deutschland. Umgekehrt lassen sich in den USA 43 Prozent aller Äußerungen zum Thema Abtreibung nichtstaatlichen Organisationen und 18 Prozent Individuen zuschreiben. In Deutschland liegen die entsprechenden Werte bei 19 Prozent und 8 Prozent. Das heißt, der zivilen Sphäre außerhalb des Staates wird in den US-amerikanischen Printmedien eine weitaus größere Beachtung geschenkt als in Deutschland.

Diese diskursive Struktur scheint durch die unterschiedlichen Strategien der Feministinnen bei der kulturellen Durchdringung der Gesellschaft in beiden Ländern verstärkt worden zu sein. In Deutschland genauso wie in den USA hat der Einfluss der Frauen in den Printmedien stark zugenommen. In den USA stieg der Anteil weiblicher Wortmeldungen in der Abtreibungsdiskussion zwischen 1970 und 1994 von 20 Prozent auf etwa 40 Prozent, in Deutschland von 30 Prozent auf etwa 70 Prozent. Während in den USA die Frauen mehr Ressourcen in

---

62 „Political parties or religious groups may have certain institutional and cultural opportunities to speak on certain issues. Journalists tend to take these rules of the game for granted, without much consciousness or critical analysis. In granting standing to certain actors, they reflect broader societal expectations rather than those specific to the mass media. [...] Beyond this, differences in journalistic news routines and cultural norms also play a role. What journalists believe about who makes a difference in general will lead to particular news routines and norms about source selection that will then be applied to specific issues" (Ferree u.a. 2002: 88).

den Aufbau schlagkräftiger nationaler Lobby-Organisationen investierten und auf diese Weise in den US-Medien auf eine größere Resonanz stießen, haben die Frauen in Deutschland in dieser Periode, nicht zuletzt unter Führung der Grünen Partei, überdurchschnittlich häufiger Funktionen in Staat und Parteien übernommen. Infolgedessen hat ihre Beachtung in den Medien – im Vergleich zu den USA – sogar noch deutlich stärker zugenommen.

Vieles spricht somit dafür, dass die kulturellen Rahmenbedingungen einen großen Einfluss auf die Definition kollektiver Identitäten, das Framing von Problemen und die Mobilisierung von Anhängern ausüben. Soziale Bewegungen verwenden folglich viel Energie auf die Verbindung von anerkannten kulturellen Deutungsstrukturen mit spezifischen Problemen und Lösungen. Das Ergebnis ist dabei mehr als nur eine Variation bekannter kultureller Leitmotive:

> „To move from a problem in a particular sphere of society to a problem in society as such requires that the leaders of social movements exercise creativity and imagination. This might be called the translation problem, and it is where cultural creativity and political competence come equally into play" (Alexander 2006: 231).

5.4.5 Akteurkonstellationen

Im Schnittfeld von Politik, Recht und Massenmedien konstituiert die zivile Sphäre einen öffentlichen Raum, in dem soziale Bewegungen als Geräuschverstärker für Gruppen auftreten, die von bestimmten Problemen betroffen sind. Dabei überschneiden sie sich oft mit anderen Akteuren, die teilweise förderlich, teilweise hinderlich auf ihr kollektives Protesthandeln einwirken. Das Spektrum umfasst auf der einen Seite Gegenbewegungen und NGOs, die sich als Stimmen des Gemeinwohls mehr oder weniger dauerhaft im öffentlichen Raum etabliert haben. Auf der anderen Seite stehen Interessenorganisationen wie Parteien, Gewerkschaften, Berufsverbände, Kirchen etc., die – wie bereits erwähnt – aus den funktionalen Zusammenhängen der Teilsysteme heraustreten, um die Öffentlichkeit für bestimmte Anliegen zu mobilisieren:

> „What defines such associations, in other words, is their communicative intent. One could say they have, in accomplishing a particular task, gone beyond purely functional interests to broader, civil concerns; one could equally say, that they have decided that, in order to accomplish some particular interest, they have found it necessary to address civil concerns. In making their case for the particular, functional interests they represent, these associations are compelled to make an appeal to the entire civil community or to those mandated to represent it" (Alexander 2006: 92-93).

Entsprechend der binären Codierung kollektiver Identitäten lassen sich im öffentlichen Raum folglich je nach Protestthema zwei „hypothetische Koalitionen" (Scharpf 2000: 144) unterscheiden, deren Mitglieder potenziell entgegengesetzte Interessen verfolgen. Während das eine Lager versucht, die Öffentlichkeit durch erfolgreiche Mobilisierung auf die eigene Seite zu ziehen und dadurch die kulturellen und politischen Durchsetzungschancen für bestimmte Anliegen zu verbessern, versucht das andere Lager, diesen Bestrebungen durch Gegenmobilisierung den Wind aus den Segeln zu nehmen. Beide Lager sind fortwährend damit beschäftigt, einander zu blockieren. Wie der Konflikt dabei verläuft, hängt davon ab, wie beide Kräfte aufeinander einwirken und auf welche kulturelle Resonanz ihr Verhalten in der Bevölkerung stößt. Dabei gilt: Je besser es einer Seite gelingt, durch die Zusammenlegung ihrer Ressourcen die hypothetische in eine tatsächliche Koalition zu transformieren, desto größer ist ihr Durchsetzungspotenzial (vgl. Kap. 5.1 und 5.2).

Die Koalitionsmöglichkeiten sind somit – neben den institutionellen und kulturellen Rahmenbedingungen – ein wesentlicher Bestandteil in der Gelegenheitsstruktur sozialer Bewegungen. Ihre Handlungschancen werden dabei umso besser, „je differenzierter und dezentralisierter sich das Bezugsgruppensystem ihrer Umwelt darstellt" (Rucht und Neidhardt 2007: 649). Die Präferenzen der beteiligten Akteure müssen dabei nicht vollständig übereinstimmen. Oft reicht schon ein Minimum an sozialen Gemeinsamkeiten für eine Kooperation aus (Sofsky und Paris 1994: 258-281).

Als potenzielle Anknüpfungspunkte für die Bildung von Koalitionen verweist die Protestforschung normalerweise auf (1) ökonomische oder (2) politische Konflikte. Im ersten Fall wird die Entstehung von Protestbewegungen im Zusammenhang mit Veränderungen innerhalb der sozioökonomischen Kräfteverhältnisse gedeutet. Beispielsweise einer Studie von Rüschemeyer u.a (1992) zufolge war der oft von Protestbewegungen begleitete Übergang zur Demokratie in den meisten Ländern von einem klassenübergreifenden Bündnis zwischen der Arbeiterbewegung und Teilen der Mittelschicht getragen. Im Fall der neuen sozialen Bewegungen wurde hingegen auf die Entstehung der so genannten „neuen Mittelklasse" verwiesen, die sich aus Akademikern des sozialen und kulturellen Dienstleistungssektors zusammensetzte (Kriesi 1989; Brand 1998).

Im zweiten Fall konzentriert sich die Aufmerksamkeit auf Konflikte im politischen System. Durch plötzliche Veränderungen im Parteiengefüge eröffnen sich demnach auch neue Koalitionsmöglichkeiten für Protestbewegungen (Kriesi 2004: 75). Dies ist etwa der Fall, wenn Parteien auf demoskopische Veränderungen oder neue Bedürfnislagen in der Bevölkerung reagieren. Beispielsweise der Erfolg der US-Bürgerrechtsbewegung beruhte zum großen Teil auf dem wachsenden Wählerpotenzial der afrikanischen Amerikaner in den nördlichen Bundesstaaten. Für die Demokratische Partei war dies ein Anreiz, stärker auf die Interessen der schwarzen Bevölkerung einzugehen. In ähnlicher Weise entwickelte sich in Deutschland die SPD mit der Ablehnung des NATO-Doppelbeschlusses und der Besetzung von ökologischen Themen – nach ihrem Wechsel in die Opposition Anfang der 1980er-Jahre – zu einem bedeutenden Bündnispartner für die Friedens- und Umweltbewegung.

Wie diese Beispiele zeigen, eröffnen sich durch wechselnde Konstellationen in Ökonomie und Politik interessante Bündnismöglichkeiten für Protestbewegungen. Das Feld hypothetischer Koalitionen beschränkt sich aber nicht auf diese beiden Teilsysteme. Wie in Kapitel 2.2 ausführlich dargestellt, ist das Konfliktpotenzial funktional differenzierter Gesellschaften durch eine komplexe Gemengelage aus vielfältigen Antagonismen und Widersprüchen bestimmt, die sich wechselseitig überlagern. Neben den Gewerkschaften und den politischen Parteien haben sich beispielsweise auch die Kirchen in den letzten Jahrzehnten immer wieder als ein wichtiger Bündnispartner für soziale Bewegungen erwiesen. Bekannte Beispiele sind die Demokratiebewegung in der DDR oder die Friedensbewegung (vgl. Kap. 4.3.2). Das gesamte Spektrum der neuen sozialen Bewegungen ist bis heute in hohem Maße von kirchlichen Organisationen durchdrungen. Darüber hinaus sorgen auch religiöse Erneuerungsbewegungen in der Öffentlichkeit immer wieder für Aufmerksamkeit. In beiden Fällen nährt sich das Engagement häufig aus Richtungskonflikten innerhalb der Kirchen und des Religionssystems. Aber auch Interessenorganisationen aus dem Bildungssystem, dem Sport und den Massenmedien treten immer wieder als Träger oder Bündnispartner für soziale Bewegungen in Erscheinung. Die besondere Bedeutung solcher Interessenorganisationen besteht darin, dass sie gerade durch ihre institutionelle Einbettung in die Teilsysteme im Vergleich zu Bewegungsorganisationen und NGOs zumeist Zugang zu größeren ökonomischen, kulturellen und sozialen Ressourcen haben.

Sobald zwei ausgebildete Koalitionen einander gegenüberstehen, hängt der weitere Verlauf der Mobilisierung wesentlich vom Kräfteverhältnis zwischen beiden Seiten ab. Die denkbaren Konstellationen bewegen sich dabei zwischen zwei Extremen (Goldstone 1998b): Im ersten Fall sind die gegnerischen Kräfte so stark, dass sich eine effektive Protestbewegung gar nicht erst formieren kann. Im zweiten Fall überwiegt hingegen die Protestkoalition. Welche Seite sich durchsetzt, ist von der kulturellen Resonanz der Proteste abhängig: Wird die Forderung der sozialen Bewegung mehrheitlich als legitim eingestuft, dann ist die Resonanz hoch. Gelten die Proteste in der Öffentlichkeit dagegen als ungerechtfertigt, dann ist die Resonanz gering, und es ist nicht zu erwarten, dass der Einfluss der Bewegung über die Grenzen einer gesellschaftlichen Nische hinausreicht.

Neben den Bündnismöglichkeiten und der kulturellen Resonanz spielt auch die Reaktion des Staates eine wichtige Rolle (siehe Tabelle 2): Werden die Proteste von staatlicher Seite akzeptiert, so kann bei starker Resonanz eine Protestwelle entstehen. Bei schwacher Resonanz beschränkt sich das kollektive Protesthandeln hingegen auf eine isolierte Bewegung, die sich über die Grenzen eines bestimmten räumlichen oder soziokulturellen Milieus nicht hinausentwickelt. Dies ist bei vielen so genannten kulturorientierten Bewegungen der Fall, die in erster Linie auf Persönlichkeitsveränderung abzielen. Reagiert der Staat hingegen repressiv,[63] sind zwei weitere Szenarien denkbar: (1) Bei schwacher, inkonsistenter Repression und großer kultureller Resonanz besteht (zumindest theoretisch) die Möglichkeit einer Revolution. Das charakteristische Merkmal solcher Proteste liegt zumeist in der Eskalation der Gewalt (Goldstone 1998b: 141). Fällt die kulturelle Resonanz hingegen gering aus, besteht die Möglichkeit, dass sich isolierte Guerilla- oder Terroristengruppen bilden. (2) Bei starker und konsistenter Repression kommt der Protest nur sporadisch zum Ausbruch. Ist die kulturelle Resonanz hoch, bleibt das Herrschaftssystem dauerhaft instabil. Ist die kulturelle Resonanz gering, dann löst sich die Bewegung auf oder zieht sich in ein Untergrundmilieu zurück. Die folgende Tabelle 2 gibt einen Überblick über die typischen Erscheinungsformen kollektiver Protesthandlungen.[64]

Tabelle 2: Erscheinungsformen kollektiver Protesthandlungen

		Reaktion des Staates	
	Anerkennung	Schwache/ Inkonsistente Repression	Starke/ Konsistente Repression
Kulturelle Resonanz hoch	Protestwelle	Revolution	Instabiler/ autoritärer Staat
Kulturelle Resonanz gering	Isolierte Bewegung	Guerilla oder Terroristengruppe	Untergrundbewegung

Quelle: Nach Goldstone (1998b: 140).

---

63 Wie bereits erwähnt, können auch demokratische Staaten auf Protestbewegungen teilweise mit starker Repression reagieren (vgl. Kap. 5.2.2).
64 Unmittelbare Repression ist nicht die einzige Option, die dem Staat zur Verfügung steht. Er kann auch Gegenbewegungen und Privatpersonen zum Vorgehen gegen die Träger des Protests ermutigen, indem er ihnen freie Hand lässt. Beispielsweise in den 1950er- und 1960er-Jahren reagierten einige US-Bundesstaaten auf Handlungen des Ku Klux Klans mit Milde, während andere mit großer Entschiedenheit gegen die Organisation vorgingen (Goldstone 2003: 17).

Wie Tabelle 2 zudem zeigt, sind die Übergänge zwischen den einzelnen Stadien kollektiven Protesthandelns fließend: (1) Je stärker die Resonanz ausfällt, desto eher kann von einer ausgewachsenen Protestwelle gesprochen werden. Das heißt, mit zunehmender Zahl der Sympathisanten und Aktivisten, werden die Träger sozialer Proteste in der Öffentlichkeit immer weniger als singuläre Gruppe und immer mehr als *gesellschaftliche* Bewegung wahrgenommen. (2) Die strukturelle Kohärenz der Bewegung nimmt dagegen von links nach rechts – also mit zunehmender Repression durch den Staat – immer stärker ab. Das heißt, je mehr es dem Staat gelingt, eine soziale Bewegung unter Druck zu setzen, desto schwieriger wird es für die beteiligten Gruppen und Akteure, sich auszutauschen und ihr Handeln zu koordinieren. Entlang der beiden Dimensionen „kulturelle Resonanz" und „Reaktion des Staates" ist es möglich, dass kollektive Protesthandlungen in kurzer Zeit starke Transformationen durchlaufen und unterschiedliche Erscheinungsformen annehmen.

Wie Tabelle 2 außerdem deutlich macht, besteht zwischen der Kohärenz der Bewegung auf der einen und ihren Umweltbedingungen auf der anderen Seite ein grundlegendes Spannungsverhältnis. Im Hinblick auf die kulturelle Resonanz muss die Protestbewegung umso mehr Ressourcen in ihre Einheit investieren, je größer der Zulauf ausfällt, weil der Koordinationsaufwand steigt. Dies kann auf längere Sicht dazu führen, dass Mobilisierungswellen an Dynamik verlieren und sich langsam „erschöpfen" (Tarrow 1991: 660). Im Hinblick auf die staatliche Reaktion ist die Koordinationsfähigkeit der Protestbewegung hingegen dann bedroht, wenn sich die zuständigen Stellen für Repression entscheiden. In zahlreichen Studien ist nachgewiesen worden, dass durch konsistente Repressionen Proteste unter Umständen regelrecht erstickt werden können (Opp und Rühl 1990; Opp 1994; Rasler 1996).

6 Die Wirkung sozialer Bewegungen

Das folgende Kapitel beschäftigt sich mit den Wirkungen sozialer Bewegungen. Wie ein Blick in die aktuelle Forschungsliteratur zeigt, ist das bisherige theoretische Wissen auf diesem Gebiet vergleichsweise gering. Obwohl sich eine Vielzahl von Einzelfallstudien intensiv mit den Wirkungen sozialer Bewegungen beschäftigt hat, ist man bislang nur zu wenigen theoretischen Generalisierungen durchgedrungen (Giugni u.a. 1999). Das Hauptproblem liegt in der komplexen Beziehung zwischen Ursachen und Wirkungen (Giugni 1999: xxiv): Wie kann man sich sicher sein, dass bestimmte soziale Transformationsprozesse das Werk von Protestbewegungen sind? Wie lässt sich ausschließen, dass der soziale Wandel auch ohne Proteste stattgefunden hätte? Wie lässt sich unterscheiden, ob bestimmte Veränderungen auf Proteste zurückzuführen sind oder aus der Reformbereitschaft der politischen Elite resultieren? Es überrascht daher nicht, wenn die meisten Studien nur Aussagen über eine eng begrenzte Menge von Wirkungen zulassen, die zudem nur für ganz bestimmte historische Umstände und Bewegungen gelten (Amenta und Caren 2004; Giugni 2004; Earl 2004; Whittier 2004).

Im Gegensatz dazu wird sich die vorliegende Studie dem Thema aus einer anderen Perspektive annähern. Während sich die bisherigen Kapitel im weitesten Sinne mit den Ursachen und Bedingungen für die Entstehung von Protestbewegungen in der modernen Gesellschaft beschäftigt haben, richtet sich die Aufmerksamkeit im Folgenden auf die Frage nach dem Einfluss von Protestbewegungen auf den Verlauf der Modernisierung. Beinahe alle zeitgenössischen Modernisierungstheoretiker stimmen darin überein, dass soziale Bewegungen auf Folgeprobleme der Modernisierung aufmerksam machen. Wie die Darstellung einzelner Bewegungen in Kapitel 4 gezeigt hat, trifft dies zwar zu, doch ist ebenso klar, dass Protestbewegungen im Hinblick auf die Probleme der modernen Gesellschaft keinesfalls über ein Deutungsmonopol verfügen. Mit anderen Worten: Sie sind nicht die Einzigen, die auf Fehlentwicklungen aufmerksam machen. Das Gegenteil scheint vielmehr der Fall zu sein: Die sozialen Teilsysteme sind in vielen Fällen selbst in der Lage, die Folgeprobleme der modernen Gesellschaft zu thematisieren und zu lösen.

Die Forschungsfrage muss daher neu formuliert werden: In welcher Hinsicht unterscheiden sich die Problemdeutungen sozialer Bewegungen von denen der gesellschaftlichen Teilsysteme? Offensichtlich gelingt es ihnen, Aspekte hervorzuheben, die von den gesellschaftlichen Teilsystemen nicht ausreichend wahrgenommen werden. Davon ausgehend beschäftigt sich das folgende Kapitel 6.1 mit der Wahrnehmung und Verarbeitung von Problemen in den sozialen Teilsystemen funktional differenzierter Gesellschaften. In Kapitel 6.2 steht die Beobachtungsform sozialer Bewegungen im Mittelpunkt. Dabei geht es um die Frage, in welcher Hinsicht ihre Interpretationsangebote von den Problemdeutungen der Teilsysteme abweichen. Auf dieser Grundlage ist es schließlich möglich, die Bedeutung sozialer Bewegungen als Antriebskraft für sozialen Wandel abzuschätzen. Kapitel 6.3 beschäftigt sich deshalb mit den von sozialen Bewegungen ausgehenden Impulsen für gesellschaftliche Lernprozesse. Dabei zeigt sich, dass Protestbewegungen soziales Lernen nicht nur anregen, sondern auch blockieren können.

6.1 Problemwahrnehmung in der modernen Gesellschaft

Historisch fällt die Ausdifferenzierung von funktionalen Teilsystemen mit dem Säkularisierungsprozess zusammen. Im vormodernen Europa war der Kern der Traditionalität über Jahrhunderte hinweg durch das Christentum repräsentiert worden. Durch die Legitimation von sozialer Ungleichheit verhinderte die Religion das Auseinanderfallen der sozialen Hierarchie (Parsons 1966: 42). Der heilige Kosmos bildete ein gemeinsames Bindeglied quer zu allen Schichten und Ständen und durchdrang das gesamte soziale Leben: „Für den Einzelnen bedeutete das ganz einfach, dass die gleichen integrierenden Symbole die verschiedenen Sektoren des Alltagslebens durchdrangen. Im Kreise seiner Familie, bei der Arbeit, ob er an politischen Geschehnissen oder an Festen und Zeremonien teilnahm: Der Einzelne befand sich stets in der gleichen Welt" (Berger u.a. 1975: 60). In der Folge war soziales Handeln dadurch bestimmt, dass sich (idealtypisch) alle kulturell legitimen Zwecksetzungen auf das religiöse Heilsstreben als letztes Ziel ausrichteten.

Wie in Kapitel 2.1 dargelegt, brach das religiöse Sinngebungsmonopol im Übergang zur Moderne jedoch auf. Politik, Wirtschaft, Wissenschaft etc. entzogen sich langsam dem Einfluss der Religion und konstituierten ihre eigene Operationssphäre, in der sie sich nicht mehr von religiösen, sondern allein von ihrer eigenen Handlungsrationalität leiten ließen. Die Wissenschaft organisiert den Erkenntnisfortschritt, die Wirtschaft die Bereitstellung von Gütern und Dienstleistungen und die Politik das Zustandekommen von kollektiv verbindlichen Entscheidungen. In diesem Sinne sind die Teilsysteme ungleichartig aber gleichrangig, weil sie sich in ihren Funktionen zwar unterscheiden, jedoch alle einen unverzichtbaren Beitrag zur gesellschaftlichen Reproduktion leisten. Auf diese Weise formt sich das Bild einer „polykontexturalen Gesellschaft" (Luhmann 1998a: 956-957), in der die sozialen Teilsysteme als geschlossene Sinnwelten gleichwertig nebeneinanderstehen. Dies hat weitreichende Folgen für die gesellschaftliche Problemwahrnehmung: Die Teilsysteme beobachten ihre Umwelt auf der Grundlage ihrer spezifischen binären Codes (Handlungsrationalität), beispielsweise wahr/unwahr im Wissenschaftssystem, recht/unrecht im Rechtssystem oder krank/gesund im Gesundheitssystem. Die hohe Selektivität ihrer Wahrnehmung leitet sich dabei aus zwei Eigenschaften der binären Codes ab:

- Erstens handelt es sich um *universale Leitdifferenzen*, die prinzipiell auf jedes Problem anwendbar sind. Dies lässt sich etwa am Beispiel des Hurrikans Katrina aus dem Jahr 2005 veranschaulichen. Für die Wissenschaft handelte es sich um ein interessantes meteorologisches Phänomen und für die Politik um eine Chance, die Machtverhältnisse zu verändern. Für die Wirtschaft warf der Hurrikan hingegen Fragen nach den Auswirkungen auf die Energieversorgung, Schadensansprüchen an die Versicherungswirtschaft oder den Kosten für den Wiederaufbau auf. Das heißt, in allen Teilsystemen wurde das Ereignis wahrgenommen. Ihre Perspektiven erwiesen sich jedoch als inkommensurabel.
- Zweitens handelt es sich bei den Codes um so genannte *Sofern-Abstraktionen* (Luhmann 1986: 79-80). Das heißt, jeder Wert eines Codes kennt immer nur seinen Gegenwert. In der Folge werden alle anderen Perspektiven ausgeblendet, sobald sich die Kommunikation auf einen bestimmten Code festgelegt hat. Dies ist die logische Folge funktionaler Differenzierung. Das wirtschaftliche Teilsystem ist generell außer Stande, die Ursachen und Folgen eines Hurrikans aus wissenschaftlicher Perspektive zu beurteilen. Dies wäre auch unsinnig. Dafür ist die Wissenschaft zuständig. Obschon sich Politiker, Wissenschaftler und Unternehmer über ihre unterschiedlichen Perspektiven normalerweise im Klaren sind, lassen sie sich dadurch in ihrem Macht-, Wahrheits- und Gewinnstreben nicht irritieren. Tyrell (1978: 183-184) spricht in diesem Zusammenhang von „legitimer Indifferenz". Soziale Krisenphänomene wie Massenarbeitslosigkeit, demographischer Wandel oder Umweltzerstörung werden somit etwa für die Wirtschaft nur sichtbar, wenn sie sich auf die Preise auswirken beziehungsweise Kosten erzeugen. Solange die Preise unverändert bleiben, besteht kein weiterer Handlungsbedarf (Luhmann 1986: 106).

Die Wirkung dieser Code-Architektur lässt sich an der zunehmenden Entkopplung von Wirtschaft und Politik veranschaulichen (vgl. Kap. 4.4). Mit der Globalisierung wirtschaftlicher Transaktionen schrumpft der Einfluss der Nationalstaaten auf die Ökonomie, mit unabsehbaren Konsequenzen für die Verteilung von Wohlstand (Zahlungsfähigkeit). Unter den Bedingungen zunehmender globaler Vernetzung und Elektronisierung wirtschaftlicher Kommunikation scheinen sich die Geldströme mittlerweile so stark verselbständigt zu haben, dass eine Intervention von außen kaum noch möglich ist (Luhmann 1986: 108). Da nahezu alle anderen Märkte in der einen oder anderen Form von den Finanzmärkten abhängig sind, steht die Gesellschaft vor enormen Problemen: eingeschränkte Sensibilität für ökologische Folgen, Eindringen des Profitdenkens in andere soziale Teilsysteme und Gefährdung ihrer Autonomie (Willke 1998: 222-223) sowie zunehmende Armut. Für das Wirtschaftssystem werden diese Krisen jedoch nur sichtbar, wenn sie sich auf die Preise niederschlagen. Schlimmstenfalls handelt es sich also um Kosten. Die Politik wird auf die Probleme nur reagieren, sofern sie sich auf die Machtverteilung auswirken. Die Wissenschaft kann zwar nach Ursachen und Wirkungen fahnden, in der Hauptsache ist die Globalisierung für sie jedoch nur ein „interessanter" Untersuchungsgegenstand.

Die Teilsysteme sind somit nicht in der Lage, die Folgeprobleme der Modernisierung in einer für die ganze Gesellschaft verbindlichen Weise wahrzunehmen. Die Problemwahrnehmung der modernen Gesellschaft erweist sich als hochgradig zersplittert und fragmentiert. Was für die Pest galt, die im Mittelalter von der Religion allgemein verbindlich als göttliche Strafe interpretiert wurde, gilt für AIDS heute nicht mehr: Für die Religion ist es vielleicht noch immer eine göttliche Heimsuchung, für die Medizin handelt es sich um einen Virus, für die Politik um einen Anlass für Diskussionen über Entwicklungshilfe, für die Ökonomie um lukrative Absatzmöglichkeiten (oder drohende Kosten) etc. Das heißt, unterschiedliche Weltbeschreibungen bleiben nebeneinanderstehen, ohne dass es zu einer verbindlichen Entscheidung kommt, welcher der Vorzug zu geben ist und welche Konsequenzen daraus zu ziehen sind:

> „Keiner der gewählten Anschnitte kann Letztgültigkeit oder eine richterliche Funktion über alle anderen beanspruchen. Jeder operiert, was ihn selbst betrifft, blind. Aber zugleich gibt es nichts, was sich prinzipiell der Unterscheidung und Bezeichnung entzöge, nichts, was aus Gründen seines ‚Wesens' geheim bleiben müsste" (Luhmann 1998a: 1095).

Auf der Grundlage der binären Codes konstituiert jedes Teilsystem somit ein eigenständiges Sinnuniversum, das Ereignisse in der Gesellschaft nur von seinem speziellen Standpunkt aus wahrnehmen kann. Diese „Monokontexturalität" ist für die Teilsysteme zwar grundsätzlich nicht hintergehbar, doch können sie durch so genannte „Beobachtungen zweiter Ordnung" immerhin erkennen, dass ihre eigene Perspektive nur eine von mehreren darstellt. „Beobachtung zweiter

Ordnung" meint somit die Fähigkeit, sich selbst oder andere Systeme zu beobachten und dabei Rückschlüsse auf die eigenen Beobachtungsoperationen zu ziehen. Auf dieser Grundlage eröffnen sich zwar Ansatzpunkte für Veränderungsprozesse, doch bleibt die Beobachtung zweiter Ordnung ein Ausnahmefall (Ahlemeyer 1995: 209). Es dominiert das vorherrschende Prinzip der legitimen Indifferenz, mit allen positiven und negativen Konsequenzen für die Individuen.

6.2 Die Beobachtungsform sozialer Bewegungen

Wie im Vorangehenden deutlich geworden ist, sind die Teilsysteme hochempfindlich für Veränderungen – Preisänderungen in der Wirtschaft, Stimmungsumschwünge in der Politik, neue Krankheiten in der Medizin etc. – in der gesellschaftlichen und natürlichen Umwelt. In den meisten Fällen erweist sich diese Form des Zugriffs als ausreichend. Nicht umsonst gilt die funktional differenzierte Gesellschaft in ihren Problemlösungskapazitäten als historisch unübertroffen. Ihre hochgradig selektive Wahrnehmung bringt es jedoch mit sich, dass manche Probleme nicht oder nur teilweise wahrgenommen werden. An dieser Stelle kommen Protestbewegungen ins Spiel. Die Form des Protests teilt die Gesellschaft in zwei Teile: Auf der einen Seite stehen die Protestierenden, auf der anderen Seite diejenigen, die auf den Protest hören sollen. Die Protestbewegung inszeniert sich dabei zumeist als Repräsentant der gesellschaftlichen Peripherie, ihre Adressaten hingegen als das Zentrum. Wie vor allem Ahlemeyer (1995) deutlich gemacht hat, gelangen sie aus dieser Perspektive zu einer Problemwahrnehmung, die sich von der Beobachtungsform der Teilsysteme grundlegend unterscheidet: In der sachlichen Dimension sind die gesellschaftlichen Problemdeutungen sozialer Bewegungen für die Individuen konkreter und alltagsnäher, in der zeitlichen Dimension flexibler und in der sozialen Dimension durch eine spezifische Form der Betroffenheit geprägt. Die Darstellungen im folgenden Abschnitt stützen sich wesentlich auf die Überlegungen von Ahlemeyer (1995: 219-229).

Sachdimension: In den Funktionssystemen gibt der Code die Beobachtungsperspektive vor und bestimmt die Reaktion des Systems auf Ereignisse in seiner Umwelt. Welchem Codewert jedoch wann der Vorzug zu geben ist, wird dabei nicht durch den Leitwert des Codes – also etwa Wahrheit in der Wissenschaft, Zahlungsfähigkeit (Besitz) in der Wirtschaft oder Macht in der Politik – vorgegeben, sondern durch eine unabhängige Programmierung in Form von wissenschaftlichen Theorien, ökonomischen Investitionsprogrammen oder politischen Parteiprogrammen. Dies erlaubt eine größere Vielfalt von Operationen. In der Folge können beispielsweise festgestellte Unwahrheiten als genauso dienlich für den Wissenschaftsfortschritt angesehen werden wie festgestellte Wahrheiten. Protestbewegungen steht diese Möglichkeit jedoch nicht offen. Dies ergibt sich aus der Form des Protests: Die Protestierenden können nicht einfach auf die Seite ihrer Gegner wechseln; dies würde das sofortige Ende der Bewegung bedeuten. Die Trennung beider Lager erfolgt daher auf der Grundlage des Leitwerts, mit dem die Bewegung die Gesellschaft beobachtet – ohne echte Programmierung. So sieht sich etwa die Ökologiebewegung auf der Seite des Umweltschutzes, ihre Gegner hingegen auf der Seite der Umweltzerstörung, die Globalisierungskritiker sehen sich auf der Seite der sozialen Gerechtigkeit, ihre Gegner hingegen auf der Seite der kapitalistischen Ausbeutung. Die Friedensbewegung sieht sich auf der Seite des Friedens, ihre Gegner hingegen auf der Seite der Kriegsbefürworter.

Auf dieser Grundlage zeichnen sich die Beobachtungen sozialer Bewegungen oft durch eine große Alltagsnähe aus; im Vergleich zu den Teilsystemen fehlt es ihnen jedoch an Differenzierungsvermögen. Ein Beispiel ist die Diskussion über den Klimawandel: Jenseits der Expertendiskurse hat sich der menschlich induzierte Klimawandel mittlerweile als Erklärung von spektakulären Wetterphänomenen wie Hurrikans, Tornados, Gletscherschmelze, Dürreperioden, Überschwemmungen etc. weitgehend durchgesetzt. Protestbewegungen und die Medien reagieren damit auf verbreitete Orientierungsbedürfnisse, die von der Wissenschaft nicht bedient werden können. Die damit verbundene Neigung zu unverhältnismäßiger Komplexitätsreduktion und Pauschalisierung gibt jedoch immer wieder Anlass zur Kritik.

> „Gegen Komplexität kann man nicht protestieren. Um protestieren zu können, muss man deshalb die Verhältnisse plattschlagen. Dazu dienen die Schemata und vor allem die Skripts, die sich in der öffentlichen Meinung mit Hilfe der Massenmedien durchsetzen lassen. Vor allem kurzgegriffene Kausalattributionen, die den Blick auf bestimmte Wirkungen lenken, haben eine Alarmierfunktion und machen auf bedrohte Werte und Interessen aufmerksam" (Luhmann 1998a: 861).

Die Resonanzfähigkeit von Deutungsmustern ist umso größer, je mehr sie mit den Alltagswahrnehmungen der Menschen übereinstimmen (vgl. Kap. 5.3 und 5.4.4). Genau an diesem Punkt liegt deshalb zugleich die Stärke sozialer Bewegungen: Die alltagsnahe Deutung von Problemen verleiht ihnen eine besondere Legitimität und Durchsetzungsfähigkeit gegenüber der Politik. Wie Ahlemeyer (1995: 221) zudem hervorhebt, hat sich die Professionalisierung des Bewegungssektors – vor allem durch den wachsenden Einfluss von Bewegungsorganisationen – dahingehend ausgewirkt, dass auch die fachliche Expertise zuzunehmen scheint. Obgleich dieses Wissen in Protestkampagnen meist nur eine geringe

Rolle spielt, handelt es sich um eine Kompetenz, die in politischen Verhandlungsnetzwerken zunehmend an Bedeutung gewinnt.

Zeitdimension: Um ihre zeitliche Kontinuität zu organisieren, verfügen die Funktionssysteme über ein dichtes Netz aus Institutionen und formalen Organisationen, deren Aufgabe darin besteht, den mehr oder weniger reibungslosen Ablauf von Prozessen routinemäßig zu gewährleisten. In ähnlicher Weise verfügen auch soziale Bewegungen über Organisationen, die ihnen Dauerhaftigkeit verleihen. Etwa am Beispiel der „alten" und „neuen" Frauenbewegung in den USA hat Taylor (1989) gezeigt, dass Protestbewegungen über zahlreiche Mechanismen verfügen, um organisatorische und ideologische Strukturen auch über längere Phasen der Inaktivität hinweg zu bewahren.

Organisationen allein machen aber noch keine soziale Bewegung aus. Damit eine Protestwelle in Gang gesetzt werden kann, braucht es konkrete Auslöser, zumeist politische, wirtschaftliche oder militärische Krisen, an denen die Bewegung sich mit ihrem Protest abarbeiten kann. Dabei handelt es sich zumeist um eklatante Normverstöße und Skandale, die einerseits die öffentliche Aufmerksamkeit erregen (Luhmann 1996: 61-68), andererseits Emotionen auslösen können, unter deren Einfluss die Hemmschwelle für die Teilnahme an Protesten sinkt. Dieser Zustand der erhöhten Mobilisierung lässt sich über einen gewissen Zeitraum aufrechterhalten, ebbt jedoch irgendwann wieder ab (vgl. Kap. 5.2.3). In der Folge kommt es je nach Anlässen zu einem Auf und Ab von Protestwellen, die von unterschiedlichen Themen und Bewegungen getragen werden.

Gegenüber der relativ konstanten Operationsweise der Funktionssysteme kann sich diese vergleichsweise große Instabilität und scheinbare Schwäche sozialer Bewegungen im Fall von akuten, unbeobachteten und unerwarteten Gefährdungslagen jedoch als Vorteil erweisen. Ein Beispiel ist die Kampagne gegen die Versenkung der Ölbohrplattform Brent Spar in der Nordsee, mit der Greenpeace im Juni 1995 einen durchschlagenden Erfolg erzielte. Ähnliches gilt für die öffentlichen Proteste im Anschluss an den Hurrikan Katrina, der im Jahr 2005 New Orleans verwüstete: Nachdem die Exekutive des politischen Teilsystems auf die Naturkatastrophe zunächst nicht ausreichend reagierte, wurde durch öffentliche Proteste der Friedensbewegung, die einen Zusammenhang zum Irak-Krieg herstellte, ein schneller Politikwechsel und die öffentliche Aufarbeitung behördlichen Versagens erzwungen. Das heißt, gerade die Umwelt- und Zeitabhängigkeit sozialer Bewegungen eröffnet eine größere Flexibilität in Situationen, „die von den Funktionssystemen aufgrund ihrer strukturell fixierten, hohen perzeptiven Indifferenz nicht gesehen werden können" (Ahlemeyer 1995: 225).

Sozialdimension: Ihr Verhältnis zur Gesellschaft organisieren die sozialen Teilsysteme nach dem Prinzip der „legitimen Indifferenz". Auf der einen Seite reklamieren sie für ihren jeweiligen Funktionsbereich alleinige Zuständigkeit, auf der anderen Seite sind sie gerade dadurch über eine Vielzahl von komplexen Leistungsbeziehungen mit anderen Teilsystemen eng verflochten. Wie bereits angemerkt, existiert unter diesen Bedingungen jedoch keine privilegierte Position für die Interpretation gesellschaftlicher Probleme. Das heißt aber nicht, dass es keine Beschreibungen der gesamten Gesellschaft mehr gibt. Das Gegenteil ist der Fall: Vor allem die Sozialwissenschaften, die Religion und die Kunst reklamieren hier ihre Zuständigkeit. Diesen Beschreibungen fehlt es jedoch an Autorität, um sich gegenüber dem sozialen Ganzen verbindlich durchsetzen zu können. In der Folge handelt es sich nur um mehr oder weniger gut begründete Modelle und Beschreibungen wie Risikogesellschaft, Erlebnisgesellschaft, polykontexturale Gesellschaft etc. die gleichwertig nebeneinanderstehen.

Die Problemdeutungen sozialer Bewegungen unterscheiden sich von diesen Beschreibungen grundlegend darin, dass die Gesellschaft von vornherein aus der eigenen *Betroffenheit* heraus beobachtet wird (Ahlemeyer 1995: 226). Das heißt, aus ihrer Betroffenheit heraus ergreifen die Akteure auf der Grundlage bestimmter Leitwerte wie Gleichberechtigung, Gemeinschaft, Friede, Demokratie, Wohlstand, ökologisches Gleichgewicht etc. die sich oftmals spontan bietenden Gelegenheiten für Proteste und setzen einen Mobilisierungsprozess in Gang. Die Funktionssysteme gelten dabei als ursächliche Quelle für Probleme, unter denen die ganze Gesellschaft zu leiden hat. Beispielsweise führte die Verabschiedung eines neuen Gesetzes in Frankreich, das den Kündigungsschutz für Ersteinstellungen in den ersten beiden Jahren abschaffte, im Frühjahr 2006 zu ausgedehnten Protesten mit bis zu drei Millionen Teilnehmern, vor allem Studenten und andere junge Erwachsene. Obschon sich auch andere Gruppen – vor allem die französischen Gewerkschaften, denen zumeist ältere und gut gesicherte Arbeitnehmer angehören – an den Protesten beteiligten, leiteten die Teilnehmer die Legitimität ihres Handelns vor allem aus ihrer persönlichen Betroffenheit ab. Sie wollten auf diese Weise verhindern, dass sie zu einer „Residualkategorie" (Ahlemeyer) in der Planung der politischen und ökonomischen Teilsysteme werden, die „Kollateralschäden" oft bereitwillig in Kauf nehmen.

Soziale Bewegungen nehmen somit eine Perspektive ein, gegenüber der die Teilsysteme in aller Regel blind sind. Die Betroffenheit der Individuen kann aus ökonomischer Perspektive zwar als Kostenfaktor, aus politischer Perspektive als Gefährdung von Regierungsmacht, aus rechtlicher Perspektive als Unrecht, aus wissenschaftlicher Perspektive als Untersuchungsgegenstand etc. betrachtet werden, in seiner Gesamtheit bleibt das Phänomen für die Teilsysteme jedoch unsichtbar. Demgegenüber verfügen soziale Bewegungen über eine besondere Sensibilität „für Leiden, Erleiden, Verletzung, Schmerz, Opferwerden, Fremdbestimmung, Beeinträchtigungen im psychischen und physischen Sinne" (Ahlemeyer 1995: 227). Sofern sich Gelegenheiten dafür bieten, entwickelt sich diese

Perspektive zum Ausgangspunkt für kollektives Protesthandeln. So entstehen schließlich Deutungsmuster, die kollektives Handeln nicht nur anleiten und rechtfertigen, sondern auch als „alternative" Beschreibung der Gesellschaft in die sozialen Diskurse eingebracht werden können. Zusammenfassend wird deutlich, dass soziale Bewegungen sich in ihrer Beobachtungsform von den Teilsystemen in beachtlichem Maße unterscheiden: „Sie weisen eine geringere Selektivität, höhere Konkretion, eine stärkere Temporalisierung und eine höhere Sensibilität für Betroffenheit aus" (Ahlemeyer 1995: 228). Auf dieser Grundlage können sie die Teilsysteme mit Problemdeutungen konfrontieren, für die diese bisher blind waren. In der Folge werden Defizite und Grenzen funktionaler Differenzierung aufgedeckt und es eröffnen sich Chancen für strukturelle Veränderungen und Lernprozesse in den sozialen Teilsystemen. An dieser Stelle sollte allerdings betont werden, dass die Problemdeutungen sozialer Bewegungen gegenüber anderen Beobachtungen in keiner Hinsicht überlegen sind. Wie die Teilsysteme haben auch sie ihren blinden Fleck und können aufgrund ihrer spezifischen Selektivität nur Ereignisse verarbeiten, die sich in ihr Beobachtungsschema einfügen lassen. Auf diese Weise bringen sie in den gesellschaftlichen Diskurs Deutungen ein, die sich von den Teilsystemen zwar fundamental unterscheiden, kognitiv unterliegen sie jedoch den gleichen Beschränkungen (Ahlemeyer 1995: 281).

6.3 Lernen durch Protest?

Angesichts verbreiteter „legitimer Indifferenz" im Verhältnis zwischen den Teilsystemen und der Gesellschaft stellt sich nun die Frage, wie die oben erwähnten *systemischen Lernprozesse* realistischerweise in Gang gesetzt werden können. Max Miller zufolge führt systemisches Lernen

> „nicht nur potenziell zu einem neuen strukturellen Wissen, welches das individuelle Bewusstsein von Personen ändert, es kann auch zu einer Änderung oder zu einer Erschaffung neuer Regeln oder Normen des Diskurses führen – Regeln oder Normen, die vor allem festlegen, wer was zu wem auf welche Weise und in welchem sprachlichen und nicht-sprachlichen Kontext sagen kann" (Miller 2006: 224).

Das heißt, der Diskurs beziehungsweise die Normen des Diskurses sind somit selbst Gegenstand potenzieller Lernprozesse. Aus der Perspektive einer „Theorie diskursiven und systemischen Lernens" (Miller 1992, 2003, 2006; Eder 2000a) lassen sich im Wesentlichen zwei Möglichkeiten unterscheiden, wie systemische Lernprozesse unter Beteiligung sozialer Bewegungen in Gang gesetzt werden können (Ahlemeyer 1995: 280): Im ersten Fall können soziale Bewegungen die

Betroffenheit der Individuen in einer „Sprache" zum Ausdruck bringen, die für die Teilsysteme verständlich ist: etwa als Konsumboykott in der Wirtschaft, durch die Gründung neuer Parteien in der Politik, als Kläger im Rechtssystem, als Erkenntnisdefizit in der Forschung etc. Auf diese Weise können soziale Protestbewegungen in den Teilsystemen Anpassungsprozesse auslösen und die Auseinandersetzung mit bestimmten Problemen anregen, die ansonsten unbearbeitet bleiben. Im zweiten Fall liegt ihre Einwirkungsmöglichkeit in der Veränderung gesellschaftlicher Normen durch „Intensivierung der Kommunikation mit den Funktionssystemen" (Ahlemeyer 1995: 280). Obwohl die Sensibilität für bestimmte Probleme durch die binären Codes der Teilsysteme stets eingeschränkt bleibt, können diese – durch Beobachtung zweiter Ordnung – für die Grenzen ihrer Perspektiven sensibilisiert werden. Dies geschieht in der Politik etwa durch die Einführung von Möglichkeiten der Volksabstimmung, die Einbindung von Bürgerinitiativen in Anhörungsverfahren zu neuen Gesetzen, die Einrichtung von Enquete-Kommissionen etc.

Unter diesem Gesichtspunkt können Protestbewegungen über die vergangenen 200 Jahre hinweg auf eine beeindruckende Bilanz verweisen. Wie eingangs erwähnt lässt sich der kausale Zusammenhang zwischen Ursache und Wirkung zwar nur schwer eindeutig belegen, doch steht außer Zweifel, dass Protestbewegungen an wichtigen systemischen Lernprozessen – im Sinne einer Steigerung der Sensibilität für die Betroffenheiten der Individuen – in erheblichem Maße zumindest mitgewirkt haben. Die Palette reicht dabei von der Demokratisierung des politischen Systems, über die Tarifautonomie in der Wirtschaft, Gleichstellungsbeauftragte in Unternehmen und Behörden, eine institutionalisierte Technikfolgenabschätzung bis hin zu einem hochdifferenzierten Umweltrecht. Es werden zwar immer wieder Stimmen laut, die zu Recht darauf hinweisen, dass durch die starke Berücksichtigung von Betroffenheiten nicht nur neue und in manchen Fällen schlimmere Betroffenheiten entstehen können, sondern auch die Operationsfähigkeit der Teilsysteme in einigen Fällen womöglich zu stark eingeschränkt wird. Es besteht jedoch Grund zu der Annahme, dass die Gesellschaft auf diese neuen Herausforderungen wiederum reagieren und neue Instrumente entwickeln kann.

Wie es scheint, lernen aber nicht nur die Teilsysteme von sozialen Bewegungen; es gibt auch Hinweise darauf, dass umgekehrt ebenfalls Lernprozesse stattfinden, die an unterschiedlichen Stellen dieser Studie bereits thematisiert wurden. Ein erster Aspekt ist etwa die weitgehende funktionale Differenzierung innerhalb des Bewegungssektors und die Ausdifferenzierung einzelner „Bewegungsindustrien", die sich mit bestimmten Folgeproblemen der modernen Gesellschaft beschäftigen. Dieser Prozess hat sich seit den 1960er-Jahren beträchtlich beschleunigt. Damit verbunden ist – als zweiter Aspekt – die zunehmende

Professionalisierung des Bewegungssektors und Ausbildung von fachlicher Expertise. Diese Entwicklung hat es möglich gemacht, dass Bewegungsorganisationen und NGOs immer häufiger als ernstzunehmende Verhandlungspartner von internationalen und nationalen politischen und wirtschaftlichen Organisationen akzeptiert werden (Eder 2000b, 2001). Ein dritter Aspekt ist die Erfindung von immer wieder neuen Protestformen, mit denen sich soziale Bewegungen fortwährend an die kulturellen und strukturellen Bedingungen moderner Gesellschaften anpassen.

Zusammenfassend lässt sich somit festhalten, dass Konflikte, an denen Protestbewegungen beteiligt sind, ein beträchtliches Potenzial für gesellschaftliche Lernprozesse beinhalten. Dennoch zeichnen die bisherigen Darstellungen ein einseitig positives Bild. Wie sich in der empirischen Wirklichkeit häufig genug zeigt, können systemische Lernprozesse durch soziale Bewegungen auch blockiert werden. Ob es zu solchen Blockaden kommt, ist wesentlich von der Struktur des Konflikts abhängig (Miller 2006: 228, 1992):

a. Im Falle *unkoordinierter Konflikte* gelingt es den Beteiligten nicht, „sich über die Art ihres Konfliktes zu verständigen. Weder gibt es gemeinsam akzeptierte strittige Fragen, noch können diese entwickelt werden" (Miller 2006: 228). Infolgedessen reduziert sich die Auseinandersetzung auf einen oft zerstörerischen Schlagabtausch. Beide Lager stehen sich unversöhnlich gegenüber und warten darauf, dass die jeweils andere Seite kapituliert. Zwischen den Kontrahenten findet keine substanzielle Verständigung statt. Die Entwicklung koordinierter Konfliktlösungen ist daher nicht möglich. Selbst wenn eine Seite die andere unterwirft, schwelt der Konflikt weiter.
b. Im Falle *koordinierter Konflikte* wird die Auseinandersetzung auf bestimmte Streitfragen eingegrenzt. Den beteiligten Akteuren gelingt es „zumindest (ansatzweise), strittige Fragen gemeinsam zu identifizieren" (Miller 2006: 228). Dazu ist jedoch eine minimale Verständigung erforderlich. Ein anschauliches Beispiel bieten konkurrierende Parteien im Rahmen demokratischer Institutionen oder Tarifverhandlungen zwischen Arbeitgebern und Arbeitnehmern. Miller sieht in dieser Form der Konfliktbewältigung, also der wechselseitigen Erkundung von Differenzen, eine zentrale Voraussetzung für systemisches Lernen. Erst wenn die Beteiligten sich direkt miteinander austauschen, eröffnen sich Chancen für innovative Problemlösungen (Burt 2005: 58-92).
c. Im Falle der *Konsensfindung* wird der Konflikt in einen Konsens überführt. Das heißt, über die Einigung auf ein bestimmtes Konfliktregelungsverfahren hinaus gelingt es den Kontrahenten, in bestimmten inhaltlichen Streit-

punkten zu einer substanziellen Einigung zu kommen. Eine solche Entwicklung ist aber keinesfalls zwingend vorgezeichnet.

Es sollte betont werden, dass Konflikte nur selten alle drei Stadien dieses Modells durchlaufen. Der Fortgang eines Konflikts ist prinzipiell offen. Es gibt zahlreiche Beispiele für unkoordinierte Konflikte, die auch nach langer Zeit zu keiner geregelten Form der Auseinandersetzung finden. Umgekehrt ist es ebenso möglich, dass koordinierte wieder in unkoordinierte Konflikte abgleiten. Wie das Modell von Miller jedoch ebenso deutlich macht, eröffnen sich nur dann Chancen für gesellschaftliche Lernprozesse, wenn die beteiligten Seiten sich auf einen minimalen koordinierten Konflikt einlassen.

Dieser Weg kann jedoch durch Lernblockaden versperrt sein, die Miller (2006: 240-257) als „Dissensblockaden" bezeichnet: (1) Erstens ist es möglich, das bestimmte Gegensätze von zumindest einer beteiligten Partei als grundsätzlich nicht überwindbar angesehen werden, weshalb die Kontrahenten sich einander nicht annähern können. Ein anschauliches Beispiel ist das von Huntington (1996) beschriebene Szenario eines Kampfs der Kulturen. Zumeist unter Berufung auf bestimmte Ideen oder Institutionen, die von den Akteuren als letztgültig angesehen werden, wird jede Koordination mit der anderen Seite strikt verweigert. Die Überführung dieses unkoordinierten in einen koordinierten Konflikt gilt daher als ein Ding der Unmöglichkeit. Da Neues nur akzeptiert wird, solange es nicht gegen die als unumstößlich angesehenen Ideen und Überzeugungen des Kollektivs verstößt, spricht Miller (2006: 244-246) in diesem Zusammenhang von „ideologischem" Lernen. (2) Zweitens kann das gemeinsame Ausloten von Differenzen von einem oder beiden Kontrahenten verweigert werden, weil die jeweils andere Seite aus moralischen, ethnischen, religiösen oder politischen Gründen als Gesprächspartner grundsätzlich abgelehnt wird. Ein verbreitetes Beispiel sind ethnische oder rassistische Diskurse. In diesem Fall werden Neuerungen nur akzeptiert, wenn sie von Akteuren vorgebracht werden, die als Gesprächspartner akzeptiert sind, und zwar unabhängig von ihren Argumenten. Miller (2006: 246-248) bezeichnet diese Form der Lernblockade als „regressives" Lernen.[65]

---

65 Miller (2006: 241-244) stellt den beiden aufgeführten „Dissenspathologien" noch zwei „Konsenspathologien" – das dogmatische und defensive Lernen – gegenüber. Diese beiden Lernformen sind dadurch bestimmt, dass sie Konflikte innerhalb einer Gruppe gar nicht erst aufkommen lassen, indem sie einen herrschenden Konsens gegen jede Kritik immunisieren. Dabei kommen ähnliche Legitimationsmechanismen zum Einsatz wie bei den oben beschriebenen Dissenspathologien. Im ersten Fall berufen sich die Akteure auf letztgültige Ideen und Institutionen, im zweiten Fall auf bestimmte Autoritäten. Konsenspathologien können die innere Dynamik sozialer Bewegungen in hohem Maße beeinflussen und bilden oft auch den Ausgangs-

Beide Formen der Kooperationsverweigerung – ideologisches und regressives Lernen – sind im Zusammenhang mit Protestbewegungen keine Seltenheit. Dafür gibt es zahlreiche Beispiele, und zwar nicht nur unter den oft problematisierten religiös-fundamentalistischen oder ethnisch-nationalistischen Bewegungen, sondern auch in den zumeist als promodern etikettierten Frauen-, Arbeiter-, Demokratie-, Friedens- oder Ökologiebewegungen. Obgleich die historische Erfahrung zeigt, dass die Kooperationsbereitschaft unter den letztgenannten Bewegungen in der Regel viel stärker ausgeprägt ist, spricht einiges dafür, dass jede Bewegung – in unterschiedlichem Mischungsverhältnis – beide Elemente in sich vereinigt. Welche Kräfte sich dabei durchsetzen, ist nicht allein von der Weltanschauung abhängig, sondern auch von internen Organisations- und sozialen Gelegenheitsstrukturen. Vor diesem Hintergrund bietet sich die soziologische Lerntheorie nicht nur als Ausgangspunkt für die Einschätzung des gesellschaftlichen Lernpotenzials sozialer Bewegungen an, sie ermöglicht auch eine differenzierte Analyse von unkoordinierten Konflikten und gescheitertem Lernen. Aktuelle Diskussionen über religiös-fundamentalistische oder ethnische Protestbewegungen könnten davon in hohem Maße profitieren.

---

punkt für unkoordinierte Konflikte mit außen stehenden Gruppen. Soweit es im vorliegenden Zusammenhang jedoch um manifeste Konflikte zwischen sozialen Bewegungen und ihren äußeren Gegnern geht, beschränkte sich die Darstellung auf Millers Konzept der Dissenspathologie.

7 Nach den „neuen" sozialen Bewegungen?

Die Beschäftigung mit gesellschaftlichen Lernprozessen führt zurück zur Theorie neuer sozialer Bewegungen. Touraine beschränkt den Begriff der sozialen Bewegung ausschließlich auf *koordinierte Konflikte* (vgl. Kap. 6.3).[66] Das heißt, beide Kontrahenten teilen gemeinsame Wertorientierungen und Ressourcen; nur in der Frage der Nutzung und Verteilung liegen sie auseinander. Vor diesem Hintergrund wurden die neuen sozialen Bewegungen in den 1970er- und 1980er-Jahren von vielen Sozialwissenschaftlern enthusiastisch als kollektive Akteure gedeutet, die soziale Lernprozesse anregen und dadurch den Weg in eine humanere Gesellschaft bahnen.

Touraine (1985: 763) zufolge ist die Entstehung von – in diesem Sinne – sozialen Bewegungen von zwei Seiten bedroht: (1) Das erste Hindernis ist der *rationalistische* und *hedonistische Individualismus*, der sich der instrumentellen Logik der Teilsysteme vollständig unterwirft (Touraine 2002a: 390-392). In diesem Fall können soziale Konflikte gar nicht erst entstehen, weil das Streben nach individueller Selbstbestimmung bereits im Keim erstickt wurde. Die vereinzelten Individuen sind zu kollektivem Handeln überhaupt nicht fähig. (2) Das zweite Hindernis sind *unkoordinierte Konflikte*: In diesem Szenario prallen zwei Gruppen aufeinander, die sich gegenseitig die Anerkennung verweigern. Das Problem liegt dabei nicht in der Vereinzelung, sondern in der vollständigen Vereinnahmung der Individuen durch das Kollektiv. Eine Verständigung zwischen den Kontrahenten ist nicht möglich, da jede Seite die andere negiert und dämonisiert. Die Interaktion folgt der Logik eines Schlagabtauschs. Der Idealtyp dieses „negativen" Gegenentwurfs zur sozialen Bewegung ist die Revolution:

> „Here the actor identifies himself with values, eliminates the idea of an internal structural conflict, and presents the image of a homogenized community to opponents who are transformed into enemies. A revolution refers first to an internal con-

---

66 „A social movement is the combination of a conflict between organized social adversaries and a common reference by both adversaries to a cultural ‚stake' without which they would not confront each other. [...] The actors are aware both of what they have in common – the issues at stake in their conflicts – and of the particular interest that they define in opposition to each other" (Touraine 2004: 718-719).

flict which, after its triumph, builds a new social and political order, looks for purity and wages war against external enemies and traitors who undermine the new community. Thus every revolutionary creation of a new order is led to destroy the social movement it is based on" (Touraine 1985: 762).

Soziale Bewegungen stehen somit im Spannungsfeld zwischen dem rationalistischen und hedonistischen Individualismus auf der einen und der totalen Unterwerfung des Individuums unter ein Kollektiv („Big Brother") auf der anderen Seite. Obwohl die Selbstbestimmung des Subjekts von beiden Seiten bedroht ist, richtete die Theorie neuer sozialer Bewegungen ihr Augenmerk für lange Zeit einseitig auf die Gefahren, die von der „Kolonialisierung der Lebenswelt" (Habermas) durch die Teilsysteme ausgehen:

„Big Brother is not a dangerous enemy for social movements in democratic societies; egotism is" (Touraine, 1985: 779).

Vor diesem Hintergrund galten die Frauen-, Friedens- und Ökologiebewegung als Träger koordinierter Konflikte. Auf ihrer Agenda stand die Verteidigung des Individuums gegen die instrumentelle Logik der Teilsysteme. Unkoordinierten Konflikten und sozialen Bewegungen, die Lernprozesse blockieren, wurde hingegen nur eine sekundäre Bedeutung beigemessen. Mit dem Globalisierungsschub in den 1990er-Jahren hat sich diese Ausgangssituation jedoch grundlegend verändert. Der weltweit zunehmende Fundamentalismus und die unerwartete Renaissance religiöser, nationalistischer und ethnischer Bewegungen fügen sich nicht in das postmaterialistische und emanzipatorische Profil der neuen sozialen Bewegungen ein (Riesebrodt 2000; Jaschke 1994; Kepel 1991). Touraine kommt daher in selbstkritischer Weise zu dem Fazit, dass soziale Bewegungen wie er sie definiert – als Träger koordinierter Konflikte – heute kaum noch eine Rolle spielen:

„It is in a very pessimistic way that I defend the importance of the concept of social movement. It is not possible to say just now that social movements play a central role in our processes of social change. I accept the idea that social movements have been wiped out in many parts of the world, because either economic progress has incorporated new categories of people into mass consumption or because movements of political and ideological rupture have taken over." (Touraine 2002b: 95).

Die Kritik an der Theorie neuer sozialer Bewegungen soll an dieser Stelle nicht noch einmal wiederholt werden (vgl. Kap. 3.3.3). Vor dem Hintergrund von Touraines Diagnose wird sich das vorliegende Kapitel jedoch mit der Frage beschäftigen, warum in den vergangenen Jahren immer häufiger radikale soziale

Bewegungen auftreten, die den Schlagabtausch mit anderen Kollektiven suchen und Lernprozesse zu blockieren scheinen.

7.1 Betroffenheit, Anspruch und Identität in der Moderne

Protestbewegungen thematisieren die Folgen der Modernisierung unter dem Gesichtspunkt individueller Betroffenheit und der Bedrohung von Lebenschancen. Das Spektrum ihrer Forderungen reicht von der Gleichstellung der Geschlechter bis zum Schutz vor ökologischen Risiken und ist damit untrennbar mit der Expansion der sozialen Teilsysteme und der Steigerung von Optionen verbunden.

Lebenschancen sind aber nicht nur durch Optionen konditioniert, sondern auch durch Ligaturen (vgl. Kap. 2.2). Um die Bandbreite der Entfaltungs- und Wahlmöglichkeiten überhaupt nutzen zu können, sind kulturelle Bindungen und kollektive Identitäten unabdingbar. In der Moderne sind Ligaturen aber immer seltener gesellschaftlich vorgegeben. Sie sind selbst zu einer Option geworden. Wie zahlreiche kultursoziologische Studien in den vergangenen Jahren gezeigt haben, ist das moderne Individuum geradezu gezwungen, seine Bindungen und Lebensentwürfe selbst zu wählen (Schulze 1993; Gross 1994). Es bewegt sich folglich in zwei Welten: der Welt des instrumentellen Handelns (Optionen) und der Welt der kulturellen Identität (Ligaturen), wobei sich beide zunehmend auseinanderentwickeln (Touraine 1998a: 170).

In vormodernen Gesellschaften waren die Optionen eines Individuums untrennbar an den sozialen Stand gebunden. Die Einzelne gehörte genau einem Teilsystem (Schicht, Stand, Klasse, kollektive Identität etc.) an, in das sie hineingeboren worden war. Ein Wechsel war in der Regel ausgeschlossen und die Lebenschancen damit weitgehend festgelegt. Mit zunehmender funktionaler Differenzierung sind die Gesellschaftsmitglieder aber darauf angewiesen, dass ihnen Zugang zu den Leistungen *aller* Teilsysteme eingeräumt wird. Auf dieser Basis partizipiert die Einzelne etwa als Wählerin im politischen Teilsystem, als Konsumentin im ökonomischen Teilsystem, als Studentin im Bildungssystem etc. Das Bindeglied zwischen ihr und den Teilsystemen bilden *Ansprüche* (Schimank und Volkmann 1999: 46). Bei Ansprüchen handelt es sich um eine gesteigerte Form der Erwartungsbildung, die sich für den Aufbau individueller Identitäten nutzen lässt: „Ansprüche können zum Sondieren in unbekanntem Terrain genutzt werden, und an den Resultaten, an Erfüllungen und Enttäuschungen, formt sich dann die Person und ihr Gesellschaftsbild" (Luhmann 1995: 138-139). Das heißt, die Individuen definieren sich über ihre Ansprüche an die Gesellschaft. Die kulturelle Legitimation der funktionalen Differenzierung beruht folglich auf der Forderung, dass im Prinzip kein Gesellschaftsmitglied vom Zugang zu den Leistungen der Teilsysteme ausgeschlossen werden darf (vgl. Kap. 2.2.3). Anspruchsdenken und funktionale Differenzierung stehen somit zueinander in einem wechselseitigen Steigerungsverhältnis: Je mehr Optionen die Funktionssysteme in Aussicht stellen, desto höher werden die Ansprüche der Individuen, was wiederum die Expansion der Funktionssysteme weiter antreibt. Dieser Spirale der Anspruchssteigerung sind im Grunde nur zwei Grenzen gesetzt: Erstens die eingeschränkte Leistungsfähigkeit der Teilsysteme, zweitens die ökologische Umwelt. Genau an dieser Stelle tritt die „diabolische" Wirkung der Kommunikationsmedien ins Bewusstsein. Die aus der Knappheit von Geld, Macht, Wissen, Liebe etc. resultierenden Begrenzungen werden von den Individuen immer wieder als problematisch erfahren und entwickeln sich zum Ausgangspunkt für Konflikte. Im Zentrum steht dabei die Verteilung der Chancen und Risiken des Leistungswachstums. Indem Protestbewegungen auf bestimmte Probleme hinweisen, bringen sie die Ansprüche „betroffener" Individuen an die Gesellschaft zum Ausdruck. Wie im Folgenden deutlich wird, hat sich der Modus der Berücksichtigung von individuellen Ansprüchen mit der Globalisierung jedoch grundlegend verändert. Als Konsequenz bilden sich neue Konfliktlinien.

7.2 Konflikte im Zeitalter des Nationalstaats

Ähnlich wie die „Weltgesellschaft" war auch die „Nation" zunächst nur eine *imaginäre Einheit*, die nach und nach mit Inhalten gefüllt wurde, wie „zum Beispiel mit einer gemeinsamen Sprache, einer gemeinsamen Religion, einer einheitlichen Währung und einem gemeinsamen Rechtssystem unabhängig von den lokalen Gewohnheiten und Gebräuchen" (Luhmann 1998a: 1048). Das kennzeichnende Merkmal nationalstaatlich organisierter Gesellschaften bestand in der eigentümlichen Kombination von politischer Gleichheit und sozioökonomischer Ungleichheit. Einerseits hingen die Lebenschancen der Individuen zunehmend davon ab, dass ihnen gleiche Zugangsmöglichkeiten zu den Teilsystemen eingeräumt werden. Universalistische Gleichheitsvorstellungen gewannen daher zunehmend an Bedeutung. Wie Luhmann hervorhebt, war dies eine wichtige Voraussetzung für die Entlegitimierung feudalgesellschaftlicher Strukturen. Andererseits war die sozioökonomische Ungleichheit damit aber keinesfalls aufgehoben. Nach wie vor lebten die Menschen in voneinander abgegrenzten Großgruppen und waren in ihren konkreten Lebenschancen weiterhin von sozialen Kategorien wie Geschlecht, religiöser Konfession und sozialer Schichtzugehörigkeit abhängig.

Die schleppende Durchsetzung egalitärer Vorstellungen lässt sich darauf zurückführen, dass die industrielle Revolution vormoderne Ligaturen nicht vollständig zerstörte, sondern unter produktiver Aneignung bestimmter Elemente der traditionalen Gesellschaft einen gewissen Bestand an überlieferten Strukturen bewahrte, „mit deren Hilfe die Folgen der industriellen Dynamik und der funktionsorientierten Umstrukturierung der Gesellschaft abgemildert wurden" (Kaufmann 1989: 218). In dieser Phase der Modernisierung beruhte die Steigerung von Optionen zumindest teilweise auf der Bewahrung traditioneller Ligaturen. Das Individuum definierte sich primär über seine soziale Rolle in der Familie, seine regionale Herkunft und die ökonomische Stellung. Mit der gemeinsamen Zugehörigkeit zur Nation verfügten die Gesellschaftsmitglieder jedoch über eine Art „Meta-Identität", die über kulturelle, ökonomische und politische Ungleichheiten hinweg das gesellschaftliche Gefüge zusammenhielt.

Die widersprüchliche Kombination von politischer Gleichheit und sozioökonomischer Ungleichheit sorgte jedoch für beträchtliche Spannungen. Die maßgebliche Konfliktlinie verlief dabei zwischen den oberen und den unteren Schichten, wobei sich vor allem die Arbeiterbewegung als Sprachrohr der Unterprivilegierten etablierte. Unter dem Dach der nationalen Identität ließen sich die Klassengegensätze jedoch oftmals überbrücken. Solange sich die gegnerischen Parteien als Teil eines gemeinsamen Ganzen verstanden, blieben die Widersprüche zwar erhalten, der Konflikt ließ sich jedoch begrenzen und eröffnete dadurch Chancen für gesellschaftliche Lernprozesse. In diesem Sinne entsprach die Arbeiterbewegung Touraines Idealtyp einer sozialen Bewegung:

> „The labour movement and what we could call the employer movement have confronted each other, in industrial societies, over the use to be made of the products of collective labour and advances in productivity, but this confrontation was situated within a common trust placed in a civilization of labour, of rationalization, of technical advances that could, at least in principle, lead to social progress, and so on" (Touraine 2004: 718).

Der Schlüssel zur Konfliktbewältigung bestand zumeist in der Ausdehnung individueller Teilhabemöglichkeiten an den von den Teilsystemen gebotenen Optionen. Bekannte Beispiele sind die Entwicklung sozialer Sicherungssysteme, die Einführung der Tarifautonomie, die Ausweitung demokratischer Mitbestimmungsmöglichkeiten, die Institutionalisierung von Frauenrechten und vieles mehr. Der gesellschaftliche Zusammenhalt wurde gewahrt, indem den Bürgern zunehmend ein individueller Anspruch auf Inklusion in die sozialen Teilsysteme eingeräumt wurde (Münch 1998: 33; Marshall 1992). Der Nationalstaat verwandelte sich dadurch langsam in einen Wohlfahrtsstaat. Die Schattenseite der gelungenen Integration nach innen war allerdings ein oftmals übersteigerter Nationalismus nach außen. Der Preis dafür musste mit verheerenden Kriegen und der rücksichtslosen Ausbeutung der Kolonien bezahlt werden. Fragen der Verteilung und der kollektiven Identität waren auf diese Weise untrennbar miteinander verbunden. Je mehr Teilhabemöglichkeiten den Individuen jedoch eingeräumt wurden, desto mehr verloren traditionelle Ligaturen an Bindungskraft und desto brüchiger wurde das soziale und kulturelle Fundament der nationalstaatlich organisierten Gesellschaft. In den 1960er-Jahren mündete diese Entwicklung schließlich in dem von Ulrich Beck (1986) konstatierten Individualisierungsschub. Unter dieser Bedingung veränderte sich das Verhältnis von Optionen und Ligaturen grundlegend: In der nationalstaatlich organisierten Industriegesellschaft war der Zugang zu den Teilsystemen noch für lange Zeit an die Zugehörigkeit zu bestimmten sozialen Schichten gebunden. Vor diesem Hintergrund konnte die Arbeiterbewegung sich auch als Repräsentant der unteren Klassen inszenieren. Durch die Individualisierung drifteten die Welten der Teilsysteme und der kulturellen Identität jedoch noch weiter auseinander. Indem sich die bisherigen „Klassenwelten" langsam auflösten, wurden individuelle Wertvorstellungen und Identitätsentwürfe zunehmend zum Dreh- und Angelpunkt für neue Muster der Gruppenbildung und des kollektiven Handelns.

Der Diagnose Touraines folgend wurde in dieser Periode der bislang primäre Klassenkonflikt durch neue kulturelle Konflikte überlagert, die ihren wichtigsten Ausdruck in den neuen sozialen Bewegungen fanden (vgl. Kap. 3.3.2). Das vermutlich eindrucksvollste Beispiel ist die Frauenbewegung: Erst die Entwicklung einer spezifisch weiblichen Identität bildete die Grundlage für die Durchsetzung neuer sozialer Teilhabechancen für Frauen. Ähnliches könnte über die Friedens- oder Ökologiebewegung gesagt werden. Der nationalstaatliche Bezugsrahmen blieb dabei weiterhin maßgeblich. Solange der Wohlfahrtsstaat in der Lage war, die neuen Ansprüche etwa durch die Bildungsexpansion, verbesserten Umweltschutz oder die Ausweitung von Frauenrechten zu integrieren, entsprach die Struktur gesellschaftlicher Auseinandersetzungen weiterhin der Form eines koordinierten Konflikts. Nach dem Ende des Kalten Krieges und mit dem Globalisierungsschub in den 1990er-Jahren änderte sich diese Voraussetzung jedoch grundlegend.

7.3 Konflikte in der globalisierten Moderne

Für die Theorie kollektiven Handelns sind die Leistungen (Optionen) der Teilsysteme grundsätzlich teilbar. Das charakteristische Merkmal von Konflikten über teilbare Güter besteht darin, dass sie sich in aller Regel durch Kompromisse oder Ausgleichszahlungen lösen lassen. Bei kollektiven Identitäten handelt es sich demgegenüber um grundsätzlich nicht-teilbare Kollektivgüter, da sie der ganzen Gruppe gehören. Kommt es zum Konflikt über die Anerkennung von kollektiven Identitäten – etwa zwischen konkurrierenden religiösen oder ethnischen Gruppen, die sich gegenseitig ausschließen – sind Kompromisse prinzipiell ausgeschlossen (Eder u.a. 2002): Es kann nur Gewinner und Verlierer geben. Beispiele für solche unkoordinierten Konflikte finden sich etwa im Nahen und Mittleren Osten oder im ehemaligen Jugoslawien. Die Differenzen zwischen den Akteuren entladen sich dabei immer wieder in heftigen Auseinandersetzungen, oft mit Gewalt.

Eine besondere Eigenschaft nicht-teilbarer Güter besteht darin, dass sie kollektive Handlungen ermöglichen, die nicht zustande kommen, wenn jeder Einzelne für sich allein handelt, wozu auch die Koordination von Konflikten über teilbare Güter gehört (Eder 2003: 65). Dieser Zusammenhang ist anschaulich in Tabelle 1 (vgl. Kap. 3.3.1) illustriert: Die primären Konfliktlinien zwischen absolutistischer Herrschaft und bürgerlich-emanzipatorischen Bewegungen, dem konservativen Bürgertum und der Arbeiterbewegung sowie den technokratischen Eliten und den neuen sozialen Bewegungen verlief stets innerhalb nationalstaatlicher Grenzen. Im Wesentlichen kreisen die Auseinandersetzungen dabei um die Verteilung von Optionen: Diesem Schema folgend stand im ersten Stadium der Modernisierung in Westeuropa und Nordamerika die politische, im zweiten Stadium die ökonomische und im dritten Stadium die kulturelle Inklusion der Bevölkerung auf der Agenda (Marshall 1992). Soweit die nationale Zusammengehörigkeit von keiner beteiligten Partei in Frage gestellt wurde, lag der Primat sozialer Konflikte daher auf teilbaren Gütern. Das heißt, trotz teilweise heftiger Auseinandersetzungen leisteten die Beteiligten – bewusst oder unbewusst – über ihre Verteilungskämpfe einen maßgeblichen Beitrag zur Integration der nationalstaatlich organisierten Gesellschaft.

Mit dem jüngsten Globalisierungsschub hat die Integrationsfähigkeit des Wohlfahrtsstaates jedoch ihre Grenzen erreicht. Immer häufiger ziehen sich die Betroffenen im Konfliktfall in lokale, regionale oder religiöse Gemeinschaften zurück, die als Plattform für die Verbesserung und Verteidigung individueller Ansprüche dienen (Castells 2003: 292). In der Folge hat die Lösung von Verteilungskonflikten nunmehr keine individualisierende, sondern eine zunehmend kollektivierende Wirkung. Heitmeyer u.a. (2006) konstatieren beispielsweise in Deutschland eine zunehmende Distanzierung zwischen der Mehrheitsbevölkerung und der islamischen Minderheit. Dies erzeugt ein Klima, in dem gegenseitige Ansprüche nicht mehr individuell formuliert, sondern gegenüber dem Kollektiv als Ganzem erhoben werden. Richard Münch sieht hier eine

„eigenartige Wendung (...) von der Emanzipation des Individuums aus traditionell vorgegebener Herrschaft [hin; T.K.] zur Sicherung von Recht aufgrund einer vorgegebenen Herkunftsidentität" (Münch 1998: 36). Er spricht dabei vom Ende des „universalistischen Individualismus" und diagnostiziert einen drohenden „Rückfall in den Gruppenpartikularismus" (Münch 2002: 454).

Im Prozess der Globalisierung entstehen somit vermehrt Gelegenheiten für neue Bewegungen, die ihre Ansprüche nicht mehr aus der gemeinsamen Zugehörigkeit ihrer Mitglieder zur nationalstaatlich organisierten Gesellschaft ableiten, sondern aus ihrer kollektiven Verschiedenheit. Diese Ansprüche kulminieren zumeist in der Forderung nach Diskriminierungsverboten und der Anerkennung bestimmter Minderheitenrechte für ethnische, sprachliche oder religiöse Gruppen. Dabei ist hervorzuheben, dass solche Identitätsansprüche allein die nationalstaatlich organisierte Gesellschaft nicht automatisch aushebeln und auch kein unlösbares Problem darstellen: Zu ernsthaften Konflikten kommt es erst, wenn die symbolischen Grundlagen der nationalen Identität in Kombination mit Inklusionsansprüchen herausgefordert werden. Mit anderen Worten, die Auseinandersetzung verschärft sich in dem Maße, wie die Kontrahenten sich (oder andere!) nicht mehr als Teil eines gemeinsamen Ganzen definieren.

Aktuelle Beispiele betreffen etwa den Dauerstreit über die Integration von Immigranten in vielen europäischen Ländern oder der generelle Konflikt zwischen dem so genannten „christlichen Westen" und der „islamischen Welt". In der Vergangenheit reagierte der Nationalstaat auf die Herausforderung durch Identitätsansprüche mit hauptsächlich zwei Strategien: Entweder ihrer Marginalisierung und Repression oder einer Generalisierung des kollektiven Selbstverständnisses in Kombination mit der Erweiterung von sozialen Teilhabemöglichkeiten. Wie das 2004 in Frankreich eingeführte generelle Verbot von auffälligen religiösen Symbolen wie Kreuzen, Kippas oder Kopftüchern etc. an öffentlichen Schulen zeigt, verlangt beispielsweise der französische Republikanismus von den Einwanderern ein hohes Maß an Assimilation und die „Verbannung kultureller Differenzen aus dem öffentlichen Raum" (Münch 2002: 451). Die sozialen Unruhen im darauf folgenden Jahr 2005 haben jedoch deutlich gemacht, dass ein solches Integrationsmodell nur dann funktioniert, wenn für eine ausreichende soziale, wirtschaftliche und politische Inklusion der Betroffenen gesorgt ist. Je mehr jedoch die globalen Teilsysteme die Inklusion der Individuen eigenständig und unabhängig von staatlichen Vorgaben regeln, desto stärker nimmt das nationalstaatliche Integrationsvermögen ab.

Verweigern die Akteure in Verteilungskonflikten einander die Anerkennung, unterliegt ihr Handeln – im Unterschied zu Konflikten über teilbare Güter – keiner abwägenden Nutzenkalkulation, sondern folgt einer Logik der Identitätsbehauptung, die unter Umständen bis zum Äußersten geht (Koopmans 1992:

30-45). Auf die Erhöhung von Kosten (etwa durch Repression) reagieren die Beteiligten dabei oft unempfindlich. Teilweise wird die innere Kohäsion der betroffenen Gruppen dadurch nur gestärkt. Durch die Repression von Identitätsansprüchen kann folglich eine bedrohliche Gewaltspirale in Gang gesetzt werden. Die schlimmsten Beispiele der jüngeren Geschichte sind der Völkermord an schätzungsweise 800.000 Tutsi in Ruanda, die so genannten ethnischen „Säuberungen" im ehemaligen Jugoslawien und der Bürgerkrieg im Irak.

7.4 Das Subjekt als Retter?

Die von Touraine lange vor Huntington (1996) formulierte These von der zunehmenden Bedeutung kultureller Konflikte hat somit bis heute nichts an Aktualität verloren. Während aber die Chance für die Entstehung koordinierter Konflikte zunächst nur dadurch eingeschränkt war, dass sich die Individuen (idealtypisch) der zweckrationalen Logik der Teilsysteme bedingungslos unterordnen und dadurch ihre Individualität verlieren, ist mittlerweile auch die „totale" Unterwerfung unter eine bestimmte Kultur zur Bedrohung geworden. Ließen sich soziale Gegensätze in der nationalstaatlich organisierten Gesellschaft durch übergreifende Solidaritätsvorstellungen abmildern, so prallen in der Weltgesellschaft immer häufiger partikularistische Ansprüche aufeinander, die sich keiner übergeordneten Solidarität verpflichtet fühlen.

Damit stellt sich die Frage, ob von den Protestbewegungen der Gegenwart ein ähnlich konstruktiver Beitrag zu gesellschaftlichen Lernprozessen zu erwarten ist wie etwa von der Arbeiterbewegung oder den „klassischen" neuen sozialen Bewegungen, die sich aktiv an der Koordination von Verteilungskonflikten im Rahmen der nationalstaatlichen Solidarität beteiligten. Wie eingangs erwähnt kommen führende Repräsentanten der Theorie neuer sozialer Bewegungen mittlerweile zu einer pessimistischen Einschätzung (Touraine 2002b; Castells 2003). Sofern in Anlehnung an Miller (2006: 228) die Anerkennung von Differenzen als Mindestkriterium für Lernprozesse angesehen wird, besteht bei vielen aktuellen Konflikten wenig Grund zur Hoffnung. Die Anerkennung von Identitätsansprüchen wäre die Voraussetzung für die Bildung einer übergreifenden Solidarität, womit sich das Problem entschärfen würde. Dazu scheint es aber erstens an Verteilungsspielräumen zu fehlen und zweitens an übergreifenden kollektiven Identitätsangeboten.

Einen möglichen Ausweg aus diesem Dilemma sieht Touraine nicht in bestimmten universalen (Gemeinschafts-) Werten, sondern allein im Subjekt[67]. Das Streben nach individueller Selbstbestimmung ist seiner Meinung nach das einzige, was alle Menschen in der modernen Welt miteinander teilen. Solange man sich einerseits nur über seine Zugangschancen zu den Teilsystemen (Optionen) definiert, wird es immer Unterschiede geben zwischen Wohlhabenden, Gebildeten und Kultivierten auf der einen und Armen, Ungebildeten und Unkultivierten auf der anderen Seite. Und solange man sich andererseits nur über die Zugehörigkeit zu einer bestimmten Kultur (Ligaturen) definiert, ist die Ungleichheit noch größer, da alle anderen als „ungläubig" oder „barbarisch" gelten.

„Regardless of their income, their education or the country in which they live, human beings are equal to the extent that all are thrown into a world of free markets and technology that pulls them out of their community of origin, its values and its social norms. In this world each individual runs risk of having his or her existence reduced to a series of events, of having to zap from one situation to another, and thus of loosing the overall unity of his or her personality. (...) Yet in this world all individuals seek at the same time to become subjects of their existence, to construct their life into a singular story" (Touraine 1998a: 170).

Das Subjekt zeichnet sich folglich dadurch aus, dass es in der Welt der Teilsysteme und in der Welt der kollektiven Identitäten gleichermaßen zuhause ist, ohne sich von einer der beiden Seiten vollständig vereinnahmen zu lassen. Der Gleichheitsanspruch leitet sich nun aber nicht mehr aus Wertvorstellungen ab, die auf die Vereinigung der Menschheit abzielen, sondern aus dem allgemeinen Streben nach Einzigartigkeit. Soweit Identität gegenseitige Anerkennung voraussetzt, ist es nur ein kleiner Schritt dahin, jedem Individuum sein Recht auf Einzigartigkeit zuzuerkennen. Der einzige universale Wert ist demzufolge das Recht auf (individuelle) Differenz (Touraine 1998b: 136). Auf dieser Grundlage lassen sich Gleichheit und Differenz (Einzigartigkeit) im Prinzip miteinander vereinbaren. Touraine sieht hier die einzige Möglichkeit, um der Gefahr einer explosiven Zunahme unkoordinierter Konflikte entgegenzusteuern.

---

67 Touraine definiert das Subjekt „as an individual, as a concrete being who opposes his liberty and in the first instance his body to all forms of domination and who succeeds in combining, in a way which is always specific, participation in the economic sphere and the defence of old or new cultural projects. I insist on repeating that this conception of the individual does not isolate him or her, but, on the contrary, gives central importance to the recognition of others as Subjects, to the supreme point at which there would be no other social reality than conversations of lovers and gestures of mutual recognition" (Touraine 2002a: 397).

Der Kampf um individuelle Selbstbestimmung ist somit in ein neues historisches Stadium eingetreten. Obschon der Staat im Zeitalter der Globalisierung weiterhin eine wichtige Rolle spielt, verlieren die Individuen mit seiner Schwächung ein wichtiges Instrument zur Bewältigung von Differenzierungsfolgen (vgl. Kap. 3.1). Es liegt auf der Hand, dass dieser Verlust durch soziale Bewegungen und problembewusstes individuelles Verhalten allein auf Dauer nicht kompensiert werden kann. Der Schlüssel zur Verteidigung individueller Handlungsautonomie – gegen eine vollständige Unterwerfung unter die instrumentelle Rationalität der Teilsysteme oder den Absolutheitsanspruch einer Gemeinschaften – liegt somit entscheidend in der „Demokratisierung der Differenzierungsfrage" (Joas 1992: 326-357).[68] Das heißt, innerhalb der Weltgesellschaft müssen neue Formen demokratischer Partizipation und politischer Steuerung gefunden werden, die den Verlust nationalstaatlicher Mitbestimmung kompensieren.[69] Dies ist allerdings nur möglich, wenn auch auf kultureller Ebene ein entsprechender Wandel stattfindet, der dem Wert der individuellen und kulturellen Selbstbestimmung in angemessener Weise Rechnung trägt. Dabei steht für Touraine außer Frage, dass soziale Bewegungen in dieser Auseinandersetzung eine hervorgehobene Rolle spielen. Er fordert daher neue soziale Bewegungen, die auf das Ziel einer Demokratisierung der Weltgesellschaft hinarbeiten. Sie vermitteln den Individuen Identität nach dem Maßstab der Selbstbestimmung und gebieten der eigendynamischen Entwicklung der Teilsysteme Einhalt.

Es bleibt nur die Frage nach dem soziologischen Gehalt dieses sozialphilosophischen Entwurfs (Alexander 1999). Soziale Bewegungen haben durch die Globalisierung zwar stark an Bedeutung gewonnen, in den vorangehenden Kapiteln ist aber deutlich geworden, dass sie mit diesem hohen Anspruch vermutlich überfordert sind. Die erfolgreiche Mobilisierung der Individuen ist nur um den Preis einer geringen Selektivität bei der Problemauswahl, starker Temporalisierung und dem Appell an Emotionen möglich (vgl. Kap. 6.2). Dadurch sind nicht nur ihre Wirkungsmöglichkeiten eingeschränkt, sie leiden auch unter chronischer Instabilität. Folglich ist es keine Überraschung, wenn Touraine (2002b: 95) darauf hinweist, dass gegenwärtig kaum Ansätze zur Entstehung von Bewegungen zu erkennen sind, die seinen idealen Vorstellungen entsprechen.

---

68 „In der Demokratie einer differenzierten Gesellschaft wird in den Institutionen der politischen Willensbildung, deren Differenzierung selbst durchlässig ist gegenüber Kommunikationen der Gesellschaftsmitglieder, um Art und Ausmaß unvermeidlicher und wünschbarer Differenzierung gerungen" (Joas 1992: 357).

69 Ein guter Überblick über die verschiedenen Modelle, die derzeit diskutiert werden, findet sich bei Leggewie (2003: 147-167).

Die Erwartungen müssen folglich niedriger angesetzt werden. Indem Touraine der Gestaltungsfähigkeit kollektiver Akteure einen prominenten Platz einräumt, bildet sein Programm dennoch ein bedeutendes Gegengewicht zur Systemtheorie, die den Individuen kaum einen Einfluss auf die gesellschaftliche Entwicklung zugesteht. Soziale Bewegungen spielen bei der Aushandlung zukünftiger Gesellschaftsordnungen weiterhin eine zentrale Rolle. Dies steht nicht im Widerspruch dazu, dass eine mögliche Demokratisierung der Weltgesellschaft ebenso von strukturellen Bedingungen und systemischen Eigendynamiken abhängt, die sich dem Einfluss sozialer Bewegungen entziehen. Ihr kollektives Handeln kann für die betroffenen Individuen jedoch einen bedeutenden Unterschied machen, der von der Wissenschaft nicht unterschätzt werden sollte.

Literaturverzeichnis

Ahlemeyer, Heinrich W. (1995): *Soziale Bewegung als Kommunikationssystem. Einheit, Umweltverhältnis und Funktion eines sozialen Systems.* Opladen: Leske und Budrich

Alexander, Jeffrey (1999): „Why we Might all be Able to Live Together: An Immanent Critique of Alain Touraine's Pourrons-Nous Vivre Ensemble?" *Thesis Eleven* 58 (1): 99-105

Alexander, Jeffrey C. (1998): „Civil Society between Difference and Solidarity: Rethinking Integration in the Fragmented Public Sphere." *Theoria: Journal of Social and Political Theory* (92): 1-14

Alexander, Jeffrey C. (2006): *The Civil Sphere.* Oxford: Oxford University Press

Amenta, Edwin, und Neal Caren (2004): „The Legislative, organizational, and Beneficiary Consequences of State-Oriented Challengers." S. 461-488, in: Snow, David A., Sarah A. Soule und Hanspeter Kriesi (Hg.), *The Blackwell Companion to Social Movements.* Oxford: Blackwell

Aminzade, Ronald, und Doug McAdam (2001): „Emotions and Contentious Politics." S. 14-50, in: Aminzade, Ronald, Jack A. Goldstone, Doug McAdam u.a. (Hg.), *Silence and Voice in the Study of Contentious Politics.* Cambridge: Cambridge University Press

Assmann, Jan (2002): *Das kulturelle Gedächtnis. Schrift, Erinnerung und politische Identität in frühen Hochkulturen.* München: C.H. Beck

Ayres, Jeffrey M. (2004): „Framing Collective Action Against Neoliberalism: The Case of the Anti-Globalization Movement." *Journal of World-Systems Research* 1: 11-34

Bader, Veit-Michael, und Albert Benschop (1989): *Kollektives Handeln: Ungleichheiten.* Opladen: Leske und Budrich

Banaszak, Lee Ann (2003): „The Women's Movement Policy Successes and the Constraints of State Reconfiguration: Abortion and Equal Pay." S. 141-168, in: Banaszak, Lee Ann, Karen Beckwith und Dieter Rucht (Hg.), *Women's Movements Facing the Reconfigured State.* Cambridge: Cambridge University Press

Barakso, Maryann, und Brian F. Schaffner (2006): „Winning Coverage: News Media Portrayals of the Women's Movement, 1969-2004." *The Harvard International Journal of Press/Politics* 11 (4): 22-44

Barrett, David B., George T. Kurian, und Todd M. Johnson (2001): *World Christian Encyclopedia: A Comparative Survey of Churches and Religions in the Modern World* (Second Edition). New York: Oxford University Press

Bartkowski, John P. (2003): *The Promise Keepers: Servants, Soldiers, and Godly Men.* New Brunswick: Rutgers University Press

Beck, Ulrich (1986): *Risikogesellschaft. Auf dem Weg in eine andere Moderne.* Frankfurt: Suhrkamp

Beck, Ulrich (1992): „Der Konflikt der zwei Modernen." S. 40-53, in: Zapf, Wolfgang (Hg.), *Die Modernisierung moderner Gesellschaften.* Frankfurt: Campus

Beck, Ulrich (1997): „Subpolitics. Ecology and Disintegration of Institutional Power." *Organization & Environment* 10 (1): 52-65

Beck, Ulrich (1998): *Was ist Globalisierung?* Frankfurt: Suhrkamp

Beck, Ulrich (2002a): *Macht und Gegenmacht im globalen Zeitalter. Eine neue politische Ökonomie.* Frankfurt: Suhrkamp

Beck, Ulrich (2002b): „The Cosmopolitan Society and its Enemies." *Theory, Culture & Society* 19 (1-2): 17-44
Beck, Ulrich (2003): *Politik der Globalisierung*. Frankfurt: Suhrkamp
Beck, Ulrich (Hg.) (1998): *Perspektiven der Weltgesellschaft*. Frankfurt: Suhrkamp
Beck, Ulrich, Anthony Giddens, und Scott Lash (1994): *Reflexive Modernisierung. Eine Kontroverse*. Frankfurt: Suhrkamp
Beck, Ulrich, und Elisabeth Beck-Gernsheim (1994): „Individualisierung in modernen Gesellschaften - Perspektiven und Kontroversen einer subjektorientierten Soziologie." S. 10-39, in: Beck, Ulrich, und Elisabeth Beck-Gernsheim (Hg.), *Riskante Freiheiten*. Frankfurt: Suhrkamp
Bendix, Reinhard (1964): *Nation-Building and Citizenship*. New York: John Wiley and Sons
Berger, Peter L. (1994): *Sehnsucht nach Sinn. Glauben in einer Zeit der Leichtgläubigkeit*. Frankfurt: Campus
Berger, Peter L., Brigitte Berger, und Hansfried Kellner (1975): *Das Unbehagen in der Modernität*. Frankfurt: Campus
Berger, Peter L., und Thomas Luckmann (1989): *Die gesellschaftliche Konstruktion der Wirklichkeit*. Frankfurt: Suhrkamp
Bergmann, Werner, und Rainer Erb (1998): „In Treue zur Nation. Zur kollektiven Identität der rechtsextremen Bewegung." S. 149-165, in: Hellmann, Kai-Uwe, und Ruud Koopmans (Hg.), *Paradigmen der Bewegungsforschung. Entstehung und Entwicklung von neuen sozialen Bewegungen und Rechtsextremismus*. Opladen: Westdeutscher Verlag
Beyme, Klaus v. (1998): *Die Kunst der Macht und die Gegenmacht der Kunst. Studien zum Spannungsverhältnis von Kunst und Politik*. Frankfurt: Suhrkamp
Bourdieu, Pierre (1998): *Praktische Vernunft. Zur Theorie des Handelns*. Frankfurt: Suhrkamp
Boyd-Barrett, Oliver (2000): „National and International News Agencies. Issues of Crises and Realignment." Gazette 62 (1): 5-18
Brand, Karl-Werner (1998): „Humanistischer Mittelklassen-Radikalismus. Die Erklärungskraft historisch struktureller Deutungen am Beispiel der neuen sozialen Bewegungen." S. 9-32, in: Hellmann, Kai-Uwe, und Ruud Koopmans (Hg.), *Paradigmen der Bewegungsforschung. Entstehung und Entwicklung von neuen sozialen Bewegungen und Rechtsextremismus*. Opladen: Westdeutscher Verlag
Brand, Karl-Werner (1999): „Transformationen der Ökologiebewegung." S. 237-256, in: Klein, Ansgar, Hans-Josef Legrand und Thomas Leif (Hg.), *Neue soziale Bewegungen. Impulse, Bilanzen, Perspektiven*. Opladen: Westdeutscher Verlag
Brocker, Manfred (2003): "Die Christliche Rechte in den USA." S. 256-278, Michael Minkenberg und Ulrich Willems (Hg.), *Politik und Religion*. Politische Vierteljahresschrift (PVS), Sonderheft 33. Wiesbaden: Westdeutscher Verlag
Buechler, Steven M. (2004): „The Strange Career of Strain and Breakdown Theories of Collection Action." S. 47-66, in: Snow, David A., Sarah A. Soule und Hanspeter Kriesi (Hg.), *The Blackwell Companion to Social Movements*. Oxford: Blackwell
Buro, Andreas (2003): „Friedensbewegung in Protest." *Forschungsjournal NSB* 16 (2): 7-9
Burt, Ronald (2005): *Brokerage and Closure. An Introduction to Social Capital*. Oxford: Oxford University Press
Calhoun, Craig (1995): „New Social Movements of the early Nineteenth Century." S. 173-215, in: Traugott, Mark (Hg.): *Repertoires and Cycles of Collective Action*. Durham: Duke Unversity Press
Carroll, William K., and Robert A. Hackett (2006): „Democratic Media Activism through the Lens of Social Movement Theory." *Media, Culture & Society* 28 (1): 83-104
Castells, Manuel (1997): *The Power of Identity*. Oxford: Blackwell
Castells, Manuel (2003): *Die Macht der Identität. Das Informationszeitalter II*. Opladen: Leske und Budrich

Cohen, Jean L. (1985): „Strategy or Identity: new theoretical paradigms and contemporary social movements." *Social Research* 52: 663-716
Cohen, Jean L., und Andrew Arato (1992): *Civil Society and Political Theory.* Cambridge: MIT Press
Coleman, James S. (1979): *Macht und Gesellschaftsstruktur.* Tübingen: Mohr
Coleman, James S. (1986): *Die asymmetrische Gesellschaft: vom Aufwachsen mit unpersönliche Systemen.* Weinheim: Beltz
Coleman, James S. (1995): *Grundlagen der Sozialtheorie. Handlungen und Handlungssysteme.* München: Oldenbourg
Collier, Ruth Berins (1999): *Paths Toward Democracy. The Working Class and Elites in Western Europe and South America.* Cambridge: Cambridge University Press
Cott, Nancy F. (1989): „What's in a Name? The Limits of Social Feminism; or, Expanding the Vocabulary of Women's History." *The Journal of American History* 76 (3): 809-829
Crosland, Maurice (2001): „Popular science and the arts: Challenges to cultural authority in France under the Second Empire." *British Journal for the History of Science* 34 (122): 301-322
Crossley, Nick (2003): „Even Newer Social Movements? Anti-Corporate Protests, Capitalist Crises and the Remoralization of Society." *Organization* 10: 287-305
Crouch, Colin, und Henry Farrell (2002): *Breaking the Path of Institutional Development? Alternatives to the New Determinism,* Max-Planck-Institut für Gesellschaftsforschung, http://www.mpi-fg-koeln.mpg.de/pu/mpifg_dp/dp02-5.pdf, Zugriff am 17.09.2004
Dahrendorf, Ralf (1979): *Lebenschancen: Anläufe zur sozialen und politischen Theorie.* Frankfurt: Suhrkamp
Dahrendorf, Ralf (1994): *Der moderne soziale Konflikt.* München: DTV
Davies, James C. (1973): „Eine Theorie der Revolution." S. 185-204, in: Beyme, Klaus v. (Hg.), *Empirische Revolutionsforschung.* Opladen: Westdeutscher Verlag
Diamond, Larry (2003): „Universal Democracy?" *Policy Review* (119): 3-25
Diekmann, Andreas, und Peter Preisendörfer (1992): „Persönliches Umweltverhalten. Diskrepanzen zwischen Anspruch und Wirklichkeit." *Kölner Zeitschrift für Soziologie und Sozialpsychologie* 44: 226-251
Dohnanyi, Johannes von (2003): *The Impact of Media Concentration on Professional Journalism.* Wien: OSZE
Douglas, Mary (1990): „Risk as a Forensic Resource." *Daedalus* 119 (4): 1-16
Earl, Jennifer (2004): „The Cultural Consequences of Social Movements." S. 508-530, in: Snow, David A., Sarah A. Soule und Hanspeter Kriesi (Hg.), *The Blackwell Companion to Social Movements.* Oxford: Blackwell
Ebertz, Michael N. (1992): „Wider die Relativierung der heiligen Ordnung: Fundamentalismus im Katholizismus." *Aus Politik und Zeitgeschichte* (B33): 11-22
Eder, Klaus (1986): „Soziale Bewegung und kulturelle Evolution. Überlegungen zur Rolle neuer sozialer Bewegungen in der kulturellen Evolution der Moderne." S. 335-357, in: Berger, Johannes (Hg.), *Die Moderne - Kontinuitäten und Zäsuren.* Göttingen: Schwartz
Eder, Klaus (1993): *The New Politics of Class. Social Movements and Cultural Dynamics in Advanced Societies.* London: Sage
Eder, Klaus (2000a): *Kulturelle Identität zwischen Tradition und Utopie. Soziale Bewegungen als Ort gesellschaftlicher Lernprozesse.* Frankfurt: Campus
Eder, Klaus (2000b): „Zur Transformation nationalstaatlicher Öffentlichkeit in Europa. Von der Sprachgemeinschaft zur issuespezifischen Kommunikationsgemeinschaften." *Berliner Journal für Soziologie* 10 (2): 167-184
Eder, Klaus (2001): „Chancenstrukturen für Bürgerbeteiligung und Protestmobilisierung in der EU." S. 45-75, in: Klein, Ansgar, Ruud Koopmans und Heiko Geiling(Hg.), *Globalisierung, Partizipation, Protest.* Opladen: Leske und Budrich

Eder, Klaus (2003): „Identity Mobilization and Democracy: An Ambivalent Relationship." S. 61-79, in: Ibarra, Pedro (Hg.), *Social Movements and Democracy*. New York: Palgrave

Eder, Klaus (2005): „Remembering National Memories Together: The Formation of a Transnational Identity in Europe." S. 197-219, Klaus Eder und Willfried Spohn (Hg.), *Collective Memory and European Identity. The Effects of Integration and Enlargement*. Aldershot: Ashgate

Eder, Klaus (2006): "Europe's Borders: The Narrative Construction of the Boundaries." *European Journal of Social Theory* 9 (2): 255-271

Eder, Klaus, Bernhard Giesen, Oliver Schmidtke, und Damian Tambini (2002): *Collective Identities in Action. A Sociological Approach to Ethnicity*. Hampshire: Ashgate

Edwards, Bob (1995): „With Liberty and Environmental Justice for All: The Emergence and Challenge of Grassroots Environmentalism in the United States." S. 35-55, in: Taylor, Bron Raymond (Hg.), *Ecological Resistance Movements. The global Emergence of Radical and Popular Environmentalism*. Albany: State University of New York

Edwards, Bob, und John D. McCarthy (2004): „Resources and Social Movement Mobilization." S. 116-152, in: Snow, David A., Sarah A. Soule und Hanspeter Kriesi (Hg.), *The Blackwell Companion to Social Movements*. Oxford: Blackwell

Edwards, Gemma (2004): „Habermas and Social Movements: What's New?" *The Sociological Review Volume* 52 (1): 113-130

EFJ (European Federation of Journalists) (2005): *Media Power in Europe: The Big Picture of Ownership*. Brussels: International Federation of Journalists

Eickelpasch, Rolf, und Claudia Rademacher (1997): „Postindustrielle Gesellschaft." S. 205-227, in: Kneer, Georg, und Armin Nassehi (Hg.), *Soziologische Gesellschaftsbegriffe*. München: Wilhelm Fink

Eisenstadt, Shmuel N. (1968): „Transformation of Social, Political und Cultural Orders in Modernization." S. 256-279, in: Eisenstadt, Shmuel N. (Hg.), *Comparative Perspectives on Social Change*. Boston: Little, Brown and Company

Eisenstadt, Shmuel N. (1971): *Social Differentiation and Stratification*. Glenview: Scott, Foresman and Company

Eisenstadt, Shmuel N. (1979): *Tradition, Wandel und Modernität*. Frankfurt: Suhrkamp

Eisinger, Peter K. (1973): „The Conditions of Protest Behaviour in American Cities." *The American Political Science Review* 67: 11-28

Elias, Norbert (1976): *Über den Prozess der Zivilisation. Wandlungen der Gesellschaft. Entwurf zu einer Theorie der Zivilisation*. Frankfurt: Suhrkamp

Elster, Jon (1989): *The Cement of Society. A Study of Social Order*. Cambridge: Cambridge University Press

Elster, Jon (1992): *Nuts and Bolts for the Social Sciences*. Cambridge: Cambridge University Press

Elster, Jon (2000): *Ulysses Unbound: Studies in Rationality, Precommitments, and Constraints*. Cambridge: Cambridge University Press

Eskola, Kaisa, und Felix Kolb (2003): *Globalisierung ist kein Schicksal, Attac*, http://www.attac.de/themen/bewegung/keinschicksal.php#entstehung, Zugriff am 28.02.2006

Esser, Hartmut (1996): „Ethnische Konflikte als Auseinandersetzung um den Wert von kulturellem Kapital." S. 64-99, in: Heitmeyer, Wilhelm, und Rainer Dollase (Hg.), *Die bedrängte Toleranz. Ethnisch-Kulturelle Konflikte, religiöse Differenzen und die Gefahren politisierter Gewalt*. Frankfurt: Suhrkamp

Esser, Hartmut (2002): „Theorien mittlerer Reichweite." S. 128-150, in: Mayntz, Renate (Hg.), *Akteure - Mechanismen - Modelle. Zur Theoriefähigkeit makrosozialer Analysen*. Frankfurt: Campus

Faath, Sigrid (2003): *Antiamerikanismus in Nordafrika, Nah- und Mittelost – Formen, Dimensionen und Folgen für Europa und Deutschland*. Hamburg: Deutsches Orient-Institut

Literaturverzeichnis

Ferree, Myra Marx, William A. Gamson, Jürgen Gerhards und Dieter Rucht (2002): *Shaping Abortion Discourse*. Cambridge: Cambridge University Press

Freedomhouse (2006): *Freedom in the World 2006*, Freedomhouse, http://www.freedomhouse.org/template.cfm?page=15&year=2005, Zugriff am 27.03.2006

Friedrichs, Jürgen, M. Rainer Lepsius, und Friedhelm Neidhardt (Hg.) (1994): *Öffentlichkeit, öffentliche Meinung, soziale Bewegungen*. Opladen: Westdeutscher Verlag

Fuchs, Dieter (2000): „Die demokratische Gemeinschaft in den USA und in Deutschland." S. 33-72, Jürgen Gerhards (Hg.), *Die Vermessung kultureller Unterschiede: USA und Deutschland im Vergleich*. Frankfurt: Campus

Gamson, William A. (1992): „The Social Psychology of Collective Action." S. 53-76, in: Morris, Aldon D., und Carol McClurg Mueller (Hg.), *Frontiers in Social Movement Theory*. New Haven: Yale University Press

Gamson, William A. (1995): „Constructing Social Protest." S. 85-106, in: Klandermans, Bert, und Hank Johnston (Hg.), *Social Movements and Culture*. Minneapolis: University of Minnesota Press

Gamson, William A. (2004): „Bystanders, Public Opinion, and the Media." S. 242-261, in: Snow, David A., Sarah A. Soule und Hanspeter Kriesi (Hg.), *The Blackwell Companion to Social Movements*. Oxford: Blackwell

Gamson, William A., und David S. Meyer (1996): „Framing Political Opportunity." S. 275-290, in: McAdam, Doug, John D. McCarthy und Mayer N. Zald (Hg.), *Comparative Perspectives on Social Movements: Political Opportunities, Mobilizing Structures, and Cultural Framings*. Cambridge: Cambridge University Press

Gerhards, Jürgen (1994): „Politische Öffentlichkeit. Ein system- und akteurstheoretischer Bestimmungsversuch." S. 77-105, Jürgen Friedrichs, M. Rainer Lepsius und Friedhelm Neidhardt (Hg.), *Öffentlichkeit, öffentliche Meinung und soziale Bewegungen*. Opladen: Westdeutscher Verlag

Gerhards, Jürgen, und Dieter Rucht (1992): „Mesomobilization: Organizing and Framing in Two Protest Campaigns in West Germany." *The American Journal of Sociology* 98: 555-595

Gerhards, Jürgen, und Jörg Rössel (1999): „Zur Transnationalisierung der Gesellschaft der Bundesrepublik. Entwicklungen, Ursachen und mögliche Folgen für die europäische Integration." *Zeitschrift für Soziologie* 28: 325-344

Gessenharter, Wolfgang (1998): „Rückruf zur ‚selbstbewussten Nation'. Analyse eines neurechten Frames aus bewegungstheoretischer Sicht." S. 166-180, in: Hellmann, Kai-Uwe, und Ruud Koopmans (Hg.), *Paradigmen der Bewegungsforschung. Entstehung und Entwicklung von neuen sozialen Bewegungen und Rechtsextremismus*. Opladen: Westdeutscher Verlag

Giddens, Anthony (1993): *Wandel der Intimität. Sexualität, Liebe und Erotik in modernen Gesellschaften*. Frankfurt: Fischer

Giddens, Anthony (1996): *Konsequenzen der Moderne*. Frankfurt: Suhrkamp

Giddens, Anthony (2000): *Runaway World: How Globalization is Reshaping our Lives*. New York: Routledge

Giddens, Anthony (2001): *Die Frage der sozialen Ungleichheit*. Frankfurt: Suhrkamp

Giesen, Bernhard (1999): „Codes kollektiver Identität." S. 13-43, Werner Gephart und Hans Waldenfels (Hg.), *Religion und Identität*. Frankfurt: Suhrkamp

Giesen, Bernhard (1999): *Kollektive Identität. Die Intellektuellen und die Nation*. Frankfurt: Suhrkamp

Giesen, Bernhard (2002): „Europäische Identität und transnationale Öffentlichkeit. Eine historische Perspektive." S. 67-85, Hartmut Kaelble, Martin Kirsch und Alexander Schmidt-Gernig (Hg.), *Transnationale Öffentlichkeiten und Identitäten im 20. Jahrhundert*. Frankfurt: Campus

Giugni, Marco (1999): „How Social Movements Matter: Past Research, Present Problems, Future Developments." S. XIII-XXXIII, in: Giugni, Marco, Doug McAdam und Charles Tilly (Hg.), *How Social Movements Matter*. Minneapolis: University of Minnesota Press
Giugni, Marco (2004): „Personal and Biographical Consequences." S. 489-507, in: Snow, David A., Sarah A. Soule und Hanspeter Kriesi (Hg.), *The Blackwell Companion to Social Movements*. Oxford: Blackwell
Giugni, Marco, Doug McAdam, und Charles Tilly (1999): *How Social Movements Matter*. Minneapolis: University of Minnesota Press
Goffman, Erving (1977): *Rahmen-Analyse: Ein Versuch über die Organisation von Alltagserfahrungen*. Frankfurt: Suhrkamp
Goldstone, Jack A. (1998a): „Initial Conditions, General Laws, Path Dependence, and Explanation in Historical Sociology." *The American Journal of Sociology* 104: 829-845
Goldstone, Jack A. (1998b): „Social Movements or Revolutions? On the Evolution an Outcome of Collective Behavior." S. 125-145, in: Giugni, Marco, Doug McAdam und Charles Tilly (Hg.), *From Contention to Democracy*. Lanham: Rowman & Littlefield
Goldstone, Jack A. (2003): „Introduction: Bridging Institutionalized and Noninstutionalized Politics." S. 1-24, in: Goldstone, Jack (Hg.), *States, Parties, and Social Movements*. Cambridge: Cambridge University Press
Goldstone, Jack A. (2004): „More Social Movements or Fewer? Beyond Political Opportunity Structures to Relational Fields." *Theory and Society* 33: 333-365
Goldstone, Jack A., und Charles Tilly (2001): „Threat (and Opportunity): Popular Action and State Response in the Dynamics of Contentious Action." S. 179-194, in: Aminzade, Ronald, Jack A. Goldstone, Doug McAdam u.a. (Hg.), *Silence and Voice in the Study of Contentious Politics*. Cambridge: Cambridge University Press
Goodwin, Jeff (2001): *Passionate Politics: Emotions and Social Movements*. Chicago: University of Chicago Press
Goodwin, Jeff, und James M. Jasper (1999): „Caught in a Vinding, Snarling Vine: The Structural Bias of Political Process Theory." *Sociological Forum* 14 (1): 27-92
Goodwin, Jeff, und James M. Jasper (2004) (Hg.): *Rethinking Social Movements: Structure, Meaning and Emotion*. Lanham: Rowman & Littlefield
Granovetter, Mark S. (1974): *Getting a Job: A Study of Contacts and Careers*. Cambridge: Harvard University Press
Granovetter, Mark S. (1978): „Threshold Models of Collective Behavior." *The American Journal of Sociology* 83: 1420-1443
Gross, Peter (1994): *Die Multioptionsgesellschaft*. Frankfurt: Suhrkamp
Grosse Nobis, Jan (2001): *Frieden. Eine kurze Geschichte der bundesdeutschen Friedensbewegung seit 1945*. Münster: Selbstverlag
Gurr, Ted (1973): „Ursachen und Prozess politischer Gewalt." S. 266-310, in: Beyme, Klaus v. (Hg.), *Empirische Revolutionsforschung*. Opladen: Westdeutscher Verlag
Habermas, Jürgen (1973): *Legitimationsprobleme im Spätkapitalismus*. Frankfurt: Suhrkamp
Habermas, Jürgen (1981a): *Theorie kommunikativen Handelns (Bd.1)*. Frankfurt: Suhrkamp
Habermas, Jürgen (1981b): *Theorie kommunikativen Handelns (Bd.2)*. Frankfurt: Suhrkamp
Habermas, Jürgen (1990): *Strukturwandel der Öffentlichkeit*. Frankfurt: Suhrkamp
Habermas, Jürgen (1992): *Faktizität und Geltung*. Frankfurt: Suhrkamp
Habermas, Jürgen (1998): „Beyond the Nation State?" *Peace Review* 10 (2): 235-239
Habermas, Jürgen (2003): „Toward a Cosmopolitan Europe." *Journal of Democracy* 14 (4): 86-100
Hadden, Jeffrey K. (1987): „Toward Desacralizing Secularization Theorie." *Social Forces* 65: 587-611
Halbwachs, Maurice (1991): *Das kollektive Gedächtnis*. Frankfurt: Fischer

Hahn, Alois, and Claudia Bohn (1999): "Fremdheit und Nation. Inklusion und Exklusion." S. 239-255, Markus Schroer Claudia Rademacher, Peter Wiechens (Hg.), *Spiel ohne Grenzen? Ambivalenzen der Globalisierung*. Opladen: Westdeutscher Verlag

Hanagan, Michael (1998): „Social Movements: Incorporation, Disengagement, and Opportunities - a Long View." S. 3-30, in: Giugni, Marco, Doug McAdam und Charles Tilly (Hg.), *From Contention to Democracy*. Lanham: Rowman & Littlefield

Heitmeyer, Wilhelm, Steffen Kühnel und Jürgen Leibold (2006): „Abschottung von Muslimen durch generalisierte Islamkritik?" *Aus Politik und Zeitgeschichte* (B1-2): 3-10

Held, David, und Anthony McGrew (2002): *Globalization/Anti-Globalization*. Oxford: Blackwell

Hellmann, Kai-Uwe (1996): *Systemtheorie und neue Soziale Bewegungen. Identitätsprobleme in der Risikogesellschaft*. Opladen: Westdeutscher Verlag

Hellmann, Kai-Uwe (1998): „Paradigmen der Bewegungsforschung. Forschungs- und Erklärungsansätze - ein Überblick." S. 10-30, in: Hellmann, Kai-Uwe, und Ruud Koopmans (Hg.), *Paradigmen der Bewegungsforschung. Entstehung und Entwicklung von neuen sozialen Bewegungen und Rechtsextremismus*. Opladen: Westdeutscher Verlag

Hellmann, Kai-Uwe, und Ruud Koopmans (1998) (Hg.): *Paradigmen der Bewegungsforschung. Entstehung und Entwicklung von neuen sozialen Bewegungen und Rechtsextremismus*. Opladen: Westdeutscher Verlag

Hemminger, Hansjörg (1991): „Fundamentalismus, ein vielschichtiger Begriff." S. 5-16, in: Hemminger, Hansjörg (Hg.), *Fundamentalismus in der verweltlichten Kultur*. Stuttgart: Quell Verlag

Hirschmann, Albert O. (1974): *Abwanderung und Widerspruch*. Tübingen: Mohr

Hofmann, Werner (1971): *Ideengeschichte der sozialen Bewegung des 19. und 20. Jahrhunderts*. Berlin: de Gruyter

Hollenweger, Walter J. (1969): *Enthusiastisches Christentum. Die Pfingstbewegung in Geschichte und Gegenwart*. Wuppertal: Brockhaus

Humphrey, Matthew (2000): „Nature in Deep Ecology and Social Ecology: Contesting the Core." *Journal of Political Ideologies* 5 (2): 247-268

Huntington, Samuel P. (1973): "Modernisierung durch Revolution." S. 92-104, Klaus von Beyme (Hg.), *Empirische Revolutionsforschung*. Opladen: Westdeutscher Verlag

Huntington, Samuel P. (1991): *The Third Wave. Democratization in the Late Twentieth Century*. Norman: University of Oklahoma Press

Huntington, Samuel P. (1996): „Democracy for the Long Haul." *Journal of Democracy* 7: 3-13

Huntington, Samuel P. (1997): „After Twenty Years: The Future of the Third Wave." *Journal of Democracy* 8 (4): 3-12

Huntington, Samuel P. (2004): *Who Are We? Die Krise der amerikanischen Identität*. Hamburg: Europa Verlag

Imbusch, Peter (2005): *Moderne und Gewalt. Zivilisationstheoretische Perspektiven auf das 20. Jahrhundert*. Wiesbaden: VS Verlag

Inglehart, Ronald, und Pippa Norris (2003): „The True Clash of Civilisations." *Foreign Policy* (March/April): 64-75

Inglehart, Ronald, und Pippa Norris (2004): *Sacred and Secular. Religion and Politics Worldwide*. Cambridge: Cambridge University Press

Jaschke, Gerd (1994): *Rechtsextremismus und Fremdenfeindlichkeit. Begriffe, Positionen, Praxisfelder*. Opladen: Westdeutscher Verlag

Jenkins, J. Craig (1983): „Resource Mobilization Theory and the Study of Social Movements." *Annual Review of Sociology* 9: 527-553

Joas, Hans (1992): *Die Kreativität des Handelns*. Frankfurt: Suhrkamp

Joas, Hans (2000): „Die Modernität des Krieges. Die Modernisierungstheorie und das Problem der Gewalt." S. 177-193, in: Knöbl, Wolfgang, und Gunnar Schmidt (Hg.), *Die Gegenwart des Krieges. Staatliche Gewalt in der Moderne*. Frankfurt: Fischer

Johnston, Hank, Enrique Larna und Joseph R. Gusfield (1994): „Identities, Grievances, and New Social Movements." S. 3-35, in: Johnston, Hank, Enrique Larna und Joseph R. Gusfield (Hg.), *New Social Movements. From Ideology to Identity*. Philadelphia: Temple University Press

Kallscheuer, Otto (1993): „Katholischer Integralismus als postmoderne Bewegung: 'Comunione e Liberazione' in Italien." S. 151-168, in: Bergmann, Werner, Alois Hahn und Thomas Luckmann (Hg.), *Religion und Kultur*. Opladen: Westdeutscher Verlag

Kaufmann, Franz-Xaver (1986): „Religion und Modernität." S. 284-307, in: Berger, Johannes (Hg.), *Die Moderne - Kontinuität und Zäsuren*. Göttingen: Schwartz

Kaufmann, Franz-Xaver (1989): *Religion und Modernität. Sozialwissenschaftliche Perspektiven*. Tübingen: J.C.B. Mohr

Kaufmann, Franz-Xaver (2002): „Kirchen und Religion in der Zivilgesellschaft." S. 27-41, Michael Langer und Armin Laschet (Hg.), *Unterwegs mit Visionen. Festschrift für Rita Süssmuth*. Freiburg: Herder

Kepel, Gilles (1991): *Die Rache Gottes. Radikale Moslems, Christen und Juden auf dem Vormarsch*. München: Piper

Kern, Thomas (1997): *Zeichen und Wunder. Enthusiastische Glaubensformen in der modernen Gesellschaft*. Frankfurt: Peter Lang

Kern, Thomas (1998): *Schwärmer, Träumer und Propheten? Charismatische Gemeinschaften unter der Lupe*. Frankfurt: Knecht

Kern, Thomas (2001): „Das andere Wachstumswunder: protestantische Kirchen in Südkorea." *Zeitschrift für Soziologie* 30 (5): 341-361

Kern, Thomas (2002a): „Die Macht der Liebe. Leidenschaftlicher Glaube als Steuerungsmedium der charismatischen Bewegung." *Berliner Debatte Initial* 13 (5/6)103

Kern, Thomas (2002b): „Mega-Kirchen in Südkorea. Eine Fallstudie am Beispiel der Yoido Full Gospel Church." S. 165-196, in: Köllner, Patrick (Hg.), *Korea 2002. Politik, Wirtschaft, Gesellschaft*. Hamburg: GIGA Institut für Asienkunde

Kern, Thomas (2003): „Kritische Ereignisse, Memory Frames und Protest in Südkorea (1980-1987)." *Berliner Journal für Soziologie* 13 (3): 1-23

Kern, Thomas (2004): „Strukturdynamiken im Demokratisierungsprozess. Das Fallbeispiel Südkoreas." *Asien: Deutsche Zeitschrift für Politik, Wirtschaft und Kultur* (93): 52-72

Kern, Thomas (2005a): „Anti-Americanism in South Korea: From Structural Cleavages to Protest." *Korea Journal* 45 (1): 257-288

Kern, Thomas (2005b): *Südkoreas Pfad zur Demokratie. Modernisierung, Protest, Regimewechsel*. Frankfurt: Campus

Kern, Thomas (2007a): „Amerikanisierungskritik und Globalisierung: Das Fallbeispiel Südkoreas." S. 182-196, in: Bemerburg, Ivonne und Arne Niederbacher (Hg.), *Die Globalisierung und ihre Kritik(er)*. Wiesbaden: Verlag für Sozialwissenschaften

Kern, Thomas (2007b): „Modernisierung und Demokratisierung: Das Erklärungspotenzial neuerer differenzierungstheoretischer Ansätze." *Kölner Zeitschrift für Soziologie und Sozialpsychologie* 59 (1): 30-58

Kieser, Alfred (1987): „From Asceticism to Administration of Wealth. Medieval Monasteries and the Pitfalls of Rationalization." *Organization Studies* 8 (2): 103-123

Kieser, Alfred (1989): „Organizational, Institutional, And Societal Evolution: Medieval Craft Guilds and the Genesis of Formal Organizations." *Administrative Science Quarterly* 34 (4): 540-564

Kim, Byeong-cheol (2006): *Online Citizen Journalism* [Online Simin Jeoneolijeum]. Seoul: Korean Studies Information

Kim, Eun -Gyoo, and James W. Hamilton (2006): „Capitulation to Capital? OhmyNews as Alternative Media." *Media, Culture & Society* 28 (4): 541-560
Klandermans, Bert (1997): *The Social Psychology of Protest.* Oxford: Blackwell
Klandermans, Bert, und Hank Johnston (1995): *Social Movements and Culture.* Minneapolis: University of Minnesota Press
Koopmans, Ruud (1992): *Democracy from Below: New Social Movements and the Political System in West Germany.* University of Amsterdam (Dissertation).
Koopmans, Ruud (1993): „The Dynamics of Protest Waves: West Germany, 1965 To 1989." *American Sociological Review* 58: 637-658
Koopmans, Ruud (2004a): *A Failed Revolution? But a Worthy Cause, Comments on Doug McAdam, Sidney Tarrow und Charles Tilly: Dynamics of Contention*, to appear in Mobilization, Social Science Research Center Berlin (WZB), http://www.wz-berlin.de/zkd/poem/pdf/koopmans_ review_dynamics_of_contention.pdf, Zugriff am 22.07.2004
Koopmans, Ruud (2004b): „Protest in Time and Space: The Evolution of Waves of Contention." S. 19-46, in: Snow, David A., Sarah A. Soule und Hanspeter Kriesi (Hg.), *The Blackwell Companion to Social Movements.* Oxford: Blackwell
Koopmans, Ruud (2004c): „Movements and Media: Selection Processes and Evolutionary Dynamics in the Public Sphere." *Theory and Society* 33: 367-391
Koopmans, Ruud, und Paul Statham (1999): „Ethnic and Civic Conceptions of Nationahood and the Differential Success of the Extreme Right in Germany and Italy." S. 225-252, in: Giugni, Marco, Doug McAdam und Charles Tilly (Hg.), *How Social Movements Matter.* Minneapolis: University of Minnesota Press
Kornhauser, William (1959): *The Politics of Mass Society.* Glencoe: Free Press
Krastev, Ivan (2004): „The Anti-American Century?" *Journal of Democracy* 15 (2): 5-16
Kriesi, Hanspeter (1989): „New Social Movements and the New Class in the Netherlands." *The American Journal of Sociology* 94 (5): 1078-1116
Kriesi, Hanspeter (2001): „Nationaler politischer Wandel in einer sich denationalisierenden Welt." S. 23-44, in: Klein, Ansgar, Ruud Koopmans und Heiko Geiling(Hg.), *Globalisierung, Partizipation, Protest.* Opladen: Leske und Budrich
Kriesi, Hanspeter (2004): „Political Context and Opportunity." S. 67-90, in: Snow, David A., Sarah A. Soule und Hanspeter Kriesi (Hg.), *The Blackwell Companion to Social Movements.* Oxford: Blackwell
Kriesi, Hanspeter, Ruud Koopmans, Jan W. Duyvendak und Marco G. Giugni (1995): *New Social Movements in Western Europe: A Comparative Perspective.* Minneapolis: University of Minnesota Press
Kurzman, Charles C. (1996): „Structural Opportunity and Perceived Opportunity in Social-Movement Theory: The Iranian Revolution of 1979." *American Sociological Review* 61: 153-170
Lahusen, Christian (2002): „Transnationale Kampagnen sozialer Bewegungen. Grundzüge einer Typologie." *Forschungsjournal NSB* 15 (1): 40-46
Le Bon, Gustave (1950): *Psychologie der Massen.* Stuttgart: Kröner
Leggewie, Claus (1998): „Neo-Kapitalismus und neue Rechte. Sozialstrukturelle Voraussetzungen radikaler rechter Bewegungen." S. 131-148, in: Hellmann, Kai-Uwe, und Ruud Koopmans (Hg.), *Paradigmen der Bewegungsforschung. Entstehung und Entwicklung von neuen sozialen Bewegungen und Rechtsextremismus.* Opladen: Westdeutscher Verlag
Leggewie, Claus (2003): *Die Globalisierung und ihre Gegner.* München: Beck
Lipset, Seymour Martin (1994): „The Social Requisites of Democracy Revisited." *American Sociological Review* 59 (1): 1-22
Luckmann, Thomas (1991): *Die unsichtbare Religion.* Frankfurt: Suhrkamp

Luhmann, Niklas (1974): *Grundrechte als Institution. Ein Beitrag zur politischen Soziologie.* Berlin: Duncker & Humblot

Luhmann, Niklas (1975): „Allgemeine Theorie organisierter Sozialsysteme." S. 39-50, in: Niklas, Luhmann (Hg.), *Soziologische Aufklärung 2. Aufsätze zur Theorie der Gesellschaft.* Opladen: Westdeutscher Verlag

Luhmann, Niklas (1984): *Soziale Systeme. Grundriss einer allgemeinen Theorie.* Frankfurt: Suhrkamp

Luhmann, Niklas (1986): *Ökologische Kommunikation. Kann die moderne Gesellschaft sich auf ökologische Gefährdungen einstellen?* Opladen: Westdeutscher Verlag

Luhmann, Niklas (1987): „Machtkreislauf und Recht in Demokratien." S. 142-151, Niklas Luhmann (Hg.), *Soziologische Aufklärung 4. Beiträge zur funktionalen Differenzierung der Gesellschaft.* Opladen: Westdeutscher Verlag

Luhmann, Niklas (1989): *Die Wirtschaft der Gesellschaft.* Frankfurt: Suhrkamp

Luhmann, Niklas (1995): „Die gesellschaftliche Differenzierung und das Individuum." S. 125-141, in: Luhmann, Niklas (Hg.), *Soziologische Aufklärung 6. Die Soziologie und der Mensch.* Opladen: Westdeutscher Verlag

Luhmann, Niklas (1996): *Die Realität der Massenmedien.* Opladen: Westdeutscher Verlag

Luhmann, Niklas (1998a): *Die Gesellschaft der Gesellschaft.* Frankfurt: Suhrkamp

Luhmann, Niklas (1998b): *Liebe als Passion. Zur Codierung von Intimität.* Frankfurt: Suhrkamp

Luhmann, Niklas (1999): „Jenseits von Barbarei." S. 138-150, in Luhmann, Niklas (Hg.), *Gesellschaftsstruktur und Semantik. Studien zur Wissenssoziologie der modernen Gesellschaft* (Bd. 4). Frankfurt: Suhrkamp

Luhmann, Niklas (2002): *Die Politik der Gesellschaft.* Frankfurt: Suhrkamp

Mann, Michael (2000): „Krieg und Gesellschaftstheorie: Klassen, Nationen und Staaten auf dem Prüfstand." S. 25-51, in: Knöbl, Wolfgang und Gunnar Schmidt (Hg.), *Die Gegenwart des Krieges. Staatliche Gewalt in der Moderne.* Frankfurt: Fischer

Marks, Gary, und Doug McAdam (1999): „On the Relationship of Political Opportunities to the Form of Collective Action: the Case of the European Union." S. 97-111, in: Della Porta, Donatella, Hanspeter Kriesi und Dieter Rucht (Hg.), *Social Movements in a Globalizing World.* Basingstoke: Macmillan

Marshall, Thomas H. (1992): *Bürgerrechte und soziale Klassen. Zur Soziologie des Wohlfahrtsstaates.* Frankfurt: Campus

Marty, Martin E., und R. Scott Appleby (1996): *Herausforderung Fundamentalismus. Radikale Christen, Moslems und Juden im Kampf gegen die Moderne.* Frankfurt: Campus

Mayntz, Renate (1997): „Funktionelle Teilsysteme in der Theorie sozialer Differenzierung." S. 38-69, in: Mayntz, Renate (Hg.), *Soziale Dynamik und politische Steuerung. Theoretische und methodologische Überlegungen.* Frankfurt: Campus

Mayntz, Renate (2004): „Mechanisms in the Analysis of Social Macro-Phenomena." *Philosophy of the Social Sciences* 34: 237-259

McAdam, Doug (1983): „Tactical Innovation and the Pace of Insurgency." *American Sociological Review* 48 (6): 735-754

McAdam, Doug (1996): „Conceptual Origins, Problems, Future Directions." S. 23-40, Doug McAdam, John D. McCarthy und Mayer N. Zald (Hg.), *Comparative Perspectives on Social Movements: Political Opportunties, Mobilizing Structures, and Cultural Framings.* Cambridge: Cambridge University Press

McAdam, Doug (1998): „The Future of Social Movements." S. 229-246, in: Giugni, Marco, Doug McAdam und Charles Tilly (Hg.), *From Contention to Democracy.* Lanham: Rowman & Littlefield

McAdam, Doug, Sidney Tarrow und Charles Tilly (2001) (Hg.): *Dynamics of Contention.* Cambridge: Cambridge University Press

McAdam, Doug, und William H. Sewell (2001): „It's about Time: Temporality in the Study of Social Movements and Revolutions." S. 89-125, in: Aminzade, Ronald, Jack A. Goldstone, Doug McAdam u.a. (Hg.), *Silence and Voice in the Study of Contentious Politics*. Cambridge: Cambridge University Press

McAdam, Doug, und Yang Su (2002): „The War at Home: Antiwar Protests and Congressional Voting, 1965 to 1973." *American Sociological Review* 67 (5): 696-721

McCormick, John (1995): *The Global Environmental Movement*. Baffins Lane: John Wiley and Sons

Meier, Werner A. (2004): „Gesellschaftliche Folgen der Medienkonzentration." *Aus Politik und Zeitgeschichte* (B12-13): 3-6

Melucci, Alberto (1985): „The Symbolic Challenge of Contemporary Movements." *Social Research* 52 (4): 789-816

Melucci, Alberto (1989): *Nomads of the Present: Social Movements and Individual Needs in Modern Societies*. Philadelphia: Temple University Press

Melucci, Alberto (1995): „The Process of Collective Identity." S. 41-63, in: Klandermans, Bert, und Hank Johnston (Hg.), *Social Movements and Culture*. Minneapolis: University of Minnesota Press

Melucci, Alberto (1996): *Challenging Codes. Collective Action in the Information Age*. Cambridge: Cambridge University Press

Melucci, Alberto (1999): „Soziale Bewegungen in komplexen Gesellschaften. Die europäische Perspektive." S. 114-130, in: Klein, Ansgar, Legrand, Hans-Josef und Leif, Thomas (Hg.): *Neue soziale Bewegungen. Impulse, Bilanzen, Perspektiven*. Opladen: Westdeutscher Verlag

Merkel, Wolfgang (1999): *Systemtransformation. Eine Einführung in die Theorie und Empirie der Transformationsforschung*. Opladen: Leske und Budrich

Merkel, Wolfgang, Hans-Jürgen Puhle und Aurel Croissant (2003) (Hg.): *Defekte Demokratien: Theorien und Probleme*. Wiesbaden: Vs Verlag

Merton, Robert K. (1995): „The Thomas Theorem and the Matthew Effect." *Social Forces* 74 (2): 379-422

Meyer, David S. (1999): „How the Cold War was Really Won." S. 182-203, in: Giugni, Marco, McAdam, Doug und Tilly, Charles (Hg.): *How Social Movements Matter*. Minneapolis: University of Minnesota Press

Meyer, David S. (2004): „Protest and Political Opportunities." *Annual Review of Sociology* 30: 125-145

Meyer, David S., and Debra C. Minkoff (2004): „Conceptualizing Political Opportunity." *Social Forces* 82 (4): 1457-1492

Meyer, David S., und Sam Marullo (2003): „Antiwar and Peace Movements." S. 641-665, in: Snow, David A., Sarah A. Soule und Hanspeter Kriesi (Hg.), *The Blackwell Companion to Social Movements*. Oxford: Blackwell

Meyer, Thomas (2005): *Die Zukunft der sozialen Demokratie*. Bonn: Friedrich Ebert Stiftung

Miller, Max (1992): „Rationaler Dissens. Zur gesellschaftlichen Funktion sozialer Konflikte." S. 31-58, in: Giegel, Hans-Joachim (Hg.), *Kommunikation und Konsens in modernen Gesellschaft*. Frankfurt: Suhrkamp

Miller, Max (2003): „Evolution und Planung - einige kritische Anmerkungen zu Luhmanns Theorie soziokultureller Evolution." S. 154-166, in: Giegel, Hans-Joachim, und Uwe Schimank (Hg.), *Beobachter der Moderne*. Frankfurt: Suhrkamp

Miller, Max (2006): *Dissens. Zur Theorie diskursiven und systemischen Lernens*. Bielefeld: Transcript

Minkenberg, Michael (2003): "Die Christliche Rechte und die amerikanische Politik von der ersten bis zur zweiten Bush-Administration." *Aus Politik und Zeitgeschichte* (B46): 23-32

Minkoff, Debra C. (1997): „The Sequencing of Social Movements." *American Sociological Review* 62: 779-799

Moeller, Robert G. (1993): *Protecting Motherhood: Women and the Family in the Politics of Postwar West*. University of California Press: Berkeley
Moen, Matthew (1994): „From Revolution to Evolution: The Changing Nature of the Christian Right." *Sociology of Religion* 55 (3): 345-358
Molm, Linda D., Nobuyuki Takahashi und Gretchen Peterson (2000): „Risk and Trust in Social Exchange: An Experimental Test of a Classical Proposition." *The American Journal of Sociology* 105 (5): 1396-1427
Moore, Barrington (1969): *Soziale Ursprünge von Diktatur und Demokratie*. Frankfurt: Suhrkamp
Münch, Richard (1980): " Über Parsons zu Weber: Von der Theorie der Rationalisierung zur Theorie der Interpenetration." *Zeitschrift für Soziologie* 9 (1): 18-53
Münch, Richard (1991): *Dialektik der Kommunikationsgesellschaft*. Frankfurt: Suhrkamp
Münch, Richard (1993): *Die Kultur der Moderne (2 Bde.)*. Frankfurt: Suhrkamp
Münch, Richard (1998): *Globale Dynamik, lokale Lebenswelten. Der schwierige Weg in die Weltgesellschaft*. Frankfurt: Suhrkamp
Münch, Richard (2002): „Die Grenzen der zivilgesellschaftlichen Selbstorganisation." *Berliner Journal für Soziologie* 12 (4): 445-465
Münkler, Herfried (2000): „Die Kriege der Zukunft und die Zukunft der Staaten." S. 52-71, in: Knöbl, Wolfgang, und Gunnar Schmidt (Hg.), *Die Gegenwart des Krieges. Staatliche Gewalt in der Moderne*. Frankfurt: Fischer
Münkler, Herfried (2002): *Die neuen Kriege*. Hamburg: Rowohl
Murray, Charles (1990): „The British Underclass." *Public Interest* (99): 4-28
Murray, Charles, und Melanie Phillips (2001): „The British Underclass: Ten Years Later." *Public Interest* (145): 25-37
Nassehi, Armin (1997): „Risikogesellschaft." S. 252-279, in: Kneer, Georg, und Armin Nassehi (Hg.), *Soziologische Gesellschaftsbegriffe*. München: Wilhelm Fink
Nave-Herz, Rosemarie (1997): *Die Geschichte der Frauenbewegung in Deutschland*. Hannover: Niedersächsische Landeszentrale für politische Bildung
Neidhardt, Friedhelm (1994): „Öffentlichkeit, öffentliche Meinung, soziale Bewegungen." S. 7-41, in: Neidhardt, Friedhelm (Hg.), *Öffentlichkeit, öffentliche Meinung, soziale Bewegungen*. Opladen: Westdeutscher Verlag
Neidhardt, Friedhelm, und Dieter Rucht (1993): „Auf dem Weg in die Bewegungsgesellschaft? Über die Stabilisierbarkeit sozialer Bewegungen." *Soziale Welt* 44: 305-326
Oberschall, Anthony (1973): Social Conflict and Social Movements. Englewood Cliffs: Prentice-Hall Inc
O'Donnell, Guillermo (2001): „Democracy, Law, and Comparative Politics." *Studies in Comparative International Development* 36 (1): 7-36
Oettler, Annika (2003): „Neuer Imperialismus, neuer Antiamerikanismus? Lateinamerika und der Irak-Krieg, in: , 8/2003." *Brennpunkt Lateinamerika* (8): 69-75
Offe, Claus (2003): *Herausforderungen der Demokratie. Zur Integrations- und Leistungsfähigkeit politischer Institutionen*. Frankfurt: Campus
Ohlemacher, Thomas (1996): „Kollektive Aktion statt soziale Bewegung." *Berliner Debatte Initial* 7 (1): 7-11
Olick, Jeffrey K., und Joyce Robbins (1998): „Social Memory Studies: From ‚Collective Memory' to the Historical Sociology of Mnemonic Practices." *Annual Review of Sociology* 24: 105-140
Oliver, Pamela E., Gerald Marwell und Ralph Prahl (1988): „Social Networks and Collective Action. A Theory of the Critical Mass III." *The American Journal of Sociology* 94: 502-534
Oliver, Pamela E., Gerald Marwell und Ruy Teixeira (1985): „A Theory of the Critical Mass I: Interdependence, Group Heterogeneity, and the Production of Collective Action." *The American Journal of Sociology* 90: 522-556

Oliver, Pamela E., und Daniel J. Myers (2002a): „Networks, Diffusions, and Cycles of Collective Action. " S. 173-203, in: Diani, Mario, und Doug McAdam (Hg.), *Social Movements and Networks: Relational Approaches to Collective Action.* Oxford: Oxford University Press

Oliver, Pamela E., und Daniel J. Myers (2002b): Oliver, Pamela E., und Daniel J. Myers (2002): *The Coevolution of Social Movements.* Working Paper and Technical Report Series, Number 2002-09, University of Notre Dame, Department of Sociology. Notre Dame [dieser Artikel ist im Jahr 2003 erschienen in: Mobilization 8: 1-25]

Oliver, Pamela E., und Gerald Marwell (1988): „The Paradox of Group Size in Collective Action. A Theory of the Critical Mass II." *American Sociological Review* 53: 1-8

Oliver, Pamela E., und Gerald Marwell (1992): „Mobilizing Technologies for Collective Action." S. 251-272, in: Morris, Aldon D., und Carol McClurg Mueller (Hg.), *Frontiers in Social Movement Theory.* New Haven: Yale University Press

Olson, Mancur (1968): *Die Logik des kollektiven Handelns: Kollektivgüter und die Theorie der Gruppen.* Tübingen: Mohr

Olson, Mancur (1973): „Rapides Wachstum als Destabilisierungsfaktor." S. 205-222, in: Beyme, Klaus von (Hg.), *Empirische Revolutionsforschung.* Opladen: Westdeutscher Verlag

Olson, Mancur (1976): „Die Logik kollektiven Handelns." S. 105-123, in: Dettling, Warnfried (Hg.), *Macht der Verbände - Ohnmacht der Demokratie?* München: Olzog

Opp, Karl-Dieter (1994): „Repression and Revolutionary Action." *Rationality and Society* 6: 101-138

Opp, Karl-Dieter (1996): „Gesellschaftliche Krisen, Gelegenheitsstrukturen oder rationales Handeln?" *Zeitschrift für Soziologie* 25: 223-242

Opp, Karl-Dieter (1998): „Die Perspektive der Ressourcenmobilisierung und der Theorie kollektiven Handelns." S. 90-108, in: Hellmann, Kai-Uwe, und Ruud Koopmans (Hg.), *Paradigmen der Bewegungsforschung. Entstehung und Entwicklung von neuen sozialen Bewegungen und Rechtsextremismus.* Opladen: Westdeutscher Verlag

Opp, Karl-Dieter, und Wolfgang Rühl (1990): „Repression, Micromobilization and Political Protest." *Social Forces* 9: 521-547

Ouweneel, Arij (1999): „Welcome to the Nightmare: Thoughts on the Faceless Warriors of the Lacandona Revolt of 1994, Chiapas, Mexico." in: Koonings, Kees, und Dirk Ruijt (Hg.), *Societies of Fear: the Legacy of Civil War, Violence and Terror in Latin America.* London: Zed Books

Parsons, Talcott (1966): *Societies. Evolutionary and Comparative Perspectives.* New Jersey: Prentice-Hall

Parsons, Talcott (1967): „Evolutionäre Universalien in der Gesellschaft." S. 55-74, Wolfgang Zapf (Hg.), *Theorien des sozialen Wandels.* Berlin: Kiepenheuer & Witsch

Pfahl-Traughber, Armin (2003): „Rechtsextremismus als neue soziale Bewegung? Aktivitäten und Kooperation von NPD, Neonazis und Skinheads." *Forschungsjournal NSB* 16 (4): 43-54

Pichardo, Nelson A. (1997): „New Social Movements: A Critical Review." *Annual Review of Sociology* 23: 411-430

Pierson, Paul (2004): *Politics in Time: History, Institutions, and Social Analysis.* Princeton: Princeton University Press

Pollack, Detlef (2000): *Politischer Protest: politisch alternative Gruppen in der DDR.* Opladen: Leske und Budrich

Polletta, Francesca, und James M. Jasper (2001): „Collective Identity And Social Movements." *Annual Review of Sociology* 27: 283-305

Popitz, Heinrich (1968): *Prozesse der Machtbildung.* Tübingen: Mohr

Prätorius, Rainer (2003): *In God We Trust. Religion und Politik in den USA.* München: C.H. Beck

Prisching, Manfred (2002): „Vermarktlichung - ein Aspekt des Wandels von Koordinationsmechanismen." *Ökonomie und Gesellschaft.* Jahrbuch 18: Alles käuflich: 15-38

Rammstedt, Otthein (1978): *Soziale Bewegung.* Frankfurt: Suhrkamp

Raschke, Joachim (1988): *Soziale Bewegungen. Ein historisch-systematischer Grundriss.* Frankfurt: Suhrkamp

Raschke, Joachim (1999): „Machtwechsel und soziale Bewegung." S. 64-88, in: Klein, Ansgar, Legrand, Hans-Josef und Leif, Thomas (Hg.): *Neue soziale Bewegungen. Impulse, Bilanzen, Perspektiven.* Opladen: Westdeutscher Verlag

Rasler, Karen (1996): „Concessions, Repression, and Political Protest in the Iranian Revolution." *American Sociological Review* 61: 132-152

Riesebrodt, Martin (1990): *Fundamentalismus als patriarchalische Protestbewegung.* Tübingen: J.C.B. Mohr (Paul Siebeck)

Riesebrodt, Martin (2000): *Die Rückkehr der Religionen: Fundamentalismus und der 'Kampf der Kulturen'.* München: Beck

Riesebrodt, Martin (2001): „Die fundamentalistische Erneuerung der Religionen." *WeltTrends* 9 (30): 9-27

Riesebrodt, Martin, und Kelly H. Chong (1999): „Fundamentalisms and Partriarchal Gender Politics." *Journal of Women's History* 10 (4): 55-77

Riesenberger, Dieter (1985): *Geschichte der Friedensbewegung in Deutschland. Von den Anfängen bis 1933.* Göttingen: Vandenhoek und Ruprecht

Rogers, Everett M. (1995): *Diffusion of Innovations.* New York: The Free Press

Rokkan, Stein (1999): *State Formation, Nation Building, and Mass Politics in Europe.* Oxford: Oxford University Press

Rootes, Christopher (2004): "Environmental Movements." S. 608-640, David A. Snow, Sarah A. Soule und Hanspeter Kriesi (Hg.), *The Blackwell Companion to Social Movements.* Oxford: Blackwell

Roth, Roland (1998): „Patch-Work. Kollektive Identitäten neuer sozialer Bewegungen." S. 51-68, Kai-Uwe Hellmann und Ruud Koopmans (Hg.), *Paradigmen der Bewegungsforschung. Entstehung und Entwicklung von neuen sozialen Bewegungen und Rechtsextremismus.* Opladen: Westdeutscher Verlag

Rucht, Dieter (1994a): *Modernisierung und neue soziale Bewegungen. Deutschland, Frankreich und USA im Vergleich.* Frankfurt: Campus

Rucht, Dieter (1994b): „Öffentlichkeit als Mobilisierungsfaktor für soziale Bewegungen." S. 337-358, in: Neidhardt, Friedhelm (Hg.), *Öffentlichkeit, öffentliche Meinung, soziale Bewegungen.* Opladen: Westdeutscher Verlag

Rucht, Dieter (1998): „Komplexe Phänomene – komplexe Erklärungen. Die politischen Gelegenheitsstrukturen der Neuen Sozialen Bewegungen in der Bundesrepublik." S. 107-127, Kai-Uwe Hellmann und Ruud Koopmans (Hg.), *Paradigmen der Bewegungsforschung. Entstehung und Entwicklung von neuen sozialen Bewegungen und Rechtsextremismus.* Opladen: Westdeutscher Verlag

Rucht, Dieter (1999): „Gesellschaft als Projekt - Projekte in der Gesellschaft." S. 15-27, in: Klein, Ansgar, Hans-Josef Legrand und Thomas Leif (Hg.), *Neue soziale Bewegungen. Impulse, Bilanzen, Perspektiven.* Opladen: Westdeutscher Verlag

Rucht, Dieter (2001): *Anstöße für den Wandel. Soziale Bewegungen im 21. Jahrhundert,* Wissenschaftszentrum Berlin, http://www.wz-berlin.de/zkd/poem/pdf/stiftung_vortrag04.pdf, Zugriff am 08.11.2004

Rucht, Dieter (2003): „Die Friedensdemonstranten - Wer sind sie, wofür stehen sie?" *Forschungsjournal NSB* 16 (2): 10-13

Rucht, Dieter (2004): „Movement Allies, Adversaries, and Third Parties." S. 197-216, in: Snow, David A., Sarah A. Soule und Hanspeter Kriesi (Hg.), *The Blackwell Companion to Social Movements.* Oxford: Blackwell

Rucht, Dieter, Ruud Koopmans und Friedhelm Neidhardt (1999) (Hg.): *Acts of Dissent. New Developments in the Study of Protest.* Lanham: Rowman & Littlefield

Rucht, Dieter, und Friedhelm Neidhardt (2007): „Soziale Bewegungen und kollektive Aktionen." S. 627-651, Hans Joas (Hg.), *Lehrbuch der Soziologie*. Frankfurt: Campus

Rude, George (1964): *The Crowd in History*, 1730-1848. New York: John Wiley

Rüschemeyer, Dietrich (1986): *Power and the Division of Labor*. Stanford: Stanford University Press

Rüschemeyer, Dietrich, Evelyne H. Stephens und John D. Stephens (1992): *Capitalist Development and Democracy*. Chicago: University of Chicago Press

Scharpf, Fritz W. (1994): „Politiknetzwerke als Steuerungssubjekte." S. 381-407, Hans-Ulrich Derlien, Uta Gerhardt und Fritz W. Scharpf (Hg.), *Systemrationalität und Partialinteresse. Festschrift für Renate Mayntz*. Baden-Baden: Nomos Verlagsgesellschaft

Scharpf, Fritz W. (2000): *Interaktionsformen: akteurzentrierter Institutionalismus in der Politikforschung*. Opladen: Leske und Budrich

Schimank, Uwe (1994): „Autonomie und Steuerung wissenschaftlicher Forschung. Ein gesellschaftlich funktionaler Antagonismus." S. 409-431, in: Derlien, Hans-Ulrich, Uta Gerhardt und Fritz W. Scharpf (Hg.), *Systemrationalität und Partialinteresse. Festschrift für Renate Mayntz*. Baden-Baden: Nomos Verlagsgesellschaft

Schimank, Uwe (1996): *Theorien gesellschaftlicher Differenzierung*. Opladen: Leske und Budrich

Schimank, Uwe (1998): „Funktionale Differenzierung und soziale Ungleichheit: die zwei Gesellschaftstheorien und ihre konflikttheoretische Verknüpfung." S. 61-87, in: Giegel, Hans-Joachim (Hg.), *Konflikt in modernen Gesellschaften*. Frankfurt: Suhrkamp

Schimank, Uwe (2000a): „Das stahlharte Gehäuse der Hörigkeit, revisited - James Colemans asymmetrische Gesellschaft." S. 239-254, in: Schimank, Uwe, und Ute Volkmann (Hg.), *Soziologische Gegenwartsdiagnosen 1. Eine Bestandsaufnahme*. Opladen: Leske und Budrich

Schimank, Uwe (2000b): *Handeln und Strukturen. Einführung in die akteurtheoretische Soziologie*. Weinheim: Juventa

Schimank, Uwe (2002a): „Individuelle Akteure: Opfer und Gestalter gesellschaftlicher Dynamiken." S. 367-389, in: Schimank, Uwe, und Ute Volkmann (Hg.), *Soziologische Gegenwartsdiagnosen 2. Vergleichende Sekundäranalysen*. Opladen: Leske und Budrich

Schimank, Uwe (2002b): „Organisationen: Akteurkonstellationen - korporative Akteure - Sozialsysteme." S. 29-54, in: Allmendinger, Jutta, und Thomas Hinz (Hg.), *Soziologie der Organisation*. Sonderheft der Kölner Zeitschrift für Soziologie und Sozialpsychologie. Opladen: Westdeutscher Verlag

Schimank, Uwe, und Stefan Lange (2003): „Politik und gesellschaftliche Integration." S. 171-186, in: Nassehi, Armin und Schroer, Markus (Hg.): *Der Begriff des Politischen*. Baden-Baden: Nomos Verlagsgesellschaft

Schimank, Uwe, und Ute Volkmann (1999): *Gesellschaftliche Differenzierung*. Bielefeld: Transcript

Schmidgall, Paul (1997): *90 Jahre deutsche Pfingstbewegung*. Erzhausen: Leuchter Verlag

Schmitter, Philippe C., und Guillermo A. O'Donnell (1986): *Transitions from Authoritarian Rule: Tentative Conclusions About Uncertain Democracies*. Baltimore: Johns Hopkins University Press

Schulze, Gerhard (1993): *Die Erlebnisgesellschaft. Kultursoziologie der Gegenwart*. Frankfurt: Campus

Schumpeter, Joseph A. (1975): *Capitalism, Socialism, and Democracy*. New York: Harper

Schwartz, Barry (1996): "Memory as a Cultural System: Abraham Lincoln in World War II." *American Sociological Review* 61: 908-927

Schwartz, Barry, und Howard Schuman (2005): „History, Commemoration, and Belief: Abraham Lincoln in American Memory, 1945-2001." *American Sociological Review* 70: 183-203

Schwinn, Thomas (1995): „Funktion und Gesellschaft. Konstante Probleme trotz Paradigmenwechsel in der Systemtheorie Niklas Luhmanns." *Zeitschrift für Soziologie* 24: 196-214

Schwinn, Thomas (1998): „Soziale Ungleichheit und funktionale Differenzierung. Wiederaufnahme einer Diskussion." *Zeitschrift für Soziologie* 27 (1): 3-17

Schwinn, Thomas (2001): *Differenzierung ohne Gesellschaft. Umstellung eines soziologischen Konzepts.* Frankfurt: Velbrück

Silverstein, Louise B., Carl F. Auerbach, Loretta Grieco und Faith Dunkel (2000): „Do Promise Keepers Dream of Feminist Sheep?" *Sociology of Religion* 40 (9/10): 665-688

Smelser, Neil J. (1962): *Theory of Collective Behavior.* London: Routledge & Kegan Paul

Smith, Jackie (2001): „Politische Auseinandersetzung unter Bedingungen der Globalisierung. Die Mittlerrolle transnationaler Organisationen für soziale Bewegungen." in: Klein, Ansgar, Ruud Koopmans, und Heiko Geiling (Hg.), *Globalisierung, Partizipation, Protest.* Opladen: Leske und Budrich

Smith, Jackie (2004): „Exploring Connections Between Global Integration and Political Mobilization." *Journal of World-Systems Research* 1 (2004): 255-285

Snow, David A., Sarah A. Soule und Hanspeter Kriesi (2004) (Hg.): *The Blackwell Companion to Social Movements.* Oxford: Blackwell

Snow, David A., Steven K. Worden und Robert D. Benford (1986): „Frame Alignment Processes, Micromobilization and Movement Participation." *American Sociological Review* 51: 464-481

Snow, David A., und Daniel M. Cress (1996): „Mobilization at the Margins: Resources, Benefactors, and the Viability of Homeless Social Movement Organizations." *American Sociological Review* 61 (6): 1089-1109

Snow, David A., und Doug McAdam (2000): „Identity Work Processes in the Context of Social Movements:Clarifying the Identity/Movment Nexus." S. 41-67, in: Stryker, Sheldon, Timothy J. Owens und Robert W. White (Hg.), *Self, Identity, and Social Movements.* Minneapolis: University of Minnesota Press

Snow, David A., und Richard Machalek (1983): „The Convert as a Social Type." S. 259-289, in: Collins, Randall (Hg.), *Sociological Theory.* San Francisco: Jossey-Bass

Snow, David A., und Richard Machalek (1984): „The Sociology of Conversion." *Annual Review of Sociology* 10: 167-190

Snow, David A., und Robert D. Benford (1988): „Ideology, Frame Resonance, and Participant Mobilization." S. 197-217, in: Klandermans, Bert, Hanspeter Kriesi und Sidney Tarrow (Hg.), *International Social Movement Research: From Structure to Action.* JAI Press: Greenwich

Snow, David A., und Robert D. Benford (1992): „Master Frames and Cycles of Protest." S. 133-155, in: Morris, Aldon D., und Carol McClurg Mueller (Hg.), *Frontiers in Social Movement Theory.* New Haven: Yale University Press

Snow, David A., und Robert D. Benford (2000): „Framing Processes and Social Movements: An Overview and Assessment." *Annual Review of Sociology* 26: 611-639

Sofsky, Wolfgang, und Rainer Paris (1994): *Figurationen sozialer Macht. Autorität - Stellvertretung - Koalition.* Frankfurt: Suhrkamp

Soule, Sarah A. (2004): „Diffusion Processes within and across Movements." S. 294-309, in: Snow, David A., Sarah A. Soule und Hanspeter Kriesi (Hg.), *The Blackwell Companion to Social Movements.* Oxford: Blackwell

Stichweh, Rudolf (2000): *Die Weltgesellschaft. Soziologische Analysen.* Frankfurt: Suhrkamp

Stichweh, Rudolf (2002): *Inklusion/Exklusion, funktionale Differenzierung und die Theorie der Weltgesellschaft,* Institut für Weltgesellschaft der Universität Bielefeld, http://www.uni-bielefeld.de/soz/iw/papers.htm, Zugriff am 22.09.2004

Strang, David, und Sarah A. Soule (1998): „Diffusion in Organizations and Social Movements: From Hybrid Corn to Poison Pills." *Annual Review of Sociology* 24: 265-290

Stryker, Sheldon, Timothy J. Owens und Robert W. White (2000) (Hg.): *Self, Identity, and Social Movements.* Minneapolis: University of Minnesota Press

Swedberg, Richard (1994): „Markets as Social Structures." S. 255-282, in: Smelser, Neil J., und Richard Swedberg (Hg.), *The Handbook of Economic Sociology.* Princeton: Princeton University Press

Tarrow, Sidney (1989): *Democracy and Disorder: Protest and Politics in Italy, 1965-1975*. Oxford: Clarendon

Tarrow, Sidney (1991): „Kollektives Handeln und politische Gelegenheitsstruktur in Mobilisierungswellen: theoretische Perspektiven." *Kölner Zeitschrift für Soziologie und Sozialpsychologie* 43: 647-670

Tarrow, Sidney (1994): *Power in Movement. Social Movements, Collective Action and Politics*. Cambridge: Cambridge University Press

Taylor, Verta (1989): „Social Movement Continuity: The Women's Movement in Abeyance." *American Sociological Review* 54: 761-775

Taylor, Bron Raymond (1995) (Hg.): *Ecological Resistance Movements. The Global Emergence of Radical and Popular Environmentalism*. Albany: State University of New York

Taylor, Dorceta A. (2000): „The Rise of the Environmental Justice Paradigm." *American Behavioral Scientist* 43 (4): 508-580

Taylor, Verta (2004): "Get up, Stand up: Tactical Repertoires of Social Movements." S. 262-293, David A. Snow, Sarah A. Soule und Hanspeter Kriesi (Hg.), *The Blackwell Companion to Social Movements*. Oxford: Blackwell

Taylor, Verta, und Nancy Whittier (1995): „Analytical Approaches to Social Movement Culture: The Culture of the Women's Movement." S. 163-187, in: Johnston, Hank, und Bert Klandermans (Hg.), *Social Movements and Culture*. Minneapolis: University of Minneapolis Press

Thomas, William I., und Dorothy Swaine Thomas (1970): *The Child in America*. New York: Knopf

Thompson, Mark R. (1995): *The Anti-Marcos Struggle: Personalistic Rule and Democratic Transition in the Philippines*. New Haven: Yale University Press

Tilly, Charles (1978): *From Mobilization to Revolution*. Reading: Addison-Wesley

Tilly, Charles (1999): *Die europäischen Revolutionen*. München: C.H. Beck

Tönnies, Ferdinand (1935): *Gemeinschaft und Gesellschaft: Grundbegriffe der reinen Soziologie*. Darmstadt: Wissenschaftliche Buchgesellschaft

Touraine, Alain (1972): *Die postindustrielle Gesellschaft*. Frankfurt: Suhrkamp

Touraine, Alain (1981): *The Voice and the Eye. An Analysis of Social Movements*. Cambridge: Cambridge University Press

Touraine, Alain (1985): „An Introduction to the Study of Social Movements." *Social Research* 52: 749-787

Touraine, Alain (1991): „Commentary on Dieter Rucht's Critique." S. 385-391, in: Rucht, Dieter (Hg.): *Research on Social Movements. The State of the Art in Western Europe and the United States*. Frankfurt: Campus

Touraine, Alain (1992a): *Critique of Modernity*. Oxford: Blackwell

Touraine, Alain (1992b): „Two Interpretations of Contemporary Social Change." S. 55-77, in: Haferkamp, Hans, und Neil Smelser J. (Hg.), *Social Change and Modernity*. Berkeley: University of California Press

Touraine, Alain (1998a): „Can We Live Together, Equal and Different." *European Journal of Social Theory* 1 (2): 165-178

Touraine, Alain (1998b): „Sociology without Society." *Current Sociology* 46 (2): 119-143

Touraine, Alain (2002a): „From understanding society to discovering the subject." *Anthropological Theory* 2: 387-398

Touraine, Alain (2002b): „The Importance of Social Movements." *Social Movement Studies* 1 (1): 89-95

Touraine, Alain (2003): „Sociology without Societies." *Current Sociology* 51: 123-131

Touraine, Alain (2004): „On the Frontier of Social Movements." *Current Sociology* 52: 717-725

Trappel, Josef, Werner A. Meier, Klaus Schrape, und Michaela Wölk (2002): *Die gesellschaftlichen Folgen der Medienkonzentration: Veränderungen in den demokratischen und kulturellen Grundlagen der Gesellschaft*. Opladen: Leske und Budrich

Turner, Ralph H., und Lewis M. Killian (1972): *Collective Behavior*. Prentice-Hall: Englewood Cliffs, N.J

Tyrell, Hartmann (1978): „Anfragen an eine Theorie funktionaler Differenzierung." *Zeitschrift für Soziologie* 7 (2): 175-193

Useem, Bert (1998): „Breakdown Theories of Collective Action." *Annual Review of Sociology* 24: 215-238

Van Dyke, Nella (2003): „Protest Cycles and Party Politics." S. 226-256, in: Goldstone, Jack A. (Hg.), *States, Parties, and Social Movements*. Cambridge: Cambridge University Press

Vanberg, Victor (1979): „Colemans Konzeption des korporativen Akteurs - Grundlegung einer Theorie sozialer Verbände." S. 93-123, in: Coleman, James S. (Hg.), *Macht und Gesellschaftsstruktur*. Tübingen: Mohr

Weber, Max (1964): *Wirtschaft und Gesellschaft*. Erster Halbband. Tübingen: Mohr

Weber, Max (1984): *Soziologische Grundbegriffe*. Tübingen: J.C.B. Mohr (Siebeck)

Weber, Max (1985): *Gesammelte Aufsätze zur Wissenschaftslehre* (6. Aufl.). Tübingen: J.C.B. Mohr

Weber, Max (1986): *Gesammelte Aufsätze zur Religionssoziologie* (8. Aufl.). Tübingen: J.C.B. Mohr

Wejnert, Barbara (2002): *Transition to Democracy in Eastern Europe and Russia. Impact on Politics, Economy and Culture*. London: Praeger Publishers

Whittier, Nancy (2004): „The Consequences of Social Movements for Each Other." S. 531-551, in: Snow, David A., Sarah A. Soule und Hanspeter Kriesi (Hg.), *The Blackwell Companion to Social Movements*. Oxford: Blackwell

Wiesenthal, Helmut (2000): „Markt, Organisation und Gemeinschaft als ‚zweitbeste' Verfahren sozialer Koordination." S. 44-73, in: Werle, Raymund, und Uwe Schimank (Hg.), *Gesellschaftliche Komplexität und kollektive Handlungsfähigkeit*. Frankfurt: Campus

Willke, Helmut (1996a): *Ironie des Staates. Grundlinien einer Staatstheorie polyzentrischer Gesellschaften*. Frankfurt: Suhrkamp

Willke, Helmut (1996b): *Systemtheorie I: Grundlagen*. Stuttgart: Lucius & Lucius

Willke, Helmut (1998): *Systemtheorie III: Steuerungstheorie*. Stuttgart: Lucius & Lucius

Wilson, William J. (1988): „The Ghetto Underclass and the Social Transformation of the Inner City." *The Black Scholar* 19 (3): 10-17

Wilson, William J. (1991): „Studying Inner-City Social Dislocations: The Challenge of Public Agenda Research." *American Sociological Review* 56 (1): 1-14

Wilson, William J. (1998): „Inner-city dislocations." *Society* 35 (2): 270-277

Wuthnow, Robert (1991): „Understanding Religion and Politics." *Daedalus* 120: 1-20

Wuthnow, Robert (1998): „Morality, Spirituality, and Democracy." *Society* 35: 37-43

Zald, Mayer N. (1992): „Looking Backward to Look Forward." S. 326-348, in: Morris, Aldon D., und Carol McClurg Mueller (Hg.), *Frontiers in Social Movement Theory*. New Haven: Yale University Press

Zald, Mayer N., und John D. McCarthy (1987a): „Resource Mobilization and Social Movements." S. 15-42, in: Zald, Mayer N., und John D. McCarthy (Hg.), *Social Movements in an Organizational Society. Collected Essays*. New Brunswick: Transaction Publishers

Zald, Mayer N., und John D. McCarthy (1987b): „The Political Economy of Social Movements Sectors." S. 293-317, in: Zald, Mayer N., und John D. McCarthy (Hg.), *Social Movements in an Organizational Society. Collected Essays*. New Brunswick: Transaction Publishers

Zald, Mayer N., und John D. McCarthy (1987c): „The Trend of Social Movements in America: Professionalization and Resource Mobilization." S. 337-391, in: Zald, Mayer N., und John D. McCarthy (Hg.), *Social Movements in an Organizational Society. Collected Essays*. New Brunswick: Transaction Publishers

Zald, Mayer N., und John D. McCarthy (1987d) (Hg.): *Social Movements in an Organizational Society. Collected Essays*. New Brunswick: Transaction Publishers

Zürn, Michael (1998): *Regieren jenseits des Nationalstaates*. Frankfurt: Suhrkamp

Lehrbücher

Heinz Abels
Einführung in die Soziologie
Band 1: Der Blick auf die Gesellschaft
3. Aufl. 2007. 402 S. Br. EUR 24,90
ISBN 978-3-531-43610-4

Band 2: Die Individuen in ihrer Gesellschaft
3. Aufl. 2007. 434 S. Br. EUR 24,90
ISBN 978-3-531-43611-1

Andrea Belliger / David J. Krieger (Hrsg.)
Ritualtheorien
Ein einführendes Handbuch
3. Aufl. 2006. 483 S. Br. EUR 34,90
ISBN 978-3-531-43238-0

Nicole Burzan
Soziale Ungleichheit
Eine Einführung in die zentralen Theorien
2. Aufl. 2005. 210 S. Br. EUR 17,90
ISBN 978-3-531-34145-3

Paul B. Hill / Johannes Kopp
Familiensoziologie
Grundlagen und theoretische Perspektiven
4., überarb. Aufl. 2006. 372 S.
Br. EUR 28,90
ISBN 978-3-531-53734-4

Wieland Jäger / Uwe Schimank (Hrsg.)
Organisationsgesellschaft
Facetten und Perspektiven
2005. 591 S. Br. EUR 26,90
ISBN 978-3-531-14336-1

Hermann Korte
Einführung in die Geschichte der Soziologie
8., überarb. Aufl. 2006. 235 S.
Br. EUR 16,90
ISBN 978-3-531-14774-1

Stefan Moebius / Dirk Quadflieg (Hrsg.)
Kultur. Theorien der Gegenwart
2006. 590 S. Br. EUR 26,90
ISBN 978-3-531-14519-8

Bernhard Schäfers /
Johannes Kopp (Hrsg.)
Grundbegriffe der Soziologie
9., grundl. überarb. und akt. Aufl. 2006.
373 S. Br. EUR 16,90
ISBN 978-3-531-14686-7

Erhältlich im Buchhandel oder beim Verlag.
Änderungen vorbehalten. Stand: Juli 2007.

www.vs-verlag.de

VS VERLAG FÜR SOZIALWISSENSCHAFTEN

Abraham-Lincoln-Straße 46
65189 Wiesbaden
Tel. 0611.7878-722
Fax 0611.7878-400

Theorie

Dirk Baecker (Hrsg.)
Schlüsselwerke der Systemtheorie
2005. 352 S. Geb. EUR 24,90
ISBN 978-3-531-14084-1

Ralf Dahrendorf
Homo Sociologicus
Ein Versuch zur Geschichte, Bedeutung und Kritik der Kategorie der sozialen Rolle
16. Aufl. 2006. 126 S. Br. EUR 14,90
ISBN 978-3-531-31122-7

Shmuel N. Eisenstadt
Die großen Revolutionen und die Kulturen der Moderne
2006. 250 S. Br. EUR 34,90
ISBN 978-3-531-14993-6

Shmuel N. Eisenstadt
Theorie und Moderne
Soziologische Essays
2006. 607 S. Geb. EUR 49,90
ISBN 978-3-531-14565-5

Rainer Greshoff / Uwe Schimank (Hrsg.)
**Integrative Sozialtheorie?
Esser – Luhmann – Weber**
2006. 582 S. Geb. EUR 39,90
ISBN 978-3-531-14354-5

Axel Honneth / Institut für Sozialforschung (Hrsg.)
Schlüsseltexte der Kritischen Theorie
2006. 414 S. Geb. EUR 29,90
ISBN 978-3-531-14108-4

Niklas Luhmann
Beobachtungen der Moderne
2. Aufl. 2006. 220 S. Br. EUR 24,90
ISBN 978-3-531-32263-6

Uwe Schimank
Differenzierung und Integration der modernen Gesellschaft
Beiträge zur akteurzentrierten Differenzierungstheorie 1
2005. 297 S. Br. EUR 27,90
ISBN 978-3-531-14683-6

Uwe Schimank
Teilsystemische Autonomie und politische Gesellschaftssteuerung
Beiträge zur akteurzentrierten Differenzierungstheorie 2
2006. 307 S. Br. EUR 29,90
ISBN 978-3-531-14684-3

Erhältlich im Buchhandel oder beim Verlag.
Änderungen vorbehalten. Stand: Juli 2007.

www.vs-verlag.de

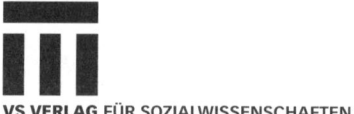

VS VERLAG FÜR SOZIALWISSENSCHAFTEN

Abraham-Lincoln-Straße 46
65189 Wiesbaden
Tel. 0611.7878-722
Fax 0611.7878-400